經典哲學名著導讀
011

孟軻與《孟子》

蔡龍九　著

推薦序一

蔡龍九先生在國立政治大學就讀哲學研究所碩士班時，曾選修本人所開設的「宋明理學」課程。他對儒家心性哲學與倫理道德思想的深厚興趣及認眞學習的態度令我印象深刻。他也擔任過我當時主持的國科會專題研究計畫兼任助理，他做事勤快負責、敬業樂群的人品令我讚賞。我後來也擔任他碩士論文的指導教授。後來，他順利考上臺大哲學研究所博士班繼續深造，仍不時的來看望我。我可以稱許他不但是個讀書紮實的知識儒，更是躬行實踐的德性儒。本人從政大轉任中國文化大學教授後，他也於臺大博士班畢業且順利地獲聘爲文化大學哲學系的專任助理教授一職，主要專注於儒家哲學的教學與研究，時而喜見他在學術刊物上所發表的學術論文。他的教學評鑑優良，足證明他也是諄諄善誘的良師益友。最近他帶來《孟軻與《孟子》》普及本的新作，請我寫序言，本人甚感榮幸與欣慰。

該書系針對世俗大衆，以現代化社會的生活語境，可理解的方式和平實易懂的語言，將孟子對人心與道德的關係作了層次分明的觀察，提出條理分明的論述，循序漸進的導讀，可說是一本人人可親近孟子，可與孟子交談而獲致心心相印之印可，和可鼓舞人心開啓道德感，喚醒人內在道德自覺，以道德意志自決爲核心。該書還對比了孟子性善論與荀子的性惡論之不同立論基點，對人性不同層次面向的評比，持論公允，論述有據。我們若以倫理學理論之不同性質來說，孟子屬於德行倫理學以對美德的自律性道德之實踐爲主，荀子的問題屬性設定在公共領域的公共道德，亦即公共善，屬於規範道德，亦即他律道德。總體來說，我認爲這是一本值得向社會大眾推薦導讀孟子心學的好書。

曾春海

中國文化大學哲學系教授 系主任 所長

推薦序二

孟軻與《孟子》這一本書，是蔡龍九教授爲年輕的初學者所撰寫的介紹孟子哲學思想的著作，文字清晰，意旨通暢，精要地點出了孟子思維的特色與立場的重點，更爲了讓讀者易於接受並快速了解，特意避開了一些哲學專用術語，好拉近孟子哲學思想與一般讀者的距離，可以說，本書是一本年輕學子與社會大衆了解孟子與儒家思想的入門好書。

雖然本書以淺顯易懂爲寫作的特色，但文中內容卻充滿了孟子思想的要旨以及深刻的論述。本書概分六章，第一章介紹孟子作爲哲學思想家的特殊思考方式和他的生平事蹟要點，以便讓讀者易於區別孟子和其他大思想家的特徵差異。第二章講孟子的問題意識，特別指出孟子的政治關懷以及對人性的關切，由此切入，正好能幫助讀者瞭解爲何孟子要談論這些問題以及他的基本立場是什麼。第三章講一般我們所熟知的孟子性善論的理論部分，此處蔡教授便開始運用他特殊的哲學解析方法，協助讀者順利進入孟子哲學的推理思維中。第四章講孟子的修養方法，並特別爲讀者分析了好幾種孟子所介紹的不動心模式，而且指出何種不動心才是眞正最高級的孟子式修養形式。第五章從倫理學談孟子思想，本章與第六章談孟荀性善論與性惡論的比較是本書中兩篇直接針對學術問題而撰寫的章節，可以讓讀者們了解到兩千年前的孟荀善惡之辯，以及當代西方學術界討論倫理問題的方法，而蔡教授的處理，則是爲孟荀之善惡論立場找到幾條融通之道，以及讓讀者見識到中西學風的差異。

孟子無疑是中國文化中談人性論及修養論最重要的學者，孟子心性論出，道佛兩家的修養論模式莫不依之而說，僅能有價值意識的別異而不能有修養方法的不同；而其政治理念又是中華文化中談民本思想的典範，具有跨文化以及縱貫古今的時代意義。對孟子哲學的探討，實在是深入中國文化最優良的入門管道。

蔡龍九教授是臺灣大學哲學博士，目前在文化大學任教，專長是儒家哲學，本書之作，是蔡教授對哲學普及化工作的得力之著作，也是他在哲學研究的又一最新成果，值得讚許並且推薦，歡迎讀者賞析。

杜保瑞
臺灣大學哲學系教授

自序

就儒家哲學來說，孔子無疑是最重要的開創者與奠基者，影響後世儒學甚深，也影響整個中華文化的各個層面。孔子問答的對象，多是弟子、問政者的誠懇請益，較無非難者、敵論的挑戰，因此《論語》中，多感受到某種微言大義、簡單明瞭的提醒。但孟子則不然；除了承繼孔子「仁」這一道德核心思想之外，更面對了許多「不想實行仁政」的國君或是敵論者，孟子在問答中試圖點出「我為何能如此」、「為何我可以如此」的道德根源實存在於自身。因此，孟子時常讓國君問者、質疑者得承認有意義、道德的實踐，是「自己不願意做」而不是「無法做」、「無能力做」。

道德層面之關切，孟子之說直指人心，在自我實驗與體驗之下，往往可自我印證之。對於《孟子》的介紹，我所撰寫的內容無法兼顧孟子思想的全部細節，僅挑選我認為最重要的思想來加以解讀、介紹、共勉；當然，我將盡可能的完備介紹清楚。第一章的內容，是為了方便讀者們進入孟子思想的世界，因此建議幾項「理解孟子」的進路，並陳述他的思想淵源與人格風範。而第二章，介紹孟子如何「觀察」當時局勢，如何頗析問題根源，以及凸顯他重視的價值意義，據此，可自然帶出孟子的反省重點，是回歸在「人」與「道德問題」這一關鍵處。有前兩章的理解基礎之後，再進入第三章來談論他的思想核心——「性善論」，應可更加順利理解，並且導引讀者們如何體認其中的合理處與可運用之處。當然，孟子的思想並不是「空談」，也不是說人「性善」之後就不必努力了，因此第四章介紹他所提出的實踐方法與叮嚀，以及著名的「不動心」的修養進路究竟是什麼意思。此外，此書第四章，稍微使用了一些「道德心理」方面的語辭來解讀孟子的思想，爲的是貼近我們日常生活的體驗，並非刻意套用西方「心理學」等複雜的細膩討論來「框架」孟子的學說。當然，這是個人對孟子思想「可以這樣解讀或體認」的一種嘗試性說法，並非必然爲眞。而此書最後一章，簡要談論孟子「性善論」與荀子之「性惡論」雖有差別，卻不是許多人所認爲的「矛盾」。重要的是，我想精簡的說明兩人的「性善」與「性惡」，分別帶來何種教育意義。

雖然這本書有著一定程度的學術性質成分，但我想用最輕鬆、最白話的方式來呈現，盡可能列舉日常生活的例子作爲輔助，因此刻意避開複雜細膩的考據與訓詁。《孟子》在歷代著名註解家，因各家思維脈絡不同而各有詮釋方向，也有不同義理闡發與延伸，甚至有與孟子原意不甚相同者。既然這本書是「導讀」，因此我就不刻意加上（後儒與當代學著們）太專業或太複雜的解釋內涵，將盡可能地「以孟子解孟子」。爲了閱讀上的方便，原典章句的引用將直接在原文後面加上「括號」解讀部分內容，引述原文後以較小字體的白話文呈現，方便讀者們理解原文。至於特殊用法或是較複雜的重要專字、專詞，如「心」、「性」、「天」、「命」、「仁義」、「性善」……等，將視文章需要添加較詳細的解說。當然，當代諸多前輩學者們對孟子的研究多元，頗具學術深度且遠高於我所學，於此「導讀性質」書籍中難以一一羅列、介紹與闡釋。我將在內文以及註解中提及些許當代著名研究者的研究成果與方向供讀者們參考，若讀著們認爲列舉不詳細，望請見諒。

得跟讀者抱歉的是，導讀《孟子》一書實不應如此冗長，但出版社美意是希望盡可能地詳盡介紹孟子的思想，因此期待的「字數下限」對我來說仍是過多，內容難免「瑣碎」，寫作過程總是滿懷歉意！此外，撰寫形式迥異於個人平常撰寫純學術論文的習慣，內容中有許多（哲學）談論是可以繼續延伸下去的，但礙於此書乃導讀、半學術之性質，因此僅能略說皮毛、點到為止而不深加探究了。

最後我想說的是，這本書並不是什麼了不起的書；但，我是在描寫一位很了不起的人物及其思想。他的深刻反思內涵，對所有人來說都可嘗試學習，而且在當今「我們自以為進步的社會」，更是迫切需要。僅希望讀者們了解孟子與《孟子》，延續這個思想珍寶。至此，再次感謝五南出版社陳姿穎編輯的種種協助，以及中國文化大學敖采渝同學的協助校對，讓此書順利分享給諸位讀者。若您有任何意見與指教，請不吝賜予，我必虛心受教。

蔡龍九

二〇一四年　序於新北市

目錄

第一章　初步理解孟子

個人於大學任教不過兩三年，便有一個體會；學生們多數對傳統思想的了解較爲不足，更遑論「中國哲學」或是「儒家思想」。詢問之下，又有多數學生們對我所要談論的「古人」思想內容不感興趣，甚至認爲落伍而想要丟棄。然而，我接續著問一個問題時，他們似乎無法馬上回答。我問同學們：「你們不想理睬、或是想批評某對象之前，必須有個責任，就是你眞的了解他，或是你眞的試圖盡力了解他，才能對他發表評價、批評，甚至做出最後想要捨棄的決定。對於傳統儒家思想例如孔子、孟子……等人，你們眞的充分了解過嗎？」

不論我在通識課程或是哲學本科系，都感受到上述的現象，也都詢問類似問題，因此我都提及一粗略建議：「傳統思想必須先被了解，即便感覺上似乎『沒有用』。」當然，若學過簡單思辨且養成習慣的人，就會馬上反省：「你所謂的『用』是什麼？」在這本書的談論中，我並非想要明確指出「用」的實質內涵，我僅想要回歸一個基礎，就是把《孟子》這本書的精要處，以及加上我的解讀方式介紹給讀者們，再由您自身來判斷《孟子》這本書究竟有沒有「用」？

第一節 孟子思想的理解模式

初步面對孟子思想時，個人認爲容易感到困惑者有三點可能：一，不好理解；二，即便理解也難以實踐；三，這些理論、說法與日常生活有何關聯？其實個人認爲這三點有著同一個問題根源。亦即，當能夠使用有效的理解模式，來嘗試了解「孟子的思想」後，將發覺許多內涵並不是很「困難理解」，而且這些內涵與日常生活息息相關，實踐上也沒有所謂的「困難」，並且是自身「可」實踐的。這猶如我觀看《論語》與《孟子》，同時發覺一個有趣的現象：孔子與孟子從不要求「沒有能力做到」的事情，他們重視的是去強調、點醒你「能」做到的事情，即便你認爲這很「難」。

首先，個人得先說明一個現象。在儒學傳統中，讀書人對於先賢的教訓，相較於今，往往較爲深信之且落實之，並不是馬上提出質疑、找尋可批判之處，而這也是中國儒學的理解模式之一。粗略地說，我認爲中國古代學者（依本文重點，或說中國儒者）對於前人的語言或訓勉，時常是充滿欲內化體驗而以落實爲先，而創造反省疑問在後（甚至是沒有，而直接奉行之）。這樣的理解方式（嚴謹來說是「體驗、實踐後」的理解方式），雖然於二十一世紀的今天看似落伍或是不嚴謹，但這樣的理解方式眞的是錯誤嗎？或是毫不足取？在此章開頭時，針對傳統經典的引言所說的「先理解（包含體驗、實踐）後評論」這一負責態度若有，那麼，接下來的工作就是有著「正確（或說有效）的理解方式」才能夠完成。於此節，我想介紹幾個基本知識與對《孟子》一書的理解模式，正如我教學時一樣；我所面對的，除了「少數」是愛好孟子或《孟子》此書的人之外，更多是對傳統經典、人物感到陌生甚至是懷疑、排斥的人。因此，此書有些導讀內容給讀者的感覺可能是：有時會先試著「稍微刻意懷疑」一些論點，然後再「試圖釐清」、「如何嘗試理解」的這種陳述模式。

一、《孟子》一書的相關基本知識

今本《孟子》乃孟子弟子所編輯而成，當然也有許多不同看法。據《史記》〈孟子荀卿列傳〉記載有說：

> 退而與萬章之徒序《詩》、《書》，述仲尼之意，作《孟子》七篇……。[1]

上述司馬遷的意思是認爲《孟子》一書的編成孟子曾親自參與，與萬章等諸弟子共同編輯而成。此外也有認爲《孟子》一書出自孟子自身之手，如趙岐《孟子注疏》中曾說：

> 此書，孟子之所作也，故揔（總）謂之《孟子》。[2]

而同書記載中也提及多出「四篇」內容，總共「十一篇」：

> 又有「外書」四篇，〈性善〉、〈辯文〉、〈說孝經〉、〈爲正〉。其文不能宏深，不與「內篇」相似，似非《孟子》本眞，後世依放而託之者也。[3]

由上述可知，的確曾有其他「四篇」（外書四篇）於當時流傳，但趙岐認爲此與七篇《孟子》（內篇）的內涵不相稱，故懷疑是後人所僞作；此外，即便趙岐有見過此「四篇」，仍未作注且不收入在他的《孟子注》中。根據一般的理解，此「外篇《孟子》」於漢朝時期應有流傳，而至唐代時期失傳。若以較嚴謹的角度來看，今本的七篇《孟子》應屬較可靠的版本。[4]另外，《孟子》一開始也不是「經書」，乃屬「子書」而已，一開始多以「傳」或「記」來引述。漢文帝時期，《論語》、《孟子》兩書本來都有所謂的「傳記博士」，但後來廢除而改立「五經」；趙岐曾云：

> 漢興，除秦虐禁，開延道德；孝文皇帝（漢文帝）欲廣遊學之路，《論語》、《孝經》、《孟子》、《爾雅》皆置博士。**後罷傳記博士，獨立五經**（《詩》、《書》、《禮》、《易》、《春秋》）而已……。[5]

以上爲《孟子》於漢朝時期的流傳大要，而在《孟子》此書尚未獲得如宋明儒者那樣重視之前，漢、唐兩代對此書並非毫無建樹；漢代，則如上述曾引趙岐《孟子注疏》實為中國歷代注疏《孟子》的重要作品。而唐代則有韓愈對孔、孟學說的重視、皮日休在《皮子文藪》中建議唐懿宗重視《孟子》一書、林慎思對孟子思想的重視而曾作《續孟子》一書。[6]

到了宋代，著名的儒學復興運動承續唐代韓愈、李翺……等人的努力，試圖回歸孔、孟思想要旨。宋儒們一方面欲排除漢代多泥於章句訓詁、涉入陰陽五行與讖緯思想的儒學，另方面欲駁斥受魏晉、隋唐佛老思想影響的儒學。宋代從周敦頤、二程兄弟、張載對孔孟思想與先秦儒學的發揮與闡釋中，欲逐漸回歸儒家本位。周敦頤的《通書》、二程對《孟子》、《禮記》、《中庸》與《大學》的重視、張載談論的「天地之性」與「氣質之性」，皆有涉及儒家自我修養之主軸，並特重孟子「性善」之相關論述而持續圍繞著。此時期的儒學發展及其延續，落實在著名哲學家——朱熹的承繼與開創；他將「四書」之義理特舉標榜，著《四書集注》，至老仍刪修不斷，欲回歸整個儒家思想之道統。與朱熹同時期的張栻，亦著《孟子說》，同時期著名「心學」者陸象山，其思想更是直接傳承自孟子而來。此宋代時期儼然成為《孟子》思想興盛的昌明時代，凡儒者談論儒學時皆重視此書，且影響明、清的學術甚深。

至清一代，焦循的《孟子正義》、戴震的《孟子字義疏證》等，亦是著名的詮釋《孟子》作品，且屢有新意；總括來說，針對《孟子》一書的註解或是研究並非僅有上述之成果而已。自宋代開始，凡對研讀儒家經典者視《孟子》為必讀之書，針對《孟子》的註解、相關談論、延伸詮釋與專著如汗牛充棟。於此本導讀書籍中，我將不特意一一列舉，僅如上述列舉之歷代較為著名作品供讀者們參考。另一方面，在導讀過程中，我也不會刻意標示出歷代註解家的說明引據，僅呈現我對這些註解內容篩選後的自我白話文解讀，以簡化繁冗的訓詁過程。當然，上述多位註解名家並非不重要；然而，他們對某些字詞或章句的理解與詮釋有同有異，難以在此導讀書籍談論清楚，而且細談時，將涉及較爲專業的學術上的討論或爭論。因此，我採取的態度是，此書是介紹孟子的「原初想法」之導讀書籍，將不刻意使用後代學者（包含當代）的註解作爲論述重點，而採取「從孟子思想本身」來找尋適當的解釋，盡可能的「以孟子解孟子」。據此，本書的導讀程序中，將試圖先說明「如何理解儒家思維」的一些方法之後，再來深入孟子的思想內部做導讀。

二、孟子的思想是「哲學」嗎？

「哲學」一詞於現今「使用氾濫」，日常生活中充滿「哲學」嗎？個人認爲事實上如此，生活中幾乎可用哲學思辨來對應之，但「『使用』哲學這一語辭」卻遭到濫用。新聞媒體、報章雜誌、廣告宣傳時常看到的「ＸＸ哲學」，有些是可行，然有些則不適用。因爲「XX哲學」如「瘦身哲學」、「穿衣哲學」、「攝影哲學」……等諸多「哲學」，事實上只是把「想法」或「方法」、「考量」等類似內容替換爲「哲學」二字而已，或頂多是一個有系統的「想法」或「方法」、「考量」。但，「哲學」內容眞是如此被呈現於「瘦身」、「穿衣」、「攝影」……嗎？於此則先稍作簡短說明「哲學」的內涵，以供讀者們自我判斷了。

「哲學」源自日人西周翻譯而有，來自古希臘文philosophia（愛智）；一開始的「愛智」活動，最著名則屬蘇格拉底所從事的「對話式」的思辨活動。[7]蘇格拉底透過「問答」形式，觸發他人對本來「自以爲理解」的對象或內容產生反省與延伸思維；簡單地說，這是屬於一種「揚棄」、「提升」、「揚棄」、「提升」……的思辨過程。這過程可以是連續性的，而且可隨時停止。例如，蘇格拉底問某人「什麼是『正義』」這一看似簡單的問題，在持續不斷的追問之下，迫使他人不斷地「揚棄」自身本來鬆散的定義A，而「提升」到盡可能良好的定義B中；而透過再次對B內容的追問或質疑，則可能再次「揚棄」定義B而「提升」至更好的定義C。另外，透過對話過程所提出的「正義」形述以及舉例時，可帶出不同的問題與思辨發展。例如討論過程可涉及「正義」是否是一種「德性」、「什麼樣的人是正義」、「正義如何被使用於某些場合」、「正義者是否快樂或痛苦」……等；甚至導引出延伸的「快樂與痛苦」這內含的定義方向及其思辨。這樣的思辨活動，往往重視「該過程」而不是「最後得出什麼確定結論」，一方面讓人理解自我「原來對於許多事物或他者的認知不是很清晰」、「對自以爲熟稔的概念卻無法做出良好的解釋」……等，另一方面，也透過這樣的問答思辨機會，讓人反省而進步、提升；此種對話思辨行爲過程即是「愛智」之表現。

那麼，在中國傳統思維中是否也曾出現類似此種「愛智行爲」？我個人認爲必然是有的，但也得先解釋幾個細節。第一，「哲學」這一詞使用至今已包含許多內容，若從希臘文字源來說是一種「愛智活動的過程」，而相對於後起的諸多哲學分支雖可說爲「愛智」，卻有著不同方向的發展。因此，僅以「狹義的方式來說什麼是哲學」並無法囊括現今的哲學樣態。第二，並非所有的思想與談論行爲都是「愛智的過程」，即便此過程有「思辨」、有「揚棄提升」這種過程；例如「我要穿什麼衣服」、「要吃什麼東西」這一類問題的思考中，也可能出現「揚棄」、「提升」、「揚棄」、「提升」……的過程，甚至是「與他人對話」後的決定；但這樣的內涵不一定是所謂的「愛智活動」。第三，中國傳統思維是否是「哲學」並非重要（至少在這本書中不是要討論這個議題），盡可能地呈現出該思想家所關切議題與他的思想內涵才是重要。第四，中國哲學的思維談論中（例如儒家哲學），其重點並不是提出一項無破綻的推論或是嚴謹的論證，而是在看似鬆散而無系統、破碎而無組織的述說下，道出人生實踐歷程的重要智慧，並讓實際落實的人體會此論述中的合理成分，以開拓更多實踐可能。

據此，以孟子的思想來說，某些話語或可被批評爲「獨斷」或是「非必然」、「不嚴謹」；但在人生的歷程中，我們往往可以體會某些被批評爲「獨斷」話語的「合理之處」，而且是深切的體認其中的「合理之處」是相當重要的，最後內心自然道出：「原來如此啊！」在此書的導讀呈現的過程中，我把孟子最重要的思想以及思辨活動，以及他所關切的對象、他使用的觀察視角、所採用的論說方式加以呈現並解讀之，試圖突顯出孟子這位人物的思維特色即可，至於是否「哲學」或是「愛智」，則有賴讀者們在孟子思想中的一些開創、思辨、論辯中自行找尋了。

雖說我的導讀方式並不是硬扣上「哲學」，但我會在導讀之時、導讀之後將嘗試使用一些易懂的哲學觀念或語辭，甚至是涉及道德心理方面的解讀模式，後者是屬於我個人於此書中的一種簡要嘗試。但我的目的只是，使用日常生活中較易理解的心理狀態來陳述時，可增加我們對孟子思想的體認。此即，由於我所使用的是簡單的概念且貼近生活、反應我們的心理印證，此方法應可顯示孟子的思想「原來是可以如此貼近我們生活」的，而且對我們的生活有幫助……。而這也是古人談論這些重要思想時的重大用意。

三、孟子思維的特色與「如何理解」

在儒學傳統中所使用的一些單字或詞，例如「仁」、「義」、「聖」、「本心」，事實上是很難徹底了解的。這裡所謂的「徹底了解」有幾個意思：一是對於上述語辭，我們很難用一個「精確定義」來形述；例如「仁」是什麼、「聖」是什麼……等。二是上述的「語言使用」散殊在不同上下文或段落中，將可能有不同的「意義」與「強調」取向。例如，「仁」在《論語》中的用法有多種，一是指涉「全德者」，另一是指涉「部分德性突出」，又可（強調）指涉某人的「內心狀態」。[8]而上述的「全德者」就是一個很難形述的對象，更遑論實質內容如何表達精確。同樣的，「義」這一字在《孟子》的意思，也很難明確定義出，因爲在某一文脈中談到一個「義」便可能包含了其他道德內涵（禮、智、仁），甚至是「不言而喻」或是「不必多說」即可了解的；例如一個「行義」之人必含有「仁心內在」而不是僵化、表面化的實踐，而且應該是內心無私、合乎禮制、有智慧的判斷而不盲目的實踐。又如「本心」這個概念，則更難以明確的語言來形述其實質內容，得透過孟子自有的敘述中來推敲何謂「本心」。

當然，此書的寫作目的也不是要追求各個字詞的「精確定義」，而是觀察孟子「如何使用」這些語辭，以及所表達出來的涵義有那些。於此我要先稍微提出的是，對於上述的「難以定義」之語辭，事實上在儒家傳統中，最重要的關切並不是弄清楚它的精確定義（當然盡可能地表達明確也不可輕忽之），而是學者如何眞正落實體驗的「仁」、「義」……問題，因此有著一種內化、體驗方面的強調，是一種結合生命情感與體驗自我內在的歷程。據此，個人暫時提出幾個理解模式，來作爲理解孟子思想的參考。[9]

(一)理解「字詞的特殊使用」

在孟子思想中，有些字詞的使用在「他之前」鮮少「那樣的被使用」，例如「性」這個字在孟子思想中最重要的表達內容，反而不是以往常用的「生」這個意思。[10]又例如「命」在傳統上的最常使用則屬「命令」與「命運」這兩方面，而在孟子自我要求、自律、自我期許的前提之下，有關「命」的部分內容亦可從「使命」這個方向來理解。西方當代漢學家在研究《孟子》一書時，時常辛苦地考據某一字詞在傳統上的使用方法，且參考後儒的各種註解，依此來解讀孟子的諸多談論，事實上是頗爲盡責的探究方式。[11]但就某些字詞的各種使用，並非從「過往」或「之後」的使用方式加以觀察之後，即可囊括孟子所要說的意思，也難以確認孟子「是否只是這樣使用」該意思。反而，應從《孟子》本身的文脈上去理解「此處的『命』」應屬何種意思」、「此處的『仁』是指涉『全德』還是單純地『側重發心』」。若僅配合「過往」該字的使用方式來解讀，容易忽略「孟子自身的使用方式」或是「創新的涵義」。另方面，若過重參考「之後」（例如漢、宋、明儒者）的解釋，也不一定是孟子本來的想法與內容（例如，宋儒時常將「性」跟「天理」的關係直接連結，並動輒論述形上本體）。於本書中，我並不會專注於某一字詞的考據，而直接篩選個人認為合乎孟子意思的解讀；當然，某些重要字詞的使用時（例如：「性」、「命」、「天命」），也會稍作此許說明。

於此，則稍微先敘述本書中一些常用字詞的解讀模式。此解讀源自於「如何理解」之，而其實這種字詞的理解模式，在面對儒家經典如《論語》、《孟子》、《中庸》……等諸多典籍時，必須時常使用。在此書中，我則用以下三個方法上的次序來述說。

1. 一個字或詞的多種使用情境必須留意，因為有著某種「歧義」的可能。例如「心」這一個字，可能包含許多意思，而在某上下文只是表達「欲望」這個意思，又在某個上下文只是表達「思考」這個意思。因此，除了分析該字、詞的原本內容之外，更應注意在各個思維脈絡，以及上下文義中來推敲所欲表達的意思或是方向。

2. 務必注意的是，我認為中國文字在使用時有一個重大特色，這也是西方漢學家較難徹底理解的內涵之一。此即，我們理解某字詞時，有著一定的「預定內涵」脈絡，此端看上下文義來推敲即可知曉。而此種「預定內涵」有著奇特的效果：一方面可解消「歧義」的含混性，讓我們知道在某一文脈下「本來可能產生歧義的字」只是「某一個或某一方向的意思而已」（例如「智」可能僅表示「知識判斷」這一方面涵義而不包含其他意義）。另方面，也可自然地認知某一字在此文脈中是必然的「歧義」，也就單一

文字是必須包含多種涵義的。(例如，孟子說「義」時往往「預定」要合乎「禮」、「仁」……等多種內容)

3.從上述兩點結合來考察該經典(例如《孟子》)內容，我認爲自然可以理解某此字詞使用於文本中的主要涵義。務必再次留意的是，「該涵義」並非一定是個「精確的定義」，反而可以是一個「概念方向」甚或是「概念方向群」，而這種概念方向亦可符合上述2.所說的「預定內涵」。

上述說法似乎難以馬上理解；據此我先就上述1.、2.分別使用例子來說明。首先，讓我們先來分析儒家重要經典《論語》中「仁」的兩種方向的用法，再依此脈絡進入《孟子》一書的類似論述。一般而言，對《論語》中「仁」的談論通常指涉「全德者」，[12]但也被孔子用來形述某單一德行突出，或是「符合仁這一精神」，綜述如下。

(1)**「仁」是難以定義、指涉全德、涉及內在？**

《論語》一書中對「仁」這一字的使用相當多元而難以精確定義之，尤其在某人詢問「什麼樣的人是『仁』」時，更顯出孔子「難以下判斷」或「不輕易下判斷」這一事實。例如，孔子在回答孟武伯詢問多位弟子是否是「仁」之後，孔子僅提到他們的「才能」不錯，但不輕易的以「仁」來形述他們：

> 孟武伯問子路仁乎？子曰：「**不知也。**」又問。子曰：「由也，千乘之國，可使治其賦(古時按田賦出兵，指兵)也，**不知其仁也。**」「求也何如？」子曰：「求也，千室之邑(一千

戶的縣邑，指大邑），百乘（百輛車乘，指卿、大夫）之家，可使爲之宰（邑長、家臣）也，**不知其仁也**。」「赤也何如？」子曰：「赤也，束帶（整束衣服）立於朝，可使與賓客言也，**不知其仁也**。」

《論語．公冶長》。孟武伯問子路是否是「仁」？孔子回答說：「我不知道。」而再次問一次，孔子說：「仲由這個人，千輛兵車規模的國家，可派他去治理軍事；至於他是不是『仁』，我就不知道了。」「那麼冉求這個人呢？」孔子說：「冉求的話，一千戶規模的縣邑或是百輛兵車規模的卿大夫家，可以派他去做家臣，至於他是不是『仁』我就不知道了。」「那麼公西赤這個人如何呢？」孔子說：「公西赤的話，整束衣服而立於朝廷，可以派他擔任外交方面的任務與賓客會談，至於他是否是『仁』我就不知道了。」

子張問曰：「令尹（官名，楚國上卿執政者，文官之首，類似宰相）子文三仕（三次就任）爲令尹，無喜色；三已（三次去職）之，無慍色（沒有臉色不悅）。舊令尹之政，必以告新令尹。何如？」子曰：「忠矣。」曰：「仁矣乎？」曰：「**未知**（我不知道）；焉得仁？（哪是這樣就必然是「仁」呢？）」「崔子（齊國大夫，名須無）殺齊君，陳文子有馬十乘，棄而違（離）之。至於他邦，則曰：『猶吾大崔子也。』違之；之一邦，則又曰：『猶吾大夫崔子也。』違之。何如？」子曰：「清矣。」曰：「仁矣乎？」子曰：「**未知**；焉得仁？」

《論語．公冶長》。子張問說：「楚國令尹子文這個人曾經三次就任爲令尹，沒有特別歡喜的臉色，而三次去職也沒有臉色不悅。他就任時期的舊政措施內容，必定告知新的令尹；這樣的人如何呢？」孔子說：「可以說是『忠』。」子張又說：「那算不算是『仁』呢？」孔子說：「我不知道；但這（忠）哪裡就等於是『仁』了呢？」子張又問說：「崔杼殺了齊莊公之時，齊國大夫陳文子有四十匹馬，也都捨棄而離去；到了另一個國家看到狀況而說：『這裡的大臣跟崔杼差不多。』因此又離去到了另一國家，看了狀況又說：『這裡的大臣跟崔杼差不多。』於是又離開了。這樣的人如何呢？」孔子說：「清高的人。」子張問說：「是『仁』嗎？」孔子說：「我不知道，但這（清高）哪裡就等於是『仁』了呢？」）

上述第一引文可知，孔子並不輕易地形述一個人是「仁」；**務必注意的是，孔子僅是無法確定「是」，而不是斷然否定**。而第二引文中，孔子對令尹子文的作爲僅給予了「忠」這一評價，給予陳文子的評價爲「清」，不直接說這樣就是「仁」。孔子的回答似乎是奇特的，因爲他一方面說「我不知道」，卻也表達出他認爲從一個人的「忠心」或是「清高」並不是等同「仁」的狀態。因此，孔子並不是不知道什麼是「仁」，而是難以判斷某人是否是仁。據此，至少可知曉，種種已被視爲「好的行爲」（忠心、清高）並不是「仁」的充分條件（有之則必然）。類似用語在孔子論述申棖是否爲「剛」的語脈中亦可得知：

子曰：「吾未見剛者。」或對曰：「申棖。」子曰：「棖也欲，焉得剛？」

《論語・公冶長》。孔子說：「我沒看過剛強堅毅的人。」有人回答說：「申根！」孔子說：「申根欲望滿身，哪裡算是剛強堅毅呢？」

上述，孔子說他沒看過「剛強」的人，而有人說「申根」這個人是剛強的，但孔子認爲他欲望多，怎麼能說是「剛強」的人呢？於此可知，對於「剛」或是「仁」的內涵，孔子並不是從一般人認知方向去做出定義或下判斷。再深入的理解孔子思想，我們可以發現孔子對人格或某些特性的「正面形述詞語」中，多給予了一些道德考量或內心層面的考量於其中。此如上述的，一個欲望滿身的人若不懂得克制欲望，與「孔子所認定」的「剛」是明顯有差距的，因此說「申根哪裡是剛強的人呢？」至於「仁」的內涵亦是如此方向的思維——「不輕易確定之、肯定之」，雖然如此，但我們至少可以更加確定的是，孔子對「仁」賦予很高的標準與豐富的內涵。依此脈絡，回到更早之引文；已經被一般人稱讚的（道德屬性）行爲，孔子僅給予次一等的、較保守正面評價（忠心、清高……）。

必須注意的是，一個人「忠心」或是「清高」可能是「仁」，但「不一定是仁」；孔子的判斷內涵展現他的嚴格與思維細膩的地方。也就是說，某人「忠心或清高」是不可以馬上說「等同於仁」的，因爲孔子有其他的考量在其中。此又可從《論語》其他篇章中對於「仁」的內涵要求相當崇高來一併理解，孔子說：

子曰：「唯仁者，能（能夠；於此延伸爲有資格而無私地去……）好人，能惡人。」

《論語．里仁》。孔子說：「只有『仁者』，才有資格去喜好、厭惡他人。」

上述，孔子不明確的去定義「仁者」的確實意義，反而以一個「概念方向」來說明。此即，一個「有資格」去對他人好、對他人不好的那種人是屬於「仁者」。而接著我們會去試圖理解或設想，一個「有那樣資格的人」到底是「怎麼樣的一種人」？這就是後文將會說明的的「概念方向」。例如，我們會覺得「有那樣資格的人」至少、應該是有著「無私」、「公平」……等許多正面意義內涵的「那種人」吧！

(2)部分德行或作爲突出

上小節已經說明「某行爲或某種人格」（忠心、清高）被一般人給予正面評價的時候，孔子仍不馬上判斷說「這是仁」。因此「不能肯定是仁」則表達孔子對「仁」懷著極高的嚴謹態度；但另一方面，孔子也在某方面來說「X是屬於仁」的內涵。因此「部分德行突出可以是仁的展現」則屬孔子的另一種用法。然而，用「部分德行突出」來說是「仁」是否不一致於上小節的述說標準呢？

事實上並非如此；這就有如「善」這個意思雖然「無法明確定義它」，但我們至少知道「善」這個字「如何被使用」，也能知道此字的「概念方向」與「預定內涵」。因此當我們說

「某個人是善」的時候，並非一定表達出「那個人的全部內涵都是『善』」，而可能只是表達「他的哪些作爲與大部分給人的感覺是善」。孔子對「仁」這個字採取高標準的使用時，他也曾以「仁」來形述「什麼樣的作爲是『仁』的展現」。此以管仲之例最爲明顯，因爲孔子曾經稱讚他「如其仁」又批評他「器小」；以下即述。

(1)管仲是仁？

子路曰：「桓公殺公子糾，召忽死之，管仲不死。」曰：「未仁乎！」子曰：「桓公九合諸侯，不以兵車，管仲之力（貢獻、功勞）也。如其仁（他是這樣的仁）！如其仁！」

《論語．憲問》。子路說：「齊桓公殺了齊公子糾，召忽自殺求死，但管仲卻不肯死。」又說：「這樣的人不是『仁』吧！」孔子說：「齊桓公九次大會諸侯，不是靠他的兵力就可以達到，還需有管仲的努力與貢獻才有。而這就是管仲符合『仁』的地方！這就是管仲符合『仁』的地方！」

子貢曰：「管仲非仁者與？桓公殺公子糾，不能死，又相之。」子曰：「管仲相桓公，霸諸侯，一匡天下，民到于今受其賜。微管仲，吾其被髮左衽（衣襟）矣！豈若匹夫匹婦（庶人）之爲諒（小信）也，自經（自縊）於溝瀆（田間水溝），而莫之知也！」

《論語．憲問》。子貢說：「管仲不是『仁者』吧！齊桓公殺了公子糾，管仲不能守節隨死，反而輔佐齊桓公。」孔子說：「管仲輔佐齊桓公的時候，讓他稱霸諸侯而匡正天下；萬民至今還蒙受這樣的恩惠。如果沒有管仲的話，我們都會披頭散髮、衣襟左開像夷狄一樣了（此指被夷狄侵略且統治後的狀況）。就此來說，難道要管仲像一般人民固執於小節，自殺在田間水溝而不為人知嗎？」

上述，孔子針對管仲的「功行」來說，這個方面「可以說是『仁』」，而不必因為他沒有隨主而死而輔佐桓公，而對管仲這個人馬上下「不仁」這一判斷，而且管仲輔佐齊桓公時，使天下匡正、夷狄無法入侵，因此百姓得到安寧，這是不爭的事實，也是確實的貢獻。因此，孔子認為有才幹的人不應該像匹夫小民拘泥小節，主子身亡，下屬即在田間水溝自殺又能如何？因此針對子路與子貢認為管仲根本配不上稱作是「仁」，但孔子反而以「他的作為哪些是可以展現仁的內容」來說明。但，孔子也並沒有馬上說「管仲是仁」，而是說管仲有哪些事蹟功行是「屬於仁」的內涵，因此使用「如其仁」的方式來陳述他。用日常生活的例子來說，則好比如：

A批評B而說：「B根本不是個好人！」

C說：「其實B有時候不錯耶！他上個月做了一件好事呢！這是他像個好人的地方啊！」

上述的問答過程，在生活中可能會出現，甚至我們會說B某個時候或某個行為「就是個好人」！依此脈絡，我們就可以通暢理解下文；孔子一方面曾經說管仲的好，又曾批評管仲，並非矛盾。孔子曾說：

子曰：「管仲之器小哉。」或曰：「管仲儉乎？」曰：「管氏有三歸（三處公館；一說為娶三姓女；另一說為管仲有三處藏貨財之所），官事不攝（兼職），焉得儉？」「然則管仲知禮乎？」曰：「邦君（一國之君）樹（樹立屏風）塞（遮）門，管氏亦樹塞門。邦君為兩君之好（友好），有反坫（ㄉㄧㄢˋ）（古代兩君王相會時，主人酌酒以迎賓，飲畢後置空杯於坫上，稱為「反坫」），管氏亦有反坫。管氏而知禮，孰不知禮？」

《論語．八佾》。孔子說：「管仲的器量眞是狹小！」有人問孔子說：「是不是因爲管仲太節儉了？」孔子說：「管仲有三處藏貨財之所，而替他管事的人不互相兼職來節省人力，這哪算的上節儉？」又有人問說：「那麼管仲懂得『禮』嗎？」孔子說：「以國君的規格，宮殿門前會豎立屏風，而管仲也豎立屏風在他家門前。另外，國君等級的規格下，兩國國君友好設宴時，都會有放置酒杯的『坫』，而管仲宴客也有放置酒杯的『坫』。如果說管仲知道『禮』，那誰不懂得『禮』呢？」

上述可知，孔子認為管仲連基本的「禮」都不懂，除了下屬官事不兼職浪費人力之外，對自己的待遇標準頗為注重而比照「國君」之規格。這樣的人，為何孔子曾經說他是「仁」呢？事實上兩相配合來說，孔子僅是分別說明「管仲有仁的展現面」，以及管仲在其他方面仍有不足取的地方。

(2)「殷有三仁焉」究竟如何判斷？

上述有關管仲的某些作爲被孔子稱讚說：「他是屬於那樣的展現仁的內涵出來」，事實上沒有正面肯定管仲「就是仁」；用一般意義來理解的話，就是「肯定管仲的部分作爲」。從上述至此可先整理對「仁」內涵的初步理解：標準很高、所內涵的意義很廣，許多人的作爲僅是「部分符合仁的內容」、「是仁的部分展現」。而此小節所要談論的，是孔子對前人敘述中的稱讚曾經以「仁」說之的用法：

> 微子去之（「微」是國號，「子」爲爵名，「啓」是名字。「子啓」乃紂王之庶兄，看紂王無道便離他而去）；箕子爲之奴（紂王叔父，直諫紂王被囚禁，裝瘋而受辱）；比干諫而死（紂王叔父，苦諫紂王後被剖心而死）。孔子曰：「殷有三仁焉！」

《論語．微子》。微子看到紂王無道便捨棄富貴而離去；箕子裝狂受辱爲奴；比干勸諫紂王而被處死。孔子說：「殷商末期有三位仁人啊！」

從整個「仁」的概念方向來說，涉及許多德行內容，因此孔子往往僅說某人「哪些德行是仁的展現」而不給予直接的判斷──「他就是仁」。而上述三位都是殷紂時期的人物，但都展現一定的德行實踐而被孔子稱讚。[13]與之前對比於管仲的用法來說，爲何孔子此處以確定語氣來直接說「三位是仁」呢？於此從兩方面來解讀或許就可以理解了：一是孔子認爲三位人物的實際展現，除了表達一定的德行內容之外，更是處於逆境中所篩選的大義，而且無私的捨棄高位、忠言勸諫不畏屈辱甚至被處死。此種具體的實證不但呈現孔子所追求的高標準，帶出人爲的信念或價值而肯犧牲自我的無畏精神。二是，此部分或許帶有孔子自身的主觀評價；也就是說，孔子除了知曉三位前人的具體事蹟之外，更是「相信」三位前人的人格風範均屬於「仁」的內涵，因此直接給予「仁」的評價。

至此，從孔子對「仁」這一詞的使用方式中，雖然可以試圖整理出「仁」所要表達的意思，以及在多種使用中找尋出合理的解讀。但我仍想要強調的是，孔子對「仁」這一詞的使用，最重要的並非他帶來何種「精確意義」或是「孔子是否有系統的使用『仁』」，反而是，在很難找出一項精確意義「仁」的情況下，「此字」所表達出來的「概念方向」與「預定內涵」，才是孔子影響我們深遠的重要之處。

(3)「預定內涵」與「概念方向」

探討「預定內涵」與「概念方向」時，得先說明此兩者「並非完全不同」的，甚至可以說是難以分割的。例如，當我們聽聞先賢說：「某A是善人」而且相信的時候，內心所導出的「預定內涵」可能是「一些被我們認爲是『善』的種種行爲……等」，進而產生「某A應符合如此如此……之行爲」的這類想法，其中的「應符合如此如此……」即可導引出許多「概念方向」。例如我們可能會說某A是「公正」、「幫助別人」、「是正義的」……等。而在這些

「概念方向」的種種內容中，我們又會出現某些「預定內涵」出來，例如「此種公正並不僅是表面的，其內心也得公正」、「幫助別人不是試圖獲得稱讚的，而是純然無私的」……等。

回到之前曾列舉的：「唯仁者，能好人，能惡人。」（《論語．里仁》）內容來說；試想，一個孔子認爲「有資格喜好、厭惡他人」的那種「人」，必須符合哪些條件或是內涵？若思考此問題時，我們內心浮出某些概念之時，甚至會預設某種高標準，此相關內涵就是我說的「預定內涵」，而這預定了什麼內涵？我們的思維脈絡中或許浮現的是「無私」、「公正」、「有判斷力」……等內涵方向的「這種人」。因此我所要強調的是，「唯仁者，能好人，能惡人。」的涵義重點，不一定只是爲了說明「能好人、惡人」的是「仁者」才有資格，僅是這種側重，教育意義並不深。而可能是，此處的「仁者」所帶出的「預定內涵」應有哪些涵義，以及延伸出來的「概念方向」又是如何。

延續上述之意：「預定內涵」除了表達出「無私」、「公正」這類的「概念方向」之後，所涉及的層面時常涉及「內在」。也就是說，「無私」、「公正」這些內容又極可能再次預定著「內心」這一層面來考量，而不僅僅是「表面公正」、「看起來無私」這種「外在行爲」而已。**而這樣的「預定內涵」與「概念方向」並不是有一定的先後次序**，我僅是說明，對於「仁」、「義」、「聖」……這類字的理解，可從上述這兩方面的情況來嘗試了解，而且相當符合我們日常生活的體驗與認知。回到「仁者」來說，當某人被稱爲「仁者」時，我們是否預定了「內心層面」（內心是無私的）且導引至許多德行展現的「概念方向」（做善事、幫助別人、有使命感……等）？最後我想補充的是，上述的「內心層面」（無私）難以證明，也因此說明了孔子爲何不輕易說某人是「仁」了。

從孔子論述「仁」的幾個探討中可以初步發現，允許「預定內涵」與「概念方向」兩者交構，是對儒家哲學相當重要的理解模式。因爲不僅上述的「仁者」所包含的內在人格特質必須這樣理解，其他字詞例如「義」、「聖」，或是孟子所說的「仁義」、「聖人」……等，其內涵必定是「多重意義」的，例如要有無私、公平、做出一些具體行爲……等。而有著這樣的「理解模式」之後，在往後（某個論說中）孔子或是孟子提到某人是「仁」或是「義」時，就可知曉可能預定了什麼樣的標準、存著什麼樣的內涵方向在其中。當然，這必須要考察整個《論語》或《孟子》之後才能評估正確，而我僅是先從導讀的角度來說明此項理解模式的重要性，也是個人研讀《論語》與《孟子》……等諸多儒學經典的徹底反省後，才建議以此種「預定內涵」與「概念方向」來理解是必須的。[14]

對傳統經典內容的理解模式中，若能了解某些字辭有著「預定內涵」與「概念方向」，該字詞在其他文章的用法便能較清楚的理解，甚至有著一貫脈絡的理解。於此，我將從《論語》回歸《孟子》文本；例如「義」這個字有許多意思，在《孟子》文本中又如何被理解？我們時常使用「正義」、「正當」……的內涵來說明「義」的意思，甚至從內心層面的範疇來說明之。但要注意的是，涉及「預定內涵」與「概念方向」的使用模式，也出現在《孟子》文本中，甚至涉及不同範疇的使用，得視內文而定。例如，「義」有時候是強調「外在」（行爲），有時候是強調「內在」（心），甚至同時強調「外在與內在」：

孟子曰：「大人者（有德的人或君子），言不必信，行不必果；**惟義所在**。」

《孟子．離婁下11》。孟子說：「有德的人或是君子，所說的話不一定執著於信諾，做事情也不一定要拘泥於完成；一切考量與行爲依從『義』這一原則即是。」

上述孟子除了表達出一定的原則性──「義」，勸勉人不要執著於小細節而得「通權達變」，而我們很難去說明上述的「義」沒有包含「外在行爲」與「內在之心」這兩方面吧？我們在理解時，不但預定了「義」可解釋爲「公正」、「正確」……等「概念方向」，更預定必然涉及「內在層面」這一考量。而偏重「內在」層面的述說亦時常出現，此乃儒家傳統最重視的價值論點（包含修養與實踐），因此這種「預定內涵」並不需要時常強調了，這是不言而喻的！整理孟子時常論說的內容，即可知曉凡涉及「實踐」之時，「內在」層面是最重要的，因此便不需時時提醒了，下則引文更是重要：

孟子曰：「人之所以異於禽獸者幾希；庶民去之，君子存之。舜明於庶物，察於人倫，**由仁義行（由仁義這種發心去實踐），非行仁義也（而不是去實踐外表像仁義的事情）**。」

《孟子．離婁下19》。孟子說：「人跟禽獸的差別非常少、相去不遠；而這一微小的差別（本心、良心）一般人將其捨棄了，但君子卻存留下來。舜這位聖王通達於衆物，明察於人倫義理；所作所爲都是從內在的仁義之心出發，而不是做那些外表看起來像是仁義的行爲！」

上文可知孟子所強調的「內在層面」且仁義皆舉，代表「眞正的仁義的實踐」在於「發之於內而行之於外」，而非「表面作爲」即是。此重點一旦把握，便知往後所強調之「仁義」，若沒有特殊使用狀況，必蘊含「預定內涵」——「內心層面的考量」，且符合孟子所要強調的實踐重點。當然，也有我所說的「特殊情況」而刻意「分開來說的」，如下文則將「仁與義」各自拆解來說明「內外」兩個方向：

孟子曰：「**仁，人心也；義，人路也**。舍其路而弗由（走）、**放其心而不知求，哀哉**！人有雞犬放（走失），則知求之；有放心，而不知求。**學問之道無他，求其放心而已矣**。」

《孟子．告子上11》。孟子說：「『仁』所強調的重點在於『內心』；而『義』可以強調是一種外在行爲的導引原則。捨棄外在導引原則這條大路、丟失『內在仁心』卻不尋求自我，眞是悲哀阿！一般人若雞犬走失了，都知道去找回來，但『內在的仁心』丟失了卻不知道求諸自我。就這樣來說，我認爲學習的方法其實沒有別的，就是把丟失了的「心」找回來而已！」

上述，用「仁」來強調「內在人心」而以「義」來強調「外在實踐之路」。據此可理解孟子曾經把「義」拿來形述「外在實踐之路」，因此「義」這個字有時被孟子拿來強調某一面向。然而，我們不能說孟子把「義」的定義說得模糊，因爲只要視上下文義即可知曉孟子的意思。因此出現在其他篇章中的「義」，可以拿來強調「內在人心」、「外在行事」等用法，並不會與上述引文強調某一層面（外在實踐道路）相違背。甚者，上述以「義」來強調「外在實踐之路」，並不完全排除「內在人心」，而可以是一種「強調」上的不同。猶如我們知曉「義」若泛指「正當」涵義的時候，便從來沒有忽略「內在與外在」這一「預定內涵」。上文出現的「義，人路也」則僅是對比於「仁」的時候，孟子才把「義」的意思用來強調外在而已。

因此，就一個難以定義的「仁」或「義」，我們除了可以試圖了解它的精確意義之外，更重要的是理解這類字詞的「預定內涵」與「概念方向」。就有如「義」這個詞至少有兩個「概念方向」，一是外在規矩、道路，一是內心層面；而且此兩個方向往往是同時的俱足；而我們往往是這樣預定的，而且會越思考越更加細膩。這樣的語言使用方式一旦被理解之後，我們對《孟子》一書出現許多類似的語辭使用，也較能明白掌握了。

(二)不要馬上否定「以肯定語辭表達高度相關性與可能性」的陳述模式

理解傳統儒家使用語言的部分內容之後，接下來則須了解「句子之間的推論關係」。不諱言者，中國儒學的談論內容中有著「滑坡」或是「以偏概全」……等現象，並以「類推」的方式延伸該思想家的主張。「滑坡」則屬多組推論語句前後間沒有「必然性」而僅呈現「某種可能性」（或是高度可能性）的一連串敘述。而「以偏概全」則是使用某特定（或是部分）事物中的事實，來說明全部事物皆應如此。「類推」則提供一項可能性表達與類比概念，並突顯了儒學思想中的「整全觀點」（一體觀）。但務必注意的是，儒者所談論的「道德勸說」、「實踐參考路線」……等，雖然多屬於此種表達形式，但其中的合理成分與教育意義卻不容忽視，於此舉出上述三種常見的論說形式來稍作說明：

滑坡(1)：

名不正，則言不順；言不順，則事不成；事不成，則禮樂不興；禮樂不興，則刑罰不中；刑罰不中，則民無所措手足。

《論語．子路》。名分不正確的話，所說的話就不能順理而行；所說的話不能順理而行，事情就無法落實；事情無法落實，禮樂制度就無法推行興盛；禮樂制度無法推行興盛，刑罰便不能得當；刑罰不能得當，那麼百姓將不知所措。

滑坡(2)：

公孫丑曰：「君子之不教子（不親自教訓孩子），何也？」孟子曰：「勢（情勢）不行也。教者必以正；以正不行，繼之以怒（怒言斥責），繼之以怒，則反夷（傷）矣。」

《孟子．離婁上18》公孫丑問說：「君子不親自教訓兒子，爲什麼呢？」孟子說：「是因爲情勢上考量所以才不行啊！教訓時，必定是用正確的觀念來教訓；如果正確的觀念訓誡無法落實，接著就會斥責他了，這樣的話反而會傷害父子的感情啊！」

上述兩個引文，主要表達孔子與孟子都曾使用「滑坡」的方式，來陳述他們的思想或是教導、勸說。另方面，又時常有著「以偏概全」與「類推」：

以偏概全(1)：

人皆有不忍人之心……。今人乍見孺子將入於井，皆有怵惕惻隱之心……。

《孟子．公孫丑上6》。人都有不忍他人受害的心……。例如，現在有一個人忽然看到一個小孩子快要掉入井中，都會有驚恐和憐憫之心產生啊……。

以偏概全(2)：

夫人必自侮，然後人侮之；家必自毀，而後人毀之；國必自伐，而後人伐之。

《孟子．離婁上8》。人阿，必定先輕慢地對待自己、不自愛，他人才會輕慢他。卿大夫家並定自己先毀壞，而別人才會毀壞他。國家必定做了會招致討伐的暴政，才會讓他國想去討伐他。

以偏概全(3)：

愛人者，人恆愛之；敬人，人恆敬之。

《孟子．離婁下28》。能夠去愛護別人的，其他人則經常愛護他；能夠尊敬別人的，他人也經常尊敬他。

類推(1)：

民之歸仁也，猶水之就下，獸之走壙ㄎㄨㄤˋ（廣野）也。

《孟子．離婁上9》人民歸向於仁德之情況，就猶如水向低處流動、野獸傾向於曠野一樣。

類推(2)：

水信（誠也，實也）無分於東西，無分於上下乎？人性之善也，猶水之就下也；人無有不善，水無有不下。

《孟子．告子上2》水流的動向確實沒有必然向東與向西的分別，但沒有分上下嗎？人性是「善」的狀況，就猶如「水必然向下流」這個現象一樣。據此來說，人沒有不是性善的，就像水沒有不往下流的這個事實一樣。

上述僅是列舉《孟子》文本中的表達形式有其邏輯上的非必然之處，此外，上述例子若再深入分析，不僅是有所謂的「以偏概全」或是「類推」而已，更有所謂「預設」或是「簡化」……等問題。而我們該如何理解這種表達形式？馬上否定它們嗎？或是如何肯定之？

陳述如何理解上述諸多表達形式之前；務必注意的是，儒家思想講求的是一種實踐路線，對於某些狀況的形述會以「確定語辭」來表達某種「高度可能」。會使用「某些現象」來說明「普遍現象」應該是如何，也常使用某一事物來「類推」其他事物也應是如此。這是古人用語欠嚴格使然，我們當然可以說這是「不夠嚴謹」的，或是「無系統」而不滿意，但是在一定的歷史脈絡或是經驗觀察之後，上述的談論並非毫無道理，甚至是相當重要的勸說。至於此種表面上僅表達出某種「高度可能」……等非必然的談論為何如此重要呢？甚至流傳後世且被後人視為重要的智慧呢？於此不得不談論理解儒學的最後一項重要模式，此即「體驗」與「信念」的兩相配合。

(三)「體驗與信念」的理解模式

有關「體驗」與「信念」，前者的意義較為明顯易懂，在本文中則泛指儒者對先聖先賢所遺留下的珍貴思維，因實際實踐、落實、操作所得到的自我體認與驗證；當然這種體驗可能是「個人的」而非一定是「普遍必然」的，又或許是一種抽象而難以具體表達的個人體驗，但此種「體驗」在儒學傳統可視為一種「內化」過程，且往往結合「道德」內容。至於「信念」這一詞語則較為複雜，在當代哲學談論中又可分為「當下信念」、「隱潛信念」、「傾性信念」

這一類別之外，又有另一類別爲「個物式信念」、「命題式信念」。[15]此類內容離儒家傳統思維較爲遙遠，且過於細膩，因此我暫時選擇了Paul Tillich教授針對「宗教」這一議題談論之時，區分「信念」（belief）與「信仰」（faith）所作的定義方向。「信念」雖然是一開始的「相信X」，但依靠的是後來的證據與體驗，因此可以加深「信念」的強度。[16]但與Tillich教授較不同的是，我所指出的「信念」也可能包含了「非理性」的層次，涉及了些許類似「信仰」之成分。例如，對於「性善論」來說，可能有兩種面對態度，一是，雖然無法在邏輯上得到證明，但事先有「信念」而去「實踐並體驗之」，則能夠加強對此「性善」論述的「信念」。二是，在「實踐並體驗」之前，就把此「性善論」視爲圭臬；不論應證多少，都不加以懷疑，這可視爲某種程度之「信仰」態度。在儒家許多人物中，不需靠理性思辨方面的檢證或印證，在一開始即遵奉「性善論」爲一項眞理，其實頗爲常見。

但此書僅暫時結合「體驗」與「信念」來說，不是要討論其中的「信仰」與「信念」問題，也不是強調「性善論」是絕對眞理。儒者（例如孟子）所說的許多重要思想，我認爲「至少」需要這兩種內涵（體驗與信念）的加入後，方能有著較爲深刻的理解、甚至才是負責任的理解方向。且經由後續紮實的實踐之後，甚至產生類似「信仰」的層面於其中。當然，若以較爲輕鬆且結合日常生活的實例方向來談，此部分所要談論的「信念」用法並不一定要涉及困難或難以解釋的哲學性內涵，可以是針對一般人「相信某話是眞的」、「相信這樣做應該是對的」這種時常發生的「很普通信念」，來加以循序進入這個思維世界；於此，舉出幾個例子來作爲導引：

⑴某父親A對兒子B說：「你要誠實，不然交不到朋友。」

⑵文化大學某學生C，早上搭公車上學……。上課至中午，去買個便當來吃。

上述語句⑴表達出某種「信念」，也就是說，A「相信」「不誠實」所會導致「交不到朋友」這一項結果。當然在經驗觀察下，「不誠實」還是「可以」交到朋友，因此上述使用「確定性的判斷語辭或語氣」來說「交不到朋友」，並非嚴謹的說法，應該說「可能交不到」或說「很有可能交不到」……才是。此種例子符合上小節所提及儒者喜歡用「部分事實」來說明「全部如何」。但務必注意的是，我們在述說某些內容的時候，並非都是以「必然爲眞」作爲述說主軸，而可以是以「勸說」爲主要目的；因此，上述語句⑴並不會因爲語言使用不嚴格，就否定語句⑴整句話。甚至⑴若改寫成「你誠實，就能交到朋友」，我們通常仍是接受且遵循的。另外，語句⑵看似沒有表達任何有關「信念」的內容，但卻有著細微的「已經內化且自然」的「信念」於其中。亦即，搭車的學生C或許有著「這次搭公車不會撞上山壁」、「這次買便當不會買到有毒的」……這類細微信念於其中，否則他不會做得如此自然。我要說的用意是，在日常生活中，我們「早已使用某些信念」了，有信念並不是多奇怪的事情。因此，若回到一些儒家學者的談論內容來觀察，或許某些「勸說語句」雖然得涉及「信念」才能接受，卻不是突兀的，僅有輕重或範圍之分。再延伸說，也因爲儒者本身有著「信念」與「體驗」的雙重支持，在種種歷程中不斷地增加他們的「信念」而更能夠接受許多我們看似突兀的觀點或理論。他們自然的使用（我們認爲需要）「信念」去面對我們難以馬上接受的內容，且「如此自然的接受」或是「相信而肯去落實體驗」。換句話說，我們看似突兀而難以接受的內涵（例如「人皆有四端」、「人性善」）對他們而言，可能如上述的例子：「買便當不會買到有毒的」那種信念程度一樣，他們早已「內化這種『體驗』與『信念』之過程」，而且呈現、落實的如此自然。

因此，關於上小節所談論的「滑坡」類型的道德勸說語句，我們也並不會全面否定它所要表達的內容，甚至是接受其中的「合理成分」加以實踐、體驗，甚至也拿來訓勉他人，而這就是對儒學充滿「實踐精神」所說的紮實理解模式了。於此，則可回應上小節的「滑坡」內涵了：

(3) A、名不正，則言不順。B、言不順，則事不成。C、事不成，則禮樂不興。D、禮樂不興，則刑罰不中。E、刑罰不中，則民無所措手足。

《論語．子路》。名分不正確的話，所說的話就不能順理而行。所說的話不能順理而行，事情就無法落實；事情無法落實，禮樂制度就無法推行興盛；禮樂制度無法推行興盛，刑罰便不能得當；刑罰不能得當，那麼百姓將不知所措。

上述從A至E幾個階段中，僅表達出一定的「高度可能」，卻使用「肯定語辭」（則）來說明。我並不認爲孔子不知道這只是「高度可能」，卻還故意用「肯定語辭」「則」這個字來說。我想說的是，某些思想或主張透過語言來表達時，如「道德勸說」或是「勸勉」這一類型，是可以用「高度可能」配合肯定語辭來陳述「說者」要表達的意思。因此，我們會去相信A將導致B這一結果來勸勉自己，也相信B將會導致C……等。在我們先相信而後眞正落實體認、觀察，發覺A至E的合理成分之後，便會加深我們對上述語句的更深層信任，甚至認爲這眞的是某種「先人的智慧」，無怪乎流傳於後世。若把「體驗」這種內涵訴諸當代生活情境中，或許可舉此下述之例來稍微「體驗」一下當中的內涵：

(4)某A在公園散步時問他父親B：「什麼是夫妻之愛？」B回答：「你看到對面那對老夫妻了嗎？我發現，他們每天牽著手來散步，已經好幾年了，我想，這就是了……。」

(5)次日A又問：「怎麼樣才能相愛到晚年，還可以有如此好的情感互動呢？」B回答：「我想……。盡可能秉持無私的精神，相互尊重扶持，共度難關……。」

上述的內容，我們可以說B根本沒有回答什麼。因爲B沒有系統、沒有精準的說出什麼是「愛」、「無私」，因此不是什麼「好回答」、「好方法」。但就「體驗」來說，卻可延伸許多內涵來吧？傳統儒家令人佩服、卻也令人批評的，其中一個原因就是如同A聽到這種話語，就隨即相信、體認B所說的合理成分，並且付諸實踐。在此脈絡下，B的談論或許粗糙或籠統，卻也「可以是」A所要的回答。

據此，儒家的勸勉形式在上述的種種說明可稍微理解了；第一，我們並不應該隨意地使用「必然性」或是「普遍有效性」、「此論說無法被證成」，來直接否定儒家的一些談論。第二，說者希望聽者「相信」他的勸說而親自「實踐」、「體驗」（甚至說者不必考慮聽者是否相信，因爲聽者本來就是相信才來聽），以切身理解當中的合理成分。於此來說，「體驗」與「信念」在儒家充滿道德意義的語句下，是相當重要的理解模式之一；甚至可以說，因爲有了後續的「體驗」，而自然加深了一開始的「信念」。

除了上述之外，還有「類推」、「以偏概全」形式的說法，也須涉及「信念」來「體驗」其中的合理成分，例如：

(6)口之於味也，有同者（嗜好）焉；耳之於聲也，有同聽焉；目之於色也，有同美焉。**至於心，獨無所同然乎？心之所同然者，何也？謂理也，義也；聖人先得我心之所同然耳！**

《孟子．告子上7》。口對於滋味，我們有同樣的愛好；耳朵對於聲音，我們有同樣的音感喜好；眼睛對於美色，我們有同樣的美感內容。而「心」難道沒有共同的喜好嗎？「心」所共同的喜好是什麼？是「理」、是「義」。聖人只是先知道我們「心」的共同喜好，而闡述「義理」的重要性讓我們體驗認知實踐啊！

上述是孟子針對「義理」這個共同價値所做的「類推」說法，詳細的內涵將在第三章解讀，於此先陳述這樣的表達形式。首先孟子使用一般生理上的談論來說我們的口腹之欲有著「共通性」；例如都喜歡吃美食、耳都喜歡聽悅耳之聲，而眼睛也是如此……。至於我們的「內心」之喜好，難道沒有共通點嗎？孟子認為有，對於「義理」是我們共同喜好的，而聖人只是先把這種「人類共同喜好」的內涵點出並且落實給我們看，讓我們知道「義理」的重要。另外，上述的表達內涵或許可以被批評這是「孟子自身的體驗」後的述說，是他「個人的」、「私人的」認定，為何可以說每個人都應是如此呢？分明是「以偏概全」？

順著上述的「體驗與信念」這個理解模式來看，我們若真的去體驗我們的共同價值；例如嚮往美好的社會、和平的世界、公平正義的群體關係……等，頗符合我們「共同的喜好」。據此可知，我們有著共同的價值理想，這就是孟子所謂的「心之所同然」——「義、理」。孟子從生理方面的共通性來「類推」到心理與價值理想層面，若我們從「體驗」與「信念」兩者配合理解、實踐，無疑地可加深此種述說的合理性。在此種理解脈絡下，可以去觀察他人體驗後的表達是否類似我們，也可觀察他人所宣稱的價值內容是否與符合我的理想價值，依此便可知曉孟子的表達並不是全然錯誤的。

據此，《孟子》一書更為抽象的類推式敘述，用此方式來理解則較為適當，也符合孟子的敘述本意；他又說：

(7)孟子曰：「有天爵（天給予的爵位，指上天給予的使命而人自然承受之爵位）者，有人爵（人為給予的爵位）者。仁義忠信，樂善不倦，此天爵也。公卿大夫，此人爵也。古之人修其天爵，而人爵從之（此指修養自身的天爵而後人爵自然而有）。今之人修其天爵，以要（求取）人爵；既得人爵，而棄其天爵，則惑之甚者也，終亦必亡而已矣。」

《孟子．告子上16》。孟子說：「有天然授予的爵位，有後天人爲給予的爵位。『仁義忠信』這類行爲樂於從事而不厭倦，這就是達成天然的爵位。古人修養自身的天然爵位，而人爲的爵位即自然而生；現在的人雖修養自身的天然爵位，但爲得是取得人爲的爵位。而取得人爲的爵位之後，便把天然的爵位捨棄了；這眞是太過糊塗了！最後必導致人爲的爵位也丟失。」

上述所涉及的「天爵」與「人爵」亦得從「體驗與信念」兩方面來理解方能深入孟子所要表達的意思。爲何孟子突然說出抽象的「天爵」這一概念？孟子認爲我們人本身就有「行善的能力」與「性善之本然」，這是天給予我們的，也是最至貴的珍寶，故稱之爲「天爵」。相比較於「人爲」的爵位（尊貴），僅是後天養成而且無所謂「仁義忠信」必然地存在其中。孟子這樣的敘述模式，將人的行善能力或是「性善」的內涵以「天爵」形述，若深加體驗之，其中內涵焉能不顯？

基於此種理解脈絡，即便如下文更抽象甚至難以理解的陳述，我們仍不會說「孟子的談論是無意義的」、「過於抽象的」；例如他又說：

(8)孟子曰：「盡其心者，知其性也；知其性，則知天矣。存其心，養其性，所以事天也。殀壽不貳，修身以俟之，所以立命也。」

《孟子．盡心上1》。孟子說：「能夠盡力發顯我們的『本心』，就能夠體驗而知道我們是『性善內存』的；知道我們『性善內存』，就可以體驗而知道這是『天』所賜予我們的。保存著我們的『本心』，涵養我們本有的『性善』，這就是侍奉『天』的最好方式。不論生命長短，都修養自身以等待自身所應遵循的使命到來，這就是『確立天命』的最好方式。」

上述的內涵解釋將在第三章詳述，先於此處提出，是因爲上引文實屬《孟子》文本中最爲抽象難解的內涵之一。但若順著前述種種的「理解模式」來理解，依照個人淺見，將不難體會其中的合理成分，甚至先依照「信念」而力行之，產生種種「體驗」而內化之。如此的印證過程，雖然可能僅屬於「少部分的人」的「個人理解」，但儒家傳統本來就對於這種內在體驗，給予一定方向的表達自由。若按照孟子所說的「聖人先得我心之所同然」，在我們紮實體認之後，也將認爲上述(6)之話語亦屬如此模式的體驗。對於此種「內在體驗」所涉及抽象層面的範疇，例如「天」的相關涵義，宋代大儒程明道先生亦有云：「吾學雖有所受，『天理』二字卻是自家體貼出來。」[17]可謂一針見血的提醒。

第二節　孟子思想淵源與生平簡述

根據《史記》所記載的孟子是：

孟軻，鄒人也；受業子思之門人。道既通，游事齊宣王，宣王不能用。適梁，梁惠王不果（實現）所言……。當是之時，秦用商君，富國強兵；楚、魏用吳起，戰勝弱敵；齊威王、宣王用孫子、田忌之徒，而諸侯東面朝齊。天下方務合從（合縱）連橫，以攻伐爲賢，而孟軻乃述唐、虞、三代之德，是以所如（往）者不合。[18]

上述《史記》這段話其實已大致道出孟子的思想淵源以及生平重點，其中值得注意的要點在於孟子的思想來源（受業於子思之門人），以及面對當時局勢時一般人對於國家的經營模式偏向征伐他國（重視富國強兵），孟子卻選擇了另一項作爲——「德」與「德政」。而這令他有如孔子一樣的遭遇，跟許多國君理念不合。

孟子與孔子一樣，爲求他的理想而曾遊歷諸國，也曾如孔子一樣遭受危險；從今本《孟子》的內容來看，可知孟子至少待過許多國家，且與君主或重要大臣談過話。總括來說，孟子有著一定的身分地位：

孟子見梁惠王……。《孟子．梁惠王上1》

孟子見梁襄王……。《孟子．梁惠王上6》

齊宣王問曰……。《孟子．梁惠王上7》

鄒與魯鬨，穆公問曰……。《孟子．梁惠王下12》

滕文公問曰……。《孟子．梁惠王下13》

孟子爲卿於齊，出弔於滕……。《孟子．公孫丑下6》

孟子致爲臣而歸（此爲齊國之臣），王就見孟子曰……。《孟子．公孫丑下10》

滕文公爲世子，將之楚，過宋而見孟子……。《孟子．滕文公上1》

上述僅是簡要列舉，且君王不僅一次與孟子談話而已；當然孟子也曾遭遇他人忌妒進讒言，而無法見到國君的。例如：

魯平公將出，嬖人（君主寵愛之臣）臧倉者請曰：「他日（昔日）君出，則必命有司（執事之人）所之（往）；今乘輿已駕（駕好馬待命）矣，有司未知所之，敢請（問也）。」公曰：「將見孟子。」曰：「何哉？君所爲輕身以先（先拜訪）於匹夫者？以爲賢乎？**禮義由賢者出，而孟子之後喪（孟子母喪在後）踰（超過）前喪（孟子父喪在前）；君無見焉。**」公曰：「諾。」樂正子（孟子弟子，名克）入見，曰：「君奚爲不見孟軻也？」曰：「或告寡人曰：『孟子之後喪踰前喪。』是以不往見也。」曰：「何哉君所謂踰者？前以士，後以

，

大夫；前以三鼎（士之祭禮），而後以五鼎（大夫祭禮）與？」曰：「否。謂棺槨（外棺）衣（斂衣）衾（覆於斂衣外之單被）之美也。」曰：「非所謂踰也，貧富不同也。」樂正子見孟子曰：「克告於君，君爲來見也；嬖人有臧倉者沮（阻止）君，君是以不果來也。」曰：「行或使之，止或尼（阻也）之，行止非人所能也。吾之不遇魯侯，天也。臧氏之子，焉能使子不遇哉！」

《孟子．梁惠王下16》魯平公將出宮，寵臣臧倉問說：「以往您出宮，都會把要去的地方告訴執事之臣；現在車馬已駕好待命，執事還不知道您要上哪去，請問是？」魯平公說：「我要去見孟子。」臧倉說：「爲何要去見他？您爲什麼要降低身分先拜訪一個普通人？您以爲他是賢人嗎？我聽過禮義是可以從賢人身上觀察到，但孟子葬其母比葬其父還要重視，明顯獨厚母親而輕視父親；這種不懂禮義的人，您不必見他了。」魯平公說：「好。」樂正子見魯平公說：「爲何您不去見孟軻呢？」魯平公說：「有人告訴我說：『孟子後來給母親所舉行的喪禮，超過之前幫父親所做的喪禮。』因此我不去見他。」樂正子說：「您所說的『超過』是指什麼呢？是指以前用『士』的禮，後來用『大夫』的禮；以前用三鼎祭祀，後來用五鼎祭祀嗎？」魯平公說：「我不是指這個，是指後來棺槨衣衾的華美程度。」樂正子說：「這也不能算是『超過』阿，因爲孟軻前後的貧富狀況不同啊！」後來樂正子見到孟子說：「我曾經把老師您的思想告訴魯君，他本來要來見您了；但有寵臣臧倉阻止他，因此國君不來了。」孟子說：「來，有人使他來；不來，有人使他不來。但『來或不來』眞正的情況是沒有人可以強制的。我無法見到魯侯，這是天意吧。那位姓臧的，又怎麼能夠讓我見不到魯侯呢？」

上述，臧倉以孟子葬母超越父親的規格，來指控孟子不懂「禮義」，因此勸說魯平公不要見孟子。而後，孟子弟子雖然提出解釋，且告訴孟子這件事，但孟子還是相當豁達，認爲與魯侯無法見面並不是臧倉「一個人能造成的」，也包括魯侯「自己願意聽信」這種讒言，而抒發說是這是「天意」。

此外，孟子遊歷諸國時也有人想迫害他，例如：

孟子曰：「皆是也。當在宋也，予將有遠行，行者必以贐；辭曰：『餽贐』予何爲不受？當在薛也。**予有戒心；辭曰：『聞戒，故爲兵餽之。』**予何爲不受？若於齊，則未有處也；無處而餽之，是貨之也；焉有君子而可以貨取乎？」

《孟子．公孫丑下3》。孟子說：「都是對的。當時我在宋國的時候將遠行，對遠行的人一定會餽贈旅費；當時宋君送旅費給我時是用『餽贈旅費』的名義送我的，我爲何不能接受呢？而在薛國的時候，因爲有人要暗中謀害我而讓我有戒心，當時薛君餽贈我時，以『聽說夫子你有戒心，所以贈送這些金子給您購買兵器。』我爲何不能接受？而在齊國的時候，都沒有上述這些特殊情況；沒有狀況就接受餽贈，猶如貨物一被收買；君子哪是像貨物一樣可以收買的呢？」

上述種種僅爲簡述孟子的思想淵源與重要生平事蹟之導引，個人於此書後諸章將著重思想方面的內容來陳述。

一、孟子思想淵源與承繼的精神

㈠孔子與古代賢人

孟子的思想絕大部分承襲孔子而來，他自己曾說：

孟子曰：「君子（在位之聖賢）之澤（德澤流傳），五世而斬（斷絕）；小人（非在位者；此指在野之聖賢）之澤，五世而斬。**予未得爲孔子徒也，予私淑（拾也）諸人也。**」

《孟子．離婁下22》。孟子說：「在位聖賢的德澤流傳於後世，大約經過五代就會斷絕了。不在君位的聖賢，他的德澤流傳後世，大約也過了五代就斷絕了。我沒能成爲孔子的門徒，但我私自拾取他的一些思想精要加以學習，並展現給人知曉。」

上述，孟子強調自身雖然無法成爲孔子的弟子，但願意將孔子的學說收歸且內化，然後呈現給世人。而根據《史記．孟子荀卿列傳》記載孟子是「受業子思之門人。」此傳承關係並非「直接」來自子思，乃當今學界較爲接受的。然則，孟子動輒以古代先賢、特別是孔子的言論與行爲作爲模範、談論對象，他曾說：

曰：「伯夷、伊尹何如？」曰：「不同道。非其君不事，非其民不使；治則進，亂則退：伯夷也。何事非君，何使非民；治亦進，亂亦進：伊尹也。可以仕則仕，可以止則止，可以久則久，可以速則速：孔子也。皆古聖人也，吾未能有行焉；乃所願，則學孔子也。」「伯夷、伊尹於孔子，若是班乎？」曰：「**否。自有生民以來，未有孔子也。**」

《孟子．公孫丑》。說：「伯夷、伊尹這些人如何呢？」孟子說：「他們的『道』與我不一樣。不符合他期待的國君他不侍奉，不符合他期待的人民他不去治理；這是伯夷的作風。哪一個不是我侍奉的國君？哪一個不是我治理的平民？天下太平時出來做官，天下大亂時也出來做官；這是伊尹的風格。可以做官就做官，可以辭去就辭去，可以久留就久留，可以速退就速退；這是孔子的風格。這些都是聖人的風格，我還有比不上的地方；若依照我的學習對象，我想學孔子那樣。」公孫丑說：「伯夷、伊尹這兩人跟孔子，是同等的嗎？」孟子說：「不，我覺得，自從有人類以來，沒有人比的上孔子。」

上述可知曉孟子對孔子的推崇與讚賞；對於孔子思想的繼承，最直接也最常見的，就是所謂的「仁政」或是「德政」等「德發於內而形於外」的思想；例如：

孟子曰：「以力（武力）假仁（假借仁義）者霸，霸必有大國。以德行仁者王，王不待大：湯以七十里，文王以百里。以力服人者，非心服也，力不贍（力量能力不足）也。**以德服人者，中心悅而誠服也，如七十子之服孔子也。**《詩》云：『自西自東，自南自北，無思

（思，語助詞）不服。』（取自《詩經》〈大雅．文王有聲〉）此之謂也。」

《孟子．公孫丑上3》。孟子說：「依靠武力而假借仁義之名，是可以稱霸諸侯的，而想要稱霸諸侯必須要先有強大的國家。以德政爲本而行仁政的，就能王天下，而成就王天下的條件，卻不需要有強大的國家做後盾。就猶如商湯一開始只靠七十里、文王只靠百里的土地，就『王天下』了。用外在武力去征服人的，並無法讓他人內心臣服，事實上是因爲他的能力不夠才需要靠武力。用德政臣服他人的，他人是內心歡喜而眞誠信服的，就像孔門七十弟子信服孔子一樣。《詩》說：『自西到東，從南到北，沒有不心服的。』講的就是這種情況。」

齊宣王問曰：「齊桓、晉文之事，可得聞乎？」孟子對曰：「仲尼之徒，無道桓、文之事者，是以後世無傳焉，臣未之聞也。無以，則王乎？」曰：「德何如則可以王矣？」曰：「保民，而王莫之能禦也。」

《孟子．梁惠王上7》。齊宣王問說：「齊桓公、晉文公稱霸諸侯的事情，可以說給我聽嗎？」孟子說：「孔子的門徒，都沒有稱道齊桓公、晉文公這種霸業之事，所以沒有流傳到後世來，我沒有聽說過。如果不得已一定要我說，那我就說『王天下』的道理好了。」齊宣王說：「您說過的德政，要如何『王天下』呢？」孟子說：「保護人民，『王天下』這種事情就沒人能阻擋的了。」

孟子見梁惠王。王曰：「叟，不遠千里而來，亦將有以利吾國乎？」孟子對曰：「王何必曰利？亦有仁義而已矣。」

《孟子．梁惠王上1》。孟子覲見梁惠王。梁惠王說：「老先生，您不遠千里來見我，有什麼可以對我國有『利』的？」孟子說：「王您何必只談到『利』呢？也有『仁義』可以談啊！」

上述又可知，孟子與國君的對話中展現出孔子學說核心——「德政」等相關論述。但就有關「仁政」或「德」的相關宣說過程來說，孟子與孔子較不同的是，他花費更多言語在「說服他人」這類細節上，因此也自然呈現他的思辨能力與談論技巧。在《論語》所流傳下來的資料中，話語簡短精煉者多，而《孟子》文本卻不一樣；同一方向的思想或是主張，在《論語》可能兩三句話就結束，但在《孟子》一書中可能是幾百字的談論。

接續上述，「仁政」實乃孟子對於孔子學說的重大繼承，也開展出孟子的自身學說。孟子除了承續「仁政」的思想之外，其中更多的話語則是在呈現「如何實行仁政」，以及「人爲何有辦法（能）實行仁政」的闡述與說服上。有關孟子對「仁政」的敘述以及觀察方式，將在此書的第二章第一節中討論。另外，《孟子》一書曾以孔子的話語引述，以帶出孟子的看法，其中有些是沒有出現在《論語》一書；此一併部分列舉說明如下：

孔子曰：「仁，不可爲眾也。」夫國君好仁，天下無敵。

《孟子．離婁上7》。孔子說：「在仁者面前，殷商子民們就不算衆多了。」國君如果好仁德，天下間就無敵人了。

孔子曰：「道二，仁與不仁而已矣。」

《孟子．離婁上2》。孔子說：「人間之路，只有『仁』與『不仁』這兩個方向而已。」

孔子曰：「小子聽之！清斯濯纓，濁斯足矣；自取之也。」夫人必自侮而後人侮之；家必自毀而後人毀之；國必自伐而後人伐之。

《孟子．離婁上8》。孔子說：「你們聽好！水清就被用來洗滌帽纓，水濁就被用來洗腳；這兩種不同的待遇，是因爲（水）自身的問題。」人一定自我輕慢，才會導致他人有輕慢的機會；家必先自我毀壞，然後他人才能毀壞它；國家必定自我做出會被攻伐的惡政，才會導致他人來攻伐。

孔子曰：「德之流行，速於置、郵而傳命。」

《孟子．公孫丑上1》孔子說：「德行教化的散布狀況，比車馬傳遞命令還要快！」

《詩》云：「迨（乘，趁）天之未陰雨，徹（撤；取也）彼桑土（桑根之皮），綢繆（纏縛）牖戶。今此下民，或（有誰）敢侮予！」（《詩經》〈豳風．鴟鴞〉之句）孔子曰：「爲此詩者，其知道乎！能治其國家，誰敢侮之！」

《孟子．公孫丑上4》。《詩》說：「鴟鴞說：乘天尚未陰雨之時，取桑樹之根皮，纏縛修補鳥巢。如此防範未然，今後在下位的人民們，有誰敢欺侮我！」孔子說：「做此詩的人，眞知道防範未然的道理啊！眞能夠未雨綢繆安治國家的人，誰敢來侵侮！」

《詩》云：「天生蒸（眾）民，有物有則，民之秉夷（秉持其常性），好是懿德（美德）。」（《詩經》〈大雅．烝民〉之句）孔子曰：「爲此詩者，其知道乎！故有物必有則，民之秉夷也，故好是懿德。」

《孟子．告子上6》《詩》說：「天生眾民，有其物有其則；人民秉持其常，皆好此美德。」孔子說：「做此詩的人，眞的是知道大道了吧！有事物必有其則，人民持守其性，因此自然地愛好美德。」

上述可知孟子引述孔子的談論，與德行的建立有關，且與國家、政治方面也有緊密關係。此外，孟子也曾引述孔子弟子或是古代賢人的談話，但基本上都不離開孟子的思想要點，例如：

孟子對曰：「凶年饑歲，君之民，老弱轉乎溝壑，壯者散而之四方者，幾千人矣；而君之食廩實，府庫充，有司（官員）莫以告；是上慢而殘下也。曾子曰：『戒之戒之，出乎爾者，反乎爾者也。』夫民今而後得反之也，君無尤焉。」

《孟子．梁惠王下12》。孟子說：「凶年飢荒時，君王之民，年老體弱的人難免一死而被葬於田溝山澗，而年輕力壯者逃往四方，也有幾千人。君上的藏穀米的倉庫飽滿，府庫充實，官員卻沒有向上報告實情；這是上位者輕慢而殘害到下層人民啊！曾子說：『謹慎啊！謹慎啊！從你身上做出來的，到最後也會回到你身上。』今天人民之前受到壓迫而反擊上位者，君王不可以責怪他們。」

故凡同類者，舉（皆）相似也，何獨至於人（此指對人性的看法）而疑之？聖人與我同類者。故龍子（古代賢人）曰：「不知足（不知道腳的大小）而爲屨（ㄐㄩˋ）（草鞋），我知其不爲蕢（ㄎㄨㄟˋ）（此指雖然不知道腳的大小做草鞋，但不至於會做成草筐）也！

《孟子．告子上7》。所以凡是同類的，皆相似，爲什麼對於人性的看法會有所懷疑呢？聖人跟我們也是同類的阿！所以龍子曾說：「雖然不知道腳的大小就去做草鞋，但我知道他絕對不會做出草筐！」

總括來說，孟子對孔子與古代賢者的思想承繼，一方面來自他對「政治」與「仁義」方面的考量，另一方面則以諸聖賢的談論來作爲自身思想的佐證與依據。若更廣泛地說，孟子對「傳統文化」的內涵之吸取相當豐富，而且選擇出他所要談論的儒家性質的相關內容，並導引至他所要的陳述面向。下小節則以「詩」、「書」爲主要內容，介紹他對「傳統文化」的重視方向與吸取。

㈡傳統文化

於《孟子》文本中直接強調的傳統文化相對較少，此與孔子頗強調《詩》或是「禮」的教化比重感覺不太一樣。當然，孟子強調的是「人如何自我提升」這一問題，因此對於傳統文化上的繼承時常以「先聖先賢」的具體實踐與其精神內涵爲主。若更廣義的說，古聖先賢所訂之制度、實踐與精神之流傳亦可視爲傳統文化資產之一，當然包括了古書記載……等內涵。據此，我不強加區分或是定義「傳統文化」是什麼，而稍作列舉孟子所贊同而承繼的部分。

從孟子對《詩》的引用中，與孔子的其中一個明顯差距在於他「不是」強調教育形式的培養（詩教），[19]轉而精選《詩》內文來輔助說明他所要的陳述或是主張。於此對於孟子承繼傳統文化的內涵做初步介紹之時，我先選擇他引《詩》且兼論「先聖先賢」的實踐與精神；孟子說：

> 行有不得者，皆反求諸己……。《詩》云：「永言配命，自求多福。」（《詩經》〈大雅．文王〉之句）

《孟子．離婁上4》。落實、實踐有所不得，都反省自我是否有不足……。《詩》說：「永恆地配合天命，自身求福。」

今國家閒暇，及是時般樂怠敖，是自求禍也；禍福無不自己求之者。《詩》云：「永言配命，自求多福。」〈太甲〉曰：「天作孽，猶可違；自作孽，不可活。」此之謂也。

《孟子．公孫丑上4》。現在的國家逢太平之時，就大大享樂、怠慢遨遊，這是自找禍患啊；禍福沒有不是自身求來的。《詩》說：「永恆地配合天命，自身求福。」〈太甲〉說：「上天所降下的災禍，還可逃離之；自身造成的災禍，則無法得活。」說的就是這個道理。

暴其民甚，則身弒國亡；不甚，則身危國削……。《詩》云：「殷鑑（鏡）不遠，在夏后（后；君王。此指夏桀）之世。」（《詩經》〈大雅．蕩〉之句）

《孟子．離婁上2》。暴政殘害人民甚深，國君自身就會被他人殺害且導致滅國；暴政不嚴重，至少也會讓自身處危而國家削弱……。《詩》說：「殷商這面鏡子不遠，是近在夏桀的時候。」說的就是這個意思。

《詩》云：「不愆（過失）不忘，率由（遵守）舊章。」（《詩經》〈大雅．假樂〉之句）遵先王之法而過者，未之有也。

《孟子．離婁上1》。《詩》說：「不要有差錯、不要遺忘；要循著先王傳統制度。」遵守古代聖王制度者而造成過失的，是從未有的。

今之欲王者，猶七年之病求三年之艾（求乾艾草，乾久愈善）也。苟爲不畜，終身不得；苟不志於仁，終身憂辱，以陷於死亡。《詩》云：「其何能淑（善也）？載（則）胥（相）及溺。」（《詩經》〈大雅．桑柔〉之句）此之謂也。

《孟子．離婁上9》。現在想要王天下的國君們，就猶如生了七年的病，去找尋收藏三年的陳艾。假使自身從不儲存這種艾草，終身也無法找到；如果不心向仁德，那只會終身處於憂愁與恥辱中，以落陷身死國亡的處境。《詩》說：「如何能改善呢？現在的諸侯國都只是相率於陷溺之中。」說的就是這個意思。

上述，孟子以傳統思想的內涵來延伸論述自身的關懷要點，包含著國君的修養內容，以及仁政的施行、先王制度精神的承繼……等。傳統文化中，所帶來的「仁政」、「修養」、「警惕」……等，均被孟子吸取而轉移勸說在每個人身上。甚至，雖然孟子重視「仁政」而點出「仁心」這類關鍵處，但是制度面的承繼，孟子認爲也是相當重要的：

今有仁心仁聞，而民不被其澤，不可法於後世者，不行先王之道也。故曰：徒善不足以為政，徒法不能以自行……。

《孟子．離婁上1》。現在有仁愛之心、重視仁的名譽的國君，但是人民感受不到他們的恩澤，這些國君之所以無法成為後世的效法對象，是因為他們沒有實施先王的仁政制度。因此說，只有善心、仁心，還是不夠去治理國家的；而只有治理國家的制度方法，卻沒有善心、仁心，是無法自然的實行仁政的。

上述可知孟子對「先王制度」的重視，內容當然包含了整個政治制度、禮樂文化……等。當然，孟子也不是死守於傳統文化制度而不知變通的人，例如：

萬章問曰：「《詩》云：『娶妻如之何？必告父母。』（《詩經》〈齊風．南山〉之句）信斯言也，宜莫如舜；舜之不告而娶，何也？」孟子曰：「告則不得娶；男女居室，人之大倫也（人倫中之大事、大倫）。如告，則廢人之大倫，以懟（怨也）父母；是以不告也。」

《孟子．萬章上2》。萬章問說：「《詩》上有說：『娶妻的時候應該如何呢？必須告知父母。』相信這話語的，應該沒有人能超過舜了，但是舜卻不告知父母卻娶妻，為什麼呢？」孟子說：「因為告知就無法娶了（舜的父親與後母不通情理）。男女成家是人倫之大事，如果告知的話就無法娶妻而廢棄人倫大事，轉而埋怨父母；因此舜不告知。」

據上述可知，孟子對傳統文化傳承內涵除表達尊重之外，也有自身思維，他不執著於「表面的禮制」而視情況通權達變。至於較詳細的「權衡」談論，將於下小節談論孟子的人格風範時，一併詳述。

二、孟子的人格風範介紹

(一)可接受質疑、直言不諱

其實在《孟子》一書中時常呈現「反覆問答式」的內容，因此標題的「質疑」，並非僅是「提問」或「徵詢意見」而已，而屬較強烈的懷疑成分居多。「可接受質疑」這項人格風範雖無重大的思辨意義，但在《孟子》一書中，孟子受到不管是弟子或者非弟子的質疑過程時，對話內容時常展現孟子的思想重點。當然，若從「老師」這一身分來說，孟子是以身作則的；他能夠接受質疑，不訴諸「老師」這種權威而不以理說服他人，反而在他回答質疑的解釋中，出現許多讓聽者、讀者「驚覺」的內涵。在《孟子》一書可見孟子受到質疑頗多，其中弟子的質疑就占了不少，當然也有弟子「代他人傳話」的。在許多人對孟子的質疑過程，也可以發現孟子會藉此機會，展現出他的重要思維與內在考量、並展露一定的自信，此先整理與孟子對話的部分人物如下。

1. 孟子弟子

(1)公孫丑：姓公孫，名丑，孟子弟子；勤問孟子諸多問題，包含了重要的「不動心」與「浩然之氣」、「知言」等相關論述；可見《孟子．公孫丑上2》。另外曾經詢問孟子稱病不見齊王，隔天卻去別處弔喪之原因，後延伸孟子與孟仲子、景子等人之重要對話內容；可見《孟子．公孫丑下2》。

(2)彭更：孟子弟子，曾問孟子與弟子受人供養的疑慮；可見《孟子．滕文公下4》。

(3)萬章：戰國齊人，孟子弟子，作《孟子》七篇。曾詢問孟子有關接受「不愛民的諸侯」禮遇接待是否得當；可見《孟子．萬章下4》。

(4)樂正子：姓樂正，名克，魯國臣子，孟子弟子；可見《孟子．梁惠王下16》。孟子曾經責難樂正子的行爲；可見《孟子．離婁上24》、《孟子．離婁上25》。也曾經稱讚樂正子；可見《孟子．盡心下25》。

(5)陳臻：孟子弟子，曾問孟子「受贈金」的考量；可見《孟子．公孫丑下3》。例外又曾受時子之託，傳告齊宣王欲留孟子；可見《孟子．公孫丑下10》。

(6)公都子：孟子弟子，曾告知蚔鼃辭職之相關事件於孟子；可見《孟子．公孫丑下5》。

(7)陳代：孟子弟子，曾勸孟子求見諸侯以獲得行道的機會；可見《孟子．滕文公下1》。

(8)充虞：孟子弟子，曾問孟子厚藏其母的疑慮；可見《孟子．公孫丑下7》。另外，曾對孟子離開齊國時的神色不悅提問；可見《孟子．公孫丑下13》。

(9)高子：孟子弟子，曾轉達齊人尹士對誤解孟子想求取祿位；可見《孟子．公孫丑下

12》。

⑽徐辟：墨家學說信仰者曾透過孟子弟子徐辟欲見孟子，雙方透過徐辟傳話論說觀念；可見《孟子·滕文公上5》。

⑾公都子：孟子弟子，孟子與蚔鼃之間的對話後，孟子遭到非議，公都子告訴孟子此事件；可見《孟子·公孫丑下5》。另外公都子曾問孟子「爲何好辯」；可見《孟子·滕文公下9》。

⑿桃應：孟子弟子，曾經問孟子有關「舜爲天子若其父殺人」該如何處理的問題；可見《孟子·盡心上35》。

2. 與孟子對話的君王、諸侯、卿大夫

⑴梁惠王：魏侯罃也。都大梁，僭稱王，諡曰惠；孟子見梁惠王應在周慎靚王元年辛丑（320B.C.）。孟子與梁惠王的對話多篇，可見於《孟子·梁惠王上》諸篇。

⑵滕文公：滕國（約今山東；又一說始封於衛地（今河南北、河北南之處）而後封於山東）國君（約326B.C繼位），名宏，諡文，滕定公之子。

⑶齊宣王：田氏，名辟疆；諸侯僭稱王。孟子與齊宣王對話多篇，可見《孟子·梁惠王上下》等多篇。

⑷魯平公：魯君，名叔，一曰名旅，諡平。本欲見孟子而爲臧倉所勸阻；可見於《孟子·梁惠王下16》。

(5)蚳鼃：齊大夫，孟子曾勸他進諫齊王；可見《孟子．公孫丑下5》。

(6)景丑氏：齊大夫，曾對孟子不主動見齊王感到反感；可見《孟子．公孫丑下2》。

(7)陳賈：齊國大夫，曾欲替齊宣王伐燕國之後的事情向孟子解釋，反被孟子譏諷；可見《孟子．公孫丑下9》。

(8)戴盈之：宋國大夫，曾對孟子解釋減稅的困難，而孟子不以爲然；可見《孟子．滕文公下8》。

3.其他人物（《孟子》文本中曾引用、列舉與孟子曾對話者或間接對話者）

(1)離婁：古代人物，傳說其目明，能於百步之外見秋毫之末。

(2)告子：與孟子同時的學者，姓告，名不詳；曾與孟子多有論辯如「生之謂性」、「仁內義外」……等。可見《孟子．告子上》諸篇。

(3)公明高：春秋魯南武城人，曾子弟子；可見《孟子．萬章上1》。

(4)景春：生平未詳，與孟子同時期，縱衡家；可見《孟子．滕文公下2》。

(5)周霄：魏國人，問孟子有關「君子」出仕的問題；可見《孟子．滕文公下3》。

(6)莊暴：齊國臣子，與孟子對話說齊宣王「好樂」；可見《孟子．梁惠王下1》。

(7)臧倉：魯臣，曾勸阻魯平公見孟子；《孟子．梁惠王下16》。

(8)孟仲子：孟子之從昆弟，學於孟子；可見《孟子．公孫丑下2》。

(9)時子：齊國臣子，曾受齊王勸孟子留下；可見《孟子．公孫丑下10》。

⑽尹士：齊人，曾誤解孟子對齊王的用心，後自悔；可見《孟子．公孫丑下12》。

⑾孔距心：齊國治邑大夫，曾向孟子認錯自己失職；可見《孟子．公孫丑下4》。

⑿沈同：齊國大臣，曾問孟子是否可以伐燕；可見《孟子．公孫丑下8》。

⒀許行：楚人，支持神農家學說，主張自己生產、反對商品價值的差異，但不為孟子所肯；可見《孟子．滕文公上4》。

⒁陳相：楚國儒者陳良的學生，後跟隨神農家許行的言論行為，且曾與孟子論辯；可見《孟子．滕文公上4》。

⒂夷子：墨家學說信仰者，曾透過孟子弟子徐辟欲見孟子，雙方透過徐辟傳話論說觀念；可見《孟子．滕文公上5》。

⒃景春：縱橫家，曾稱讚公孫衍與張儀是「大丈夫」而遭孟子反駁；可見《孟子．滕文公下2》。

⒄戴不勝：宋國臣子，孟子曾指導他對於宋國君主學習為明君的方法；可見《孟子．滕文公下6》。

⒅薛居州：宋國臣子，為戴不勝所推從的善士；可見《孟子．滕文公下6》。

⒆淳于髡（ㄎㄨㄣ）：齊國辯士，曾與孟子論「權變」；可見《孟子．離婁上17》。

⒇匡章：齊國人，曾向孟子說明陳仲子的廉潔，但孟子認為陳仲子的方式過度了；可見《孟子．滕文公下10》。

㉑曹交：曹君之弟，曾向孟子問「人皆可以為堯舜」的可能性；可見《孟子．告子下

2》。

(22)北宮黝、孟施舍：孟子論述「不動心」時曾提及的古代勇士（公孫丑提及的是「孟賁」）；可見《孟子．公孫丑上2》。

(23)陽虎：即陽貨，孟子提及他曾說「爲富不仁」之談論來延伸說明「仁政」與「稅法」；可見《孟子．滕文公上3》。

上述的列舉方便讀者們了解《孟子》一書中的部分人物，並可從上述的對話「議題」中找尋原典來參考。此外，上述的「對話議題」僅是簡略述說，可從不同的觀察點中找出更細膩的涵義。

孟子接受質疑的主要內容，一方面來自於其他學者的批評，另一方面也曾是弟子的疑問。弟子的質疑中（不僅是詢問，而是質疑）最特別且重要的，除了公孫丑問孟子「動心與否」而導出「不動心」的相關談論之外，下則故事中，則更有著鋪陳後的質疑：

萬章曰：「今有禦（止）人（「禦人」此指「止人掠奪而殺之」之強盜）於國門之外者，其交也以道，其餽也以禮，斯可受禦與？」曰：「不可！〈康誥〉曰：『殺越人于貨，閔不畏死，凡民罔（無）不譈（怨恨）。』是不待教而誅者也。殷受夏，周受殷，所不辭也，於今爲烈，如之何其受之！」曰：「今之諸侯取之於民也，猶禦也；苟善其禮際矣，斯君子受之？敢問何說也？」曰：「子以爲有王者作，將比今之諸侯而誅之乎？其教之不改而後誅之乎？夫謂非其有而取之者，盜也。充（擴而推廣）類至義之盡（極致）也。孔子之仕於魯也，魯人獵較，孔子亦獵較；獵較猶可，而況受其賜乎？」曰：「然則孔子之仕也，非事道與？」曰：「事道也。」「事道奚獵較也？」曰：「孔子先簿正祭器（先確立簿書而正宗廟之器，此指制定制度），不以四方之食（此指珍異難得之食）供簿正。」曰：「奚不去也？」曰：「爲之兆（開端）也，兆足以行矣而不行，而後去；是以未嘗有所終三年淹（留）也……。」

《孟子．萬章下4》。萬章說：「現在有在城郊外攔路搶劫的人，他用符合道義的方式跟我結交，按禮制餽贈我禮物，我可以接受嗎？」孟子說：「不可以！〈康誥〉有說：『殺其人，取其貨，強而不懼死亡；這種人沒有人不怨恨他的。』這種人是可以不待教導就誅殺的。這種以暴制暴的方法，殷朝受自於夏朝，周朝受自於殷朝，都可不審問即處決之；而現在這種狀況更嚴重，怎能接受他的饋贈呢！」萬章說：「現在的諸侯取人民的財物，就像那種攔路搶劫的人一樣；如果他們用完善的禮制來接待人，君子就接受嗎？這該如何說呢？」孟子說：「你認爲，如果有聖王興起，會把現在這些諸侯都殺了呢？還是教導他們，他們不改過才殺他們呢？至於你說這些諸侯不是自己擁有財物向人民取得，把這種行爲說成搶劫，這是把『義』的標準提高至極來說的，並不是眞正的搶劫。以前孔子在魯國做官時，祭祀時魯國人採取『獵較』這種方式，孔子也勉爲其難的配合一起做。這不合乎禮制的『獵較』，孔子都難爲的順從，何況接受那種諸侯給予的饋贈呢？」萬章說：「孔子做官，不是爲了實行大道嗎？」孟子說：「是爲了實行大道。」萬章說：「爲了行大道，爲什麼又遵循『獵較』呢？」孟子說：「孔子先訂立簿冊來訂定宗廟之器物，不採用四方珍奇之物來列入簿冊。」萬章說：「這樣做還是無法改變，爲何孔子不離去呢？」孟子說：「孔子想把確立簿冊這種事情當作行道之開端，若此開端可行，而後卻無法延續而將大道落實，孔子才會不得已而離去；因此，孔子沒有在一國停留達三年的……。」

上述可知孟子的回答模式之巧妙處，他面對萬章的質疑「受不正當的人之餽贈」如何說得通，孟子把此內涵導向兩方面。一是，若提高「義」的標準來說，當今諸侯「可以」說成是「攔路搶劫」的那種人。但是，這種混亂局勢實無法避免而得身處之，孟子的選擇即如同孔子一樣，得通權達變來任官，找尋機會勸勉國君改正（包含制度上的勸勉）；若時間久了仍無法實行大道，便選擇辭官而去。因此，從表面上來說「接受這種無道諸侯的餽贈」似乎不可行，但孟子尚有更深一層的考量動機與目的。而這種「內在考量」的相關談論，將於下小節談論「權衡」時一併述說。

而小標題所提及的孟子之「直言不諱」，除了他針對其他學派的批評、其他學者的行爲作風加以評斷之外，其實最能代表孟子的勇氣實屬對國君的勸諫。孟子與國君的談論，有時候是直接、不留情面的直言，有時候是暗喻、比喻的責罵。但不論是哪一種，在君權至上、操生殺大權的情況下，孟子這種勇氣與擔當是令人佩服的，例如：

梁惠王曰：「寡人之於國也，盡心焉耳矣！河內（現今河南省黃河以北之區域）凶，則移其民於河東（黃河至山西省爲南北走向，此爲山西境內黃河以東之區域），移其粟於河內；河東凶亦然。察鄰國之政，無如寡人之用心者；鄰國之民不加少，寡人之民不加多，何也？」

孟子對曰：「王好戰，請以戰喻。填然（形容鼓聲充滿盛大）鼓之，兵刃既接，棄甲曳兵而走，或百步而後止，或五十步而後止；以五十步笑百步，則何如？」曰：「不可！直（只）不百步耳，是亦走也！」曰：「**王如知此，則無望民之多於鄰國也**。不違農時，穀不可勝（盡）食也；數（細密）罟（網）不入洿（低窪之地而水停積）池，魚鱉不可勝食也；斧斤（斧的一種，刃橫，砍樹之器具）以時（依照一定之時令）入山林，材木不可勝用也；穀與魚鱉不可勝食，材木不可勝用，是使民養生喪死（葬送死者）無憾也；養生喪死無憾，王道之始也……。

《孟子．梁惠王上3》。梁惠王說：「我對於國家的付出，可說是盡心了！河內發生饑荒，我就把人民遷往河東，且把河東的米糧送至河內；而當河東發生饑荒時，我也是這樣處理的。我觀察鄰國的行政方面，都沒有像我這樣的用心。但鄰國的人民不因此而減少，而我國的人民也沒有因爲我的作爲而增加；這是什麼原因呢？」孟子說：「王好戰，請讓我用『戰』來做比喻吧。鼓聲盛大而備戰而至揮兵攻打，雙方兵刃相接之時，有人丟棄盔甲拖著兵器而逃走；有人跑了一百步而停止，有人跑了五十步停止。而跑走五十步的人卻取笑跑一百步的人，這您如何看呢？」梁惠王說：「不行！只是沒跑到一百步而已，一樣是逃走啊！」孟子說：「王如果知曉這個比喻，那就不要期望您的國家人民會比其他國家還多了；都是一樣的啊！如果不耽誤農民耕作的時節，五穀就吃不完了；不用太細的魚網在池中捕魚，魚鱉也就吃不完了；符合時節地帶著斧斤入山林砍伐，材木也會取之不盡。五穀魚鱉食不盡，材木取之不盡，這使人民從養生至送死都無所遺憾；這樣的無所遺憾，就是推行『王道』的開始……。」

上述乃著名的「五十步笑百步」之故事，實乃孟子譏諷梁惠王的作爲只是比鄰國程度好上那麼一點點而已，而且直言說：「王如知此，則無望民之多於鄰國也。」認爲梁惠王自以爲是的作爲，仍不是「仁政」之作爲。另方面，對身爲一個君王「能力」上的規勸，孟子強調「自我意願」這一重要內涵，因此曾直接責備了齊宣王：

曰：「有復於王者曰：『吾力足以舉百鈞（一鈞爲三十斤，百鈞即三千斤；比喻甚重），而不足以舉一羽；明足以察秋毫之末（獸毛至秋而末銳，比喻微小而難見之），而不見輿薪（整車的柴薪）。』則王許（相信）之乎？」曰：「否。」「今恩足以及禽獸，而功不至於百姓者，獨何與？然則一羽之不舉，爲不用力焉；輿薪之不見，爲不用明焉；百姓之不見保，爲不用恩焉。**故王之不王，不爲也，非不能也**。……

《孟子．梁惠王上7》。孟子說：「有人向王您說：『我的力量可以舉起百鈞之物，但拿不動一根羽毛；我的視力可以看清楚野獸細毛末梢，卻看不見整車的材薪。』您相信這種話嗎？」齊宣王說：「不相信。」孟子說：「可以把恩惠加在禽獸上面的，卻不把這種功效施在百姓身上，何獨如此呢？一根羽毛拿不動，是不肯用力；一車材薪看不到，是不肯觀看。百姓不受到保護顯而易見，也是因爲王不肯施恩的緣故。因此王您無法『王天下』，是不肯做，而不是做不到……。」

上述可知，孟子對君王展現出很直接的告諫，且善用比喻的方式來陳述深意。另外，也採用循序漸進的方式，讓君王先落入孟子的思維脈絡中，再來批評的：

孟子謂齊宣王曰：「王之臣，有託其妻子於其友，而之楚遊者；比其反也，則凍（受凍）餒（飢餓）其妻子：則如之何？」王曰：「棄之。」曰：「士師不能治士，則如之何？」王曰：「已之。」曰：「四境之內不治，則如之何？」王顧左右而言他。

《孟子．梁惠王下6》。孟子對齊宣王說：「王的大臣中，如果有人把妻子兒女託付給他朋友，而前往楚國遊歷；到他回來，看到他的妻子兒女受凍挨餓。對這種朋友，王您會如何處理？」齊宣王說：「跟他絕交！」孟子說：「假如獄官不能管束他的下屬，該如何？」齊宣王說：「辭免他。」孟子說：「如果一個國家的四境內政治不得治，該如何？」齊宣王此時左顧右盼，言談其他的事情。

上述幾個例子可知曉孟子的直言不諱了，此類的內容相當多，上述僅是部分列舉而已。孟子除了有直言的勇氣也展現他的原則，若君王眞的不聽勸諫，孟子也不會長期待在該國，下述是一個明顯表達孟子爲官風範的例子：

齊宣王問「卿。」孟子曰：「王何『卿』之問也？」王曰：「卿不同乎？」曰：「不同。有貴戚之卿，有異姓之卿。」王曰：「請問『貴戚之卿。』」曰：「君有大過則諫；反覆之而不聽，則易位。」王勃然變乎色。曰：「王勿異也。王問臣，臣不敢不以正對。」王色定，然後請問「異姓之卿。」曰：「君有過則諫；反覆之而不聽，則去。」

《孟子．萬章下9》。齊宣王問做「卿」的道理。孟子說：「王您是問哪一種『卿』呢？」齊宣王說：「『卿』還有不一樣的分類嗎？」孟子說：「當然有不同。有的是國君親戚關係的『卿』；也有異姓而不是國君親戚關係的『卿』。」齊宣王說：「請問與國君有親戚關係的『卿』。」孟子說：「國君有大過，就勸諫他；反覆勸諫還是不聽，就更換國君另立賢者。」齊宣王聽了臉色大變，孟子看見了則說：「王請不要見怪。是您問我，我不得不正確稟告。」齊宣王臉色平定之後，而後問「不是國君親戚關係的『卿』。」孟子回答說：「國君有過錯就勸諫；反覆勸諫不聽之後，就辭官離開這個國家。」

孟子自己當然屬於「異姓之卿」；齊宣王屢勸不聽，後來孟子眞的離開齊國了，詳可參見〈公孫丑下10〉：「孟子致爲臣而歸……。」〈公孫丑下11〉：「孟子去齊，宿於晝，有欲爲王留行者……。」〈公孫丑下12〉：「孟子去齊，尹士語人曰……。」〈公孫丑下13〉：「孟子去齊，充虞路問曰……。」等相關篇章。總括來說，孟子的勇氣與直言，試圖勸勉君王回歸仁義，可歸結爲他所說的：

《詩》云：「天之方蹶（變；顚覆），無然泄泄（多言的樣子）。」（《詩經》〈大雅．

板〉之句）泄泄，猶沓沓（此指多言而無實）也。事君無義，進退無禮，言則非先王之道者，猶沓沓也。故曰：責難於君謂之恭，陳善閉邪謂之敬，吾君不能謂之賊。

《孟子．離婁上1》。《詩》說：「上天一反常態而顛覆，爲政者您不要只是多言。」「泄泄」，就像我們現在所說的「沓沓」，是言多而無實。當今爲官者侍奉君主沒有道義，進退沒有禮制，所言者都不是先聖先王的大道，這就是我說的「沓沓」。因此說：責難君主使他改進，這才是眞正的尊敬國君；向國君陳述善道而阻塞它的邪惡之心，才是眞正的尊敬國君。若說我的國君「不能行善道」，這是欺瞞賊害國君了。

從上述可知，孟子認爲「最尊敬國君」的模式，是對國君進忠言而使其改正。這種思維模式於孟子內心之中長存，不但在《孟子》中多次呈現，也顯示出「眞正尊敬國君」的方式並非言語上或行爲上的表面奉承而已。

㈡權衡與自信風格之展現

孟子種種巧思與論辯風格在上小節中已可略知一二，而孟子自己也曾承認說：

公都子曰：「外人皆稱夫子好辯，敢問何也？」孟子曰：「予豈好辯哉？予不得已也。」

《孟子．滕文公下9》。公都子說：「別人都說老師您喜歡辯論，請問是什麼原因呢？」孟子說：「我難道喜歡辯論嗎？我是不得已的！」

既然孟子回答他的「辯論」是「不得已」，可知他的人格特質是剛直的。他大方承認自己的作為又帶有自信，其中又隱含著使命感與生命情調，此種風格可在孟子論述有關「通權達變」時更加明顯。孟子在遭受諸多質疑或挑戰時，有部分的內容是屬於類似「道德兩難」問題，順暢的答辯則展現出孟子的自信，並導回他自身的核心關懷（道德內在）。於此先做一導引，再進入孟子論述「權」（權衡的「權」）的內容：

任（國名；太皞之後，風姓）人有問屋廬子（孟子弟子，名連）曰：「禮與食孰重？」曰：「禮重。」「色與禮孰重？」「禮重。」曰：「以禮食則飢而死，不以禮食則得食；必以禮乎？親迎則不得妻，不親迎（新郎親自迎娶，此謂遵守禮制）則得妻；必親迎乎？」屋廬子不能對；明日之鄒，以告孟子，孟子曰：「於（音烏，感歎之辭）答是也，何有（何難之有）！不揣（度量）其本（此指問題根源），而齊其末，方寸之木，可使高於岑樓（樓高而似山者）。金重於羽者，豈謂一鉤（一帶鉤之金）金與一輿羽之謂哉！取食之重者與禮之輕者而比之，奚（何）翅（啻，止也）食重！取色之重者與禮之輕者而比之，奚翅色重！往應之曰：『紾（扭轉）兄之臂而奪之食，則得食；不紾則不得食，則將紾之乎？踰（跳過）東家牆而摟（掠奪）其處子，則得妻；不摟則不得妻，則將摟之乎？』」

《孟子．告子下1》。任國有人問屋廬子說：「『禮』跟『飲食』，哪個重要呢？」屋廬子說：「『禮』比較重要。」又問說：「『女色』跟『禮』哪個重要？」屋廬子說：「『禮』比較重要。」又問說：「如果按照禮制規範，就吃不到東西而餓死；不循禮去吃，就不會餓死，還要按照禮制規範嗎？親自去迎娶不能娶到妻子，而不親自迎娶卻能娶到妻子，還要親自去迎娶嗎？」屋廬子無法應答；隔日往鄒國，向孟子告知這些話。孟子說：「應答這種問題，有何困難呢？若不去衡量整體（問題）之根源，而只在末端上比較；那麼一方寸的木頭，可以說成它是高於樓房的。說『金子比羽毛還要重』，難道是說一帶鉤的金子跟一整車的羽毛來比較嗎？他拿飲食中最重要的狀況（不吃會餓死）來跟禮節中輕微的狀況來比較，何止是飲食重要呢！又拿女色中最重要的狀況（娶妻）來跟禮法制度中輕微的狀況來比較，何止是女色重要呢！你去回答他說：「假如要扭轉哥哥的手臂強奪他的食物才能吃到，不扭就吃不到食物，那是否要扭他呢？要跳過東鄰的圍牆來強奪處女才能取到妻子，不搶奪就娶不到，那是否要搶呢？」

上述可知孟子的思辨巧妙處。孟子面對某些事情來做「比較」時，他先點出必須先有一般常識、符合我們所說的比例原則；若是眞的屬於「兩難」之問題，應屬孟子後來所提出的那類類型。就孟子思想來說，「道德兩難問題」或說「兩難問題」其實都「不難」。當然，這裡所謂的「不難」不是說「一點都不會產生爲難」的意思，而是此種「兩難問題」可以「從某個方面來設想就不是困難」，因爲此類問題是超越對錯而沒有「必然正確解答」的。這個方面問題就是孟子論述「權」（我要談論的是「權衡」，並非指「權力」）的時候所提出的內在核心要義——「內心是否符合『義』」。若內心符合「義」，在經過考量之後就去做，孟子並沒有說「一定要怎麼做」才是「對」的。此類問題，孟子表達的不是「如何做來『正確』解決問題」、「怎麼做才是絕對『正確』的」方法、教條，而是導引我們重視「你是帶什麼樣的心去做」。

1. 孟子論「權」

先秦時期論述「權衡」，儒家與墨家都曾談論此類議題；這是存著某種中心思想後，對應外在事件時，確立出某種決斷且自我負責的一貫模式。在孟子思想中，此類思維模式之展現，可從他對一些特殊問題或特殊狀況的回應，所帶出的融通與變通來探尋。若說孟子僅是懂得「通權達變」仍是不夠詳盡的，因爲孟子「通權達變」的內在核心考量，是符合「義」這一重要內容，而且依此「義」作爲前提，才能不執著「外在形式上的對錯」而首尾一貫，並且自己擔起責任來，他曾對齊宣王提點此方向：

> 權（以秤稱量物品），然後知輕重；度ㄉㄨㄛˋ（以尺量物），然後知長短，物皆然，心爲甚（人心更是如此），王請度（稱度）之。

《孟子．梁惠王上7》。用秤物秤東西才能知道它的輕重，用尺丈量才能知道它的長短；而所有的事物都有一標準來衡量的，人心更是如此，請王也秤量一下自身內心之標準（是哪一種標準）吧！

上述，孟子談論所謂的「權」是秤物而知輕重的過程，但談至「心」時，他指出從「心」上來說更需注意此種「權」的「衡量過程」，也就是自我衡量、檢視內心之工作。此內容頗爲抽象，也就是「心」如何像具體事物「輕重長短」那樣測量、衡量呢？孟子當然不是說「內心」面對外界情境時所產生的衡量、抉擇，可以像具體事物有一個「量化且明確的標準」，而是，孟子提醒齊宣王在做「內心之權衡」時，所採取的「標準」越高越好，考量越細膩越好。而這個「內心之權衡」則是以「義」爲依歸；但是，「義」散殊在各種人身上時，又有不同程度的「義」，那該如何說明呢？

其實，從之前談論「孟子思想如何理解」之時，已經有透露出「預定內涵」與「概念方向」。孟子希望「義」的標準是如何，當然是盡可能崇高的。而這種內在的「義」不一定能全然符合於「規定的」、「僵化的」、「制度性的」義理教條。觀察孟子談論「權衡之後所做的決定之時」，可發現孟子不是在教導我們面對兩難問題時的「正確作法」，而是提醒我們在權衡「時」，「內心」擺放、考量的核心是否是「義」；他教導的是一種「基礎與方向上考量」。因此，從孟子對此類內容的談論可發覺，他所說的「權」（衡量而變通常法，去合宜某種情境）是一種視情況得應時制宜的作爲，且內涵著某種原則（自我檢視內心——「是否符合義」）；他曾反省三種固定的基礎或方向考量，而說：

> 孟子曰：「楊子取爲我，拔一毛而利天下，不爲也。墨子兼愛，摩頂放（至）踵（腳跟）利天下，爲之。子莫（魯國賢人）執中，執中爲近之（接近「道」）；**執中無權，猶執一也。**

所惡執一者，爲其賊（傷害）道也，舉一而廢百也。」

《孟子．盡心上26》。孟子說：「楊子主張『爲我』的思想，即使拔掉一根毛而對天下有利，也不去做。墨子提倡『兼愛』，即使摩禿了頭頂至腳跟，若對天下有利的，他就去做。而子莫則執守『中間之道』；雖然執守『中間之道』是接近正道，但若沒有權衡於其中，仍然是執於一偏的。」

上述孟子認爲楊朱學派學者提倡「爲我」與墨子之「兼愛」說法，都過於偏頗；至於賢者子莫的「執於中道」，也不是孟子推崇的行事方式。不偏頗的「中道」雖然接近「道」，但仍無法應對所有的人事物之需求，因爲許多情境的處理、應對並不是「居中」、「取平均點」就是最好的方式。孟子的意思是，有時我們得做出偏頗的作爲而不能執於「中」吧？尤其是在談論一些難以兼顧的特殊狀況之時所提出的「權變措施」，在《孟子》一書中可看到許多例子：

淳于髡（ㄎㄨㄣ）曰：「男女授受不親，禮與？」孟子曰：「禮也。」曰：「嫂溺則援之以手乎？」曰：「嫂溺不援，是豺狼也。男女授受不親，禮也；**嫂溺援之以手者，權也**。」曰：「今天下溺矣，夫子之不援，何也？」曰：「天下溺，援之以道；嫂溺，援之以手。子欲手援天下乎？」

《孟子．離婁上17》。淳于髡說：「男女不能直接用手來授受物品，是『禮』嗎？」孟子說：「是『禮』沒錯。」又問說：「假如嫂子溺水需要搭救，可以用手直接去救她嗎？」孟子說：「嫂子溺水需要搭救卻不伸出援手，簡直就是豺狼了！男女授受物品不親手接觸，是『禮』。但嫂子溺水伸出援手搭救，是權衡後的行爲啊！」又問說：「那麼現在天下大亂，百姓就像溺水一樣需要救援，老師您卻不伸出援手，爲什麼呢？」孟子說：「天下大亂而猶如溺水之局面，必須用『道』（儒者的仁義之道）來拯救；嫂子溺水，援手搭救即可。你要我用『手』來救天下嗎？」

上述，嫂子跌入水中是否伸手相救？孟子認爲即便有違背一般狀況的禮儀（男生的手接觸到女生的手），但在特殊情況下便要「通權達變」，豈可能見危而不救？此外，孟子曾回答萬章問舜爲何「不告而娶」，此例亦可說明「權變」：

萬章問曰：「《詩》云：『娶妻如之何？必告父母。』（《詩經》〈齊風．南山〉篇之句）信斯言也，宜莫如舜；舜之不告而娶，何也？」孟子曰：「告則不得娶；男女居室，人之大倫也（人倫中之大事、大倫）。如告，則廢人之大倫，以懟（怨也）父母；是以不告也。」萬章曰：「舜之不告而娶，則吾既得聞命矣。帝之妻舜而不告，何也？」曰：「帝亦知告焉則不得妻也。」

《孟子．萬章上2》。萬章問說：「《詩》上有說：『娶妻的時候應該如何呢？必須告知父母。』相信這話語的，應該沒有人能超過舜了，但是舜而不告知父母而娶妻，為什麼呢？」孟子說：「因為告知就無法娶了（舜的父親與後母不通情理）。男女成家是人倫之大事。如果告知的話就無法娶妻而廢棄人倫大事，轉而埋怨父母；因此舜不告知。」萬章又問：「舜不告知父母而娶妻，我已經理解老師您的指示了。帝堯把女兒嫁給舜卻也不告知舜的父母，為什麼呢？」孟子說：「因為帝堯也知道告知舜的父母，她女兒就嫁不成了啊！」

孟子曰：「不孝有三（據趙岐所注：阿諛曲從，陷親不義，一不孝也。家貧親老，不為祿仕，二不孝也。不娶無子，絕先祖祀，三不孝也。），無後為大。舜不告而娶，為無後也。君子以為猶告也。」

《孟子．離婁上26》。孟子說：「不孝有三大罪項；而沒有後代是最重大的了。舜沒有告知父母卻娶妻，是考量到沒有後嗣這點。但對君子而言，也認為舜符合是如同告知一樣的符合禮法。」

上述可知，孟子認為舜「不告而娶」是可行的，雖然「不告知」實違背禮法，卻也成全人倫中最重要的禮法內涵——「人之大倫」。明知「告知父母」就無法娶妻，因此才放棄而「不告知父母」，因此舜的基礎考量仍合乎「義」的。另外，若是遇到比較極端的例子，孟子仍然巧妙言說，執守他的「仁義」之相關宗旨：

桃應（孟子弟子）問曰：「舜為天子，皋陶為士；瞽叟殺人，則如之何？」孟子曰：「執（執行法律，即擒押瞽叟）之而已矣！」「然則舜不禁（阻止）與？」曰：「夫舜惡得而禁之？夫有所受之也（皋陶按照法律所授予的權力而執行應為之事）！」「然則舜如之何？」曰：「舜視棄天下，猶棄敝蹝（破草鞋）也。竊負而逃，遵（循；沿著）海濱而處，終身欣然，樂而忘天下。」

《孟子．盡心上35》。桃應問孟子說：「舜作天子而皋陶掌獄，如果舜的父親瞽叟殺了人，那應該如何？」孟子說：「把瞽叟擒押就好了！」又問：「那麼舜不阻止嗎？」孟子說：「舜怎麼阻止呢？皋陶是依法擒押瞽叟的啊！」又問：「那麼舜應該怎麼辦？」孟子說：「舜把捨棄天下這種權貴，就像捨棄破草鞋一樣自然。若為了孝順，他只好私下揹著瞽叟逃走，沿著海邊居住，而終身高興地侍奉他父親，樂於其中而忘記天下。」

上述是較為極端的例子：舜的父親若殺人，舜該如何自處？孟子認為這對舜來說太簡單了。不是依法行政讓皋陶逮補瞽叟，就是私下揹著他父親逃跑退隱濱海無人之處而忘天下。由此可知，孟子談論「權」時，是可以違背「法」的，只是其中的核心概念必須是勝過「法」的考量，而且要自己負責任的面對這種決定的種種後續。例如人情上的孝順、或是有更重要的

「法」必須顧及時，當我們無奈下只能選擇一種，後續的可能批評與風涼話……等，我們都得概括承受，因爲這是我們自己決定的。若簡單的回歸核心考量來說，則是：

孟子曰：「大人者（有德的人或君子），言不必信，行不必果；惟義所在。」

《孟子．離婁下11》。孟子說：「有德的人或是君子，所說的話不一定執著於信諾，做事情也不一定要拘泥於完成；一切考量依從『義』這一原則即是。」

天底下有太多事情無法兼顧了且難以一一詳述，因此唯一的判斷標準只在「內心層面」是否符合「義」即可。有時候我們無法「言必信」、「行必果」，在某些特殊狀況不得已違背承諾、信用……等。但孟子點出最重要的權衡過程，此即內心「存義於否」，若是，則可行之！

事實上，孟子的談論頗符合事實與人情需要，在日常生活中，下起平民、上至天子，都得面對類似的兩難、取捨等諸多可能情境，孟子知道此種過程頗難以「兼顧」，但內心的考量若是「義」則又何妨？由此可知，孟子並非頑固不通之人，雖然他謹守「禮」或「法」的規範，但遇到特殊狀況時，他認爲有許多狀況是需要「權變」來實行的。而孔子也說過：

葉公語孔子曰：「吾黨有直躬者（以正直之道行事的人）：其父攘ㄖㄤˇ（竊取）羊而子證之。」

孔子曰：「吾黨之直者異於是：父爲子隱，子爲父隱，直在其中矣。」

> 《論語・子路》。葉公跟孔子說：「我們鄉里有一個行爲非常正直的人，父親順手牽羊，兒子出來告發他。」孔子回答說：「我們鄉里的『正直』跟你們不一樣，父親出於情感而替兒子掩過，而兒子也同樣的替父親隱過，而這樣的情形也是『直』！」

上述，孔子並沒有「直接否認」葉公的談論，只是提醒他說有「另一種『直』」是表露在親情流露之中。於此可知，孔子認爲基於親情考量下，父子情感自然產生的「相互掩飾」也是「可以的」（但孔子沒有說一定要如此），這某種程度的說明「情感勝過法理」也是「直」的表現之一。據此，內心考量若符合「仁義」之類的重要內涵，外在的準則並非一律死守。當然，這種問題本身就是「沒有明確的對錯」的。唯一可判斷對錯或說是否適當的考量基點，就儒家立場來說，則是省思「內心」是否純正，而不是動不動就「權變」來合理化自己的作爲；因爲儒者在這類問題的面對之前與面對的時候，都是不斷的自律、自我要求、自我負責、自我修養著的。此類問題，儒者將在乎「你的內心」考量是否符合仁義、你的發心是否符合仁義，這種「內心狀態」他人無法明確證明，而是你自己最爲清楚。因此，儒家的修養世界至少是內心自我負責的世界。在《孟子》文本中，也有類似的例子：

> 齊宣王欲短喪。公孫丑曰：「爲朞（一年）之喪，猶愈於已（還勝過都不服喪）乎？」孟子曰：「是猶或紾（扭轉）其兄之臂，子謂之姑（暫且）徐徐云爾；亦教之孝弟而已矣。」王

子有其母死者，其傅爲之請數月之喪。公孫丑曰：「若此者何如也？」曰：「是欲終之（他想要服滿三年卻無法做到）而不可得也，雖加一日愈於已。謂夫莫之禁而弗爲者也。」

《孟子．盡心上39》。齊宣王想要縮短喪期。公孫丑說：「改爲一年的喪期，總比不服喪來的好吧？」孟子說：「照你這樣說，好比有人扭轉他哥哥的手臂，而你卻說『慢慢扭就好』，我看你教導他孝悌的道理就好了。」此時齊王的庶子生母死了，因爲有嫡母在世，因此他老師幫他請求僅服數月的短喪。公孫丑問說：「若這樣又如何看待呢？」孟子說：「他是本來想要服三年之喪卻無法如願，因此能多加一天是一天也是好的。我上次所說的，是針對那種沒有阻擾的狀況卻不肯服三年之喪的。」

上述，公孫丑說齊宣王想要縮短三年的喪期而只守喪一年，認爲這總比都不服喪來得好。但孟子認爲這就好比要扭斷兄長的手，卻說「慢慢扭斷」就好。這種比喻或許誇張了，但仍可體會孟子的用意。此即，有一些該堅持的好事情（善的行爲、該爲之事）若沒有「特殊狀況」的時候是不能隨意禁止、捨棄的。此外，公孫丑說「某人僅服數月之喪」該如何看待時，孟子只追問該人「是否眞有難以克服之難處」，若眞有難處則可通權達變，因爲內心是符合「義」的。因此，理解孟子所重視的核心概念之後，日常生活許多類似的實例便可以按照這類模式應對。例如對學生而言「蹺課」是不可以的，但若有無法克服之難處而蹺課，當然得通權達變；而唯一的考量點在於，放棄常法而選擇通權達變之時，「內在的考量或發心」是否合乎「義理」而已。因此即便是孟子所稱道的聖人，也時有這種風格而可被觀察到，他說：

孟子曰：「知者無不知也，當務之爲急；仁者無不憂也，急親賢之爲務。堯、舜之知而不遍物（無法通達所有事物），急先務也；堯、舜之仁不遍愛人，急親賢也。」

《孟子．盡心上46》。孟子說：「有智慧的人沒有不知曉的；而應以當前所應應對的爲要；仁者沒有不憂慮關懷的人，但以先親近賢能的人爲首要考量。以堯、舜的智慧，也無法通達所有的事情，因此要先急於處理應該先面對的事務。堯舜的仁德也無法遍及世上每一個人，因此要先急於親近賢能的人。

上述可聖賢行事也是由近而遠，通權達變而不在細節上大做文章。維持「仁義內在」的行事來延伸，才是他們的處世大原則，至於動不動就拿小細節來刁難，對君子來說是不必要的。

知曉孟子論「權」（權衡）的內涵之後，就可以較爲理解孟子有時的談論並非僅是「巧辯」或「強辯」了，因孟子認爲「內心存仁義」的應外才是最佳的原則，外在的標準總有其限制或不周全之處，因此「權」是絕對需要的。然而務必再次說明的是，孟子並沒有說「你一定要怎麼做才是對的」，他是強調「在『義』的原則下通權達變」。據此，不妨這樣反思這兩種狀況的差別。A：有某種道德主軸作爲內在核心考量，之後負責任的決定、且承受後續之所有。與B：無核心考量或中心思想，只是無奈地決定去做，之後也常常後悔……。A與B那一種是相對下較佳的模式呢？

當承認「通權達變」的考量與作爲是需要時，孟子曾贊成古人「易子而教」的教育方式也不令人意外了：

公孫丑曰：「君子之不教子（不親自教訓孩子），何也？」孟子曰：「勢（情勢）不行也。教者必以正；以正不行，繼之以怒（怒言斥責），繼之以怒，則反夷（傷）矣。『夫子（父親）教我以正，夫子未出於正也（父親您卻自己做不到）。』則是父子相夷也；父子相夷，則惡矣。古者易子而教之，父子之間不責善（以遵循善道與否來相互責備），責善則離，離則不祥莫大焉。」

《孟子．離婁上18》。公孫丑問說：「君子不親自教訓兒子，為什麼呢？」孟子說：「是因為情勢上考量所以才不行啊！教訓時，必定是用正確的觀念來教訓；如果正確的觀念訓誡無法落實，接著就會斥責他了，這樣的話反而會傷害父子的感情啊！若兒子說：『父親您用正道來教導我，而您卻不依照正道來行事！』這樣就會父子相互傷害了；父子情感相互傷害，是很不好的事情。古代人交換兒子來教導，父子之間不用『遵循善道』與否來相互責備。若堅持用『遵循善道』來互相責備，則容易疏離父子親情；父子親情疏離，世間上沒有比這個更不好的了。」

最後再提及一個例子，此乃孟子認為也應該「權衡」某行為可行性與適度性，藉此反省或評估某一行為是否恰當，即便「廉潔」這種作為風範被人認為是「好」的，卻需注意不可過於偏執而不近於人情：

匡章曰：「陳仲子（齊國廉潔人士），豈不誠廉（不苟取、正直而不貪）士哉？居於陵（齊國領地），三日不食，耳無聞，目無見也。井上有李，螬食實者過半矣，匍匐往將食之，三咽，然後耳有聞，目有見。」孟子曰：「於齊國之士，吾必以仲子爲巨擘（大指；比喻極重要）焉。雖然，仲子惡能廉？**充（類推擴充）仲子之操（操守），則蚓而後可者也**。夫蚓，上食槁壤，下飲黃泉。仲子所居之室，伯夷之所築與？抑亦盜跖之所築與？所食之粟，伯夷之所樹與？抑亦盜跖之所樹與？是未可知也。」曰：「是何傷哉！彼身織屨，妻辟（緝績曰「辟」；將麻捻搓成線曰「緝」或「績」）纑（織練麻曰「纑」），以易之也。」曰：「仲子，齊之世家也。兄戴，蓋祿萬鍾（六斛四斗；十斗爲一斛），以兄之祿爲不義之祿而不食也，以兄之室爲不義之室而不居也；辟兄離母，處於於陵。他日歸，則有饋其兄生鵝者。己頻（顰，皺眉）顣（聚攏）曰：『惡用是鶃鶃（鵝叫聲）者爲哉！』他日，其母殺是鵝也，與之食之，其兄自外至，曰：『是鶃鶃之肉也！』出而哇（吐）之。以母則不食，以妻則食之；以兄之室則弗居，以於陵則居之；是尚爲能充其類也乎？若仲子者，蚓而後充其操者也！」

《孟子．滕文公下10》。匡章說：「陳仲子這個人，難道不算是眞正廉潔之士嗎？他居住在陵的時候，曾經三天沒吃飯導致耳朵聽不到聲音，眼睛看不到東西。井邊有李樹，已經被蟲子吃了過半；他爬過去拿來吃，嚥了三口下肚之後恢復體力，才讓耳朵恢復聽覺，眼睛才能看到東西。」孟子說：「在齊國中，陳仲子算是重要的人物了；話雖如此，可是仲子怎能這樣算是廉潔呢？若按照仲子的行事風格來擴充才算廉潔，恐怕要當個蚯蚓才能算廉潔了。蚯蚓上吃乾土壤，下飲地中之水。而陳仲子所住的房子，是伯夷那種清高的人建築的呢？還是盜跖那種人建的？他所吃的米，是伯夷那種清高的人種植的？還是盜跖那種人種植的？這些都不可知阿！」匡章說：「這有何妨呢？住的吃的，是他自己編織鞋子，妻子織練麻布而後去換來的啊！」孟子說：「仲子是齊國世代官的子弟，他哥哥名『戴』，每年的俸祿有一萬鍾。陳仲子認爲他兄長的俸祿來源不正當，因此不肯吃；認爲他兄長的房子來源不正當，因此不肯居住。之後避開他兄長、離開了母親而一個人住在於陵。一天他回家，有人送活鵝給他兄長。他就皺著眉頭說：『要這種鶂鶂叫的東西幹嘛呢！』過幾天他母親殺了鵝給他吃，正好他兄長回來看到，說：『這就是鶂鶂叫的東西啊！』仲子聽了，就出去吐掉了。他認爲來路不正當的，連母親給他的都不吃；認爲來路正當的，妻子給的也會吃。他兄長的房子就不住，在於陵的房子就住。而能這樣把原則擴充到極限嗎？因此我說像仲子這種人，非得變成蚯蚓才能成全他的操守呢！」

上述孟子對陳仲子操守作爲，其實並非一味的反對，孟子也替他豎起大拇指；但又認爲他這種操守過於極端了而不近人情了，因此也批評之。

上述種種，可理解孟子「權衡」的論說，實點出以「內存仁義考量」來「應對」外在種種、配合當下一己之所能來行事且勇於負責。這樣，才是孟子所肯定的行爲模式，才是有責任的行爲。

2. 孟子論「位」

孔子有謂：「不在其位，不謀其政。」（《論語·泰伯》），勸勉人處在那個位置才有那個責任，不應該越權行事。延伸來說，若某人在A位置就做A位子該做的事情，必須「盡其本分」而不能隨意越矩、越權，雖然孟子提醒我們「權變」的重要，但對於某些「位」的本分堅持還是需要的。又得務必注意的是，即便孟子重視「位」，但孟子講「位」的概念卻難以避免地涉及「權」（上小節的權衡、權變的「權」）。因爲「權」（權衡、權變）本來就是一個做任何事情都可能運用上的圓融措施，因此「權」與「位」我認爲必須配合著講。此外，「權」（通權達變、圓融）與「位」（堅守本位盡責而不越權行事）並不衝突，反而得互相配合運用方能得當；孟子說：

> 禹、稷（后稷）當平世（有道之世），三過其門而不入；孔子賢之。顏子當亂世，居於陋巷，一簞食，一瓢飲，人不堪其憂，顏子不改樂；孔子賢之。孟子曰：「禹、稷、顏回同道。禹思天下有溺者，由己溺之也；稷思天下有飢者，由己飢之也；是以如是其急也。禹、稷、顏子，易地則皆然。今有同室之人鬥者，救之，雖被髮纓冠（急於戴冠，將帽袋裹在帽中而戴之）而救之，**可也**。鄉鄰有鬥者，被髮纓冠而往救之，則惑（迷於事理）也，雖閉戶（關起門而不處理）**可也**。」

《孟子．離婁下29》。夏禹和后稷都曾經歷有道之世；但在那時天下洪水氾濫，夏禹三次經過家門卻沒有時間進入探望，而被孔子稱讚。顏回生存於亂世，居住在狹窄的巷內，吃粗飯、喝小瓢水，別人都無法承受的憂苦而顏回卻自能得其樂，而被孔子稱讚。孟子說：「夏禹、后稷和顏回的內在原則都是一樣的。」

夏禹認爲天下人有溺水的苦難，就猶如是自己害他們溺水一樣；而后稷看見天下人若有挨餓的，就猶如是自己害他們挨餓一樣；也因此展現出如此急促地關懷、救助百姓。夏禹、后稷、顏回三個人，若身分地位相互交換，都會依照這樣的心態來做事而展現出相同的行爲。現在若有同住屋簷下的人發生打鬥，要去勸阻他們，即使慌忙勸阻而帽子都來不急帶好，也是可以的。若是有同鄉的人發生爭鬥，急忙地帽子都來不急帶好就要去勸阻，就是不通事理了；這種情況即使不管也是可以的。

上述，孟子先談論禹、稷與顏回三人的救世之道、救世之心是一致的，因此若身分交換，其行事內容必然相同。然而文後提醒說，人對於事情的處理必須端看自身的立場（位）而不可「撈過界」。在「同住屋簷下」的人發生打鬥，急於處理是「可以的」，因爲「同住屋簷下」這種人必然與自己有深切關聯。而同鄉鄰居發生爭執就急於關切勸阻，則有失立場（與我們自身並非親近）。因爲，這類事情不一定是我們「必須管」的事情，急著處理反而可能有失理則，甚至不處理也是「可以的」。

孟子提醒我們對於某些事情得視自身之「位」來判斷是否該行，因此自我的責任也因爲此「位」的關係而有不同；他又說：

曾子居武城（魯國城邑），有越寇（越國軍隊；當時越國滅了吳國，與魯國接鄰，欲發兵攻打武城）。或曰：「寇至，盍去諸（爲何不離開這裡呢）？」……寇退，曾子反。左右（此指學生）曰：「待先生如此其忠且敬也（指武城邑宰對先生忠誠恭敬）！寇至，則先去以為民望；寇退，則反。殆（恐怕）於（為也，這樣做）不可！」沈猶行（曾子弟子）曰：「是（此，指曾子的行為）非汝所知也！昔沈猶有負芻（人名，作亂者）之禍，從先生者七十人，未有與焉（沒有留下來的）。」子思居於衛，有齊寇。或曰：「寇至，盍去諸？」子思曰：「如伋（子思之名）去，君誰與守。」孟子曰：「**曾子、子思同道。曾子，師也，父兄也；子思，臣也，微也。曾子、子思，易地則皆然。**」

《孟子．離婁下31》。曾子居住在魯國城邑武城的時候，有越國軍隊前來攻打，有人對曾子說：「敵兵快到了，為何不逃走呢？」……。後來敵兵退了，曾子返回。學生議論說：「城主對待先生如此忠誠恭敬，而敵兵來了卻先離開，而人民看到也如此學樣；後來敵兵退了就返回，恐怕這樣做不妥吧！」沈猶行說：「老師的行為並不是你們所了解的那樣！之前有個負芻作亂，我與先生都在，當時老師與學生共七十人，也沒有留下來！」子思住在衛國的時候，齊國來攻打，有人說：「敵兵來了，何不離開呢？」子思說：「如果我離開，國君和誰一起守這個國家呢？」孟子後來評論說：「曾子與子思內在考量的原則是一樣的。曾子是老師，居於父兄之位，因此考量保全晚輩的責任而可以選擇離開。而子思是臣子，是下屬之位，必須留下。我認為曾子與子思若是立場互換，都會如此行事的。」

上述是孟子評論曾子、子思是「同道」，雖然外表行為不同，但考量都是對的。曾子是老師，處於「父兄之位」，因此可自己決定是否「留」或是攜眷而走避戰亂；而子思當時為人臣，屬於「下屬之位」，因此遇戰亂時不能自我放棄而逃走。孟子指出，若能探究他們的考量點，也就是「因位」而決定去留的用意之後，基本上兩人都不違反正道的，因此說曾子、子思雖外表看似不同，其實「易地則皆然」。

理解孟子所說的「位」乃論說該「位」的實踐內容必須合情合理，涉及立場問題與內心考量。另一方面，孟子也觀察到人處於「某位」時容易遭受到種種困難，此時所採取應對方式，應有著類似上小節所說的「通權達變」的行爲作風：

曰：「今之諸侯取之於民也，猶禦（攔路搶劫）也；苟善其禮際矣（假使他用適當的禮儀來接待他人），斯君子受之（難道君子就能接受嗎）？敢問何說也？」曰：「子（你）以爲有王者作（有聖王興起），將比今之諸侯而誅之乎（就把現在這種諸侯都殺掉嗎）？其教（教導、教訓）之不改而後誅之乎？夫謂非其有而取之者，盜也；充（滿，推廣）類（事類）至義之盡（極致）也（是提高「義」層面的延伸說法）。孔子之仕於魯也，魯人獵較（諸侯將祭時會實行田獵，獵畢後實行習射於射宮；射中者雖田獵無得於禽，亦能得禽；不中者雖田獵得禽，亦不能得禽。而「獵較」就是指這種田獵之後又透過習射得禽與否、多寡、珍異來比較，不合於禮），孔子亦獵較（也尚且隨從著）；獵較猶可，而況受其賜乎？」曰：「然則孔子之仕也，非事道（行道）與？」曰：「事道也。」「事道奚獵較也？」曰：「孔子先簿正祭器（先立簿書，而正宗廟之祭器），不以四方之食（珍異難得之食）供簿正（列入簿冊中，依此欲逐漸廢止獵較風俗）。」曰：「奚不去也？（此指孔子的努力還是行不通，爲何不求去離開魯國）」曰：「爲之兆也（孔子想以此作爲行道的開端），兆足以行矣（開端若可行）而不行（而延伸的大道卻無法執行），而後去；是以未嘗有所終三年淹（留）也。孔子有見行可（看到可以行道的機會狀況）之仕（爲官），有際可（諸侯合禮接待）之仕，有公養（國君禮遇養賢之舉）之仕。於季桓子，見行可之仕也；於衛靈公，際可之仕也；於衛孝公，公養之仕也。」

《孟子．萬章下4》。萬章說：「現在諸侯取之於民的狀況，就好像攔路搶劫一樣的惡劣。假如他們（諸侯）使用適當的『禮』來接待，君子還是接受了，這樣如何說明清楚呢？」孟子說：「你認爲如果有聖王興起了，會把現在這種諸侯全部殺掉嗎？還是先教導之後，他們不改正才殺他們？至於你說『不是自己擁有而去取得』，把這類行爲說是搶劫，事實上是提高『義』的準則來說的。以前孔子在魯國做官，魯國人有『獵較』這個習慣，而孔子也尚且順從；而這種不合乎『禮』的『獵較』孔子也忍受順從，何況是接受諸侯賜予的禮物呢？」萬章說：「孔子當官，不就是爲了行他的大道嗎？」孟子說：「是啊！」萬章說：「行大道，爲何要順從『獵較』呢？」孟子說：「孔子先確立簿冊而訂立宗廟祭祀時所用的器具，不把四方珍異難得的食物列入簿冊之中；他是從制度面先慢慢著手的。」萬章說：「孔子這樣做還是無法改善，爲何不離開呢？」孟子說：「孔子想用這樣的制度確立當作開端，開端若可行卻無法全面順行之後，才會不得已而離開，因此孔子沒有在同一國家留超過三年的。孔子做官的前提是：看到可以行道的機會，或是諸侯以禮接待，又或是國君養賢的用意。在季桓子的時候，就是看到行道機會而當官；在衛靈公時，是看到諸侯以禮接待而當官；在衛孝公，是國君誠意培養賢士而當官的。」

上述孟子替孔子稍微辯論了一下孔子爲官的考量要點；一方面說明孔子身於「某官位」時的實踐作爲與考量；二方面是說明孔子「之所以爲官」的理由。事實上兩方面是相連的，但後者可偏向「一開始爲官的考量」來說。在萬章的提問中，涉及當今之諸侯不合乎道義，是否還要爲官、接受他們的禮遇呢？孟子認爲，不需要動不動就以「義的最高標準」來類推所有事情，批評當今諸侯索取人民的財務猶如搶劫，這是從「義的高標準」來說的。因此，面臨大環境如此惡劣，君子是不會動不動就「不爲官」的，否則什麼事都無法做了，理想抱負也難以實現了。因此孟子說，若現今有聖王出，是否會把這些諸侯全殺了，還是先教化他們再殺？孟子的想法當然是後者，因此肯定孔子爲官時，有時不得不隨波逐流，但內心考量的是「試圖慢慢改善這種局勢」且化爲具體作爲；如此，有了官位之後，此「位」該做、能做的事情則才能合理推行。當君子如此委曲求全一段時間之後，仍無法改變世道，當然可以考慮離開此官位，因此孟子說孔子從不在一國停留三年那麼久的時間。意思是，孔子努力的內容已盡，若無法延伸擴充、影響，而讓大道實行，孔子就不得已離去。

當然，孟子最在意的還是「欲爲官時的考量與用意」這一層面。他認爲，孔子一開始爲官考量有三個方面；一是，見該國局勢可行正道而願意做官；另一是國君諸侯接待有禮而做官；第三是國君有誠意培養賢能之才而做官。不論考量是哪一種來爲官，孔子都是見到可實踐正道的機會與氛圍，因此當然會掌握而盡力爲之。

從上述孟子點出有著「（孔子）不得已爲官」的內涵後，可看出要居於「某官位」時也須有「權」（權衡）。因爲某部分合乎禮的接待、養賢等現象，並非代表該國君所有行爲都是

「合乎禮」、其國內禮制風俗都合乎正道（例如魯國有「獵較」）。但君子怎能期望一國已經是「都合乎正道」才來爲官呢？（這樣就不必爲官了，已經天下太平，何必淑世？）君子怎可能遇到該國不合宜的風俗，而沒有緩衝空見就馬上禁止呢（許多禮制風俗的改變必須有步驟、漸進的方式來改善）？因此即便「位」的觀念雖頗爲重要，強調必須爲所當爲（例如爲官者看見不合乎禮是否該禁止或是抵制？），但其中的細節之處不可能沒有「權」的考量。

另外，若涉及到爲官的種種思慮，孟子更談論至更高的自我要求，此論點頗特殊：

孟子曰：「仕非爲貧也，而有時乎爲貧；娶妻非爲養也，而有時乎爲養。爲貧者，辭尊居卑，辭富居貧。辭尊居卑，辭富居貧，惡乎宜乎？抱關（守城門者）擊柝（打更者）。孔子嘗爲委吏（管理倉廩的小官）矣，曰：『會計當（恰當）而已矣。』嘗爲乘田（管理畜牧的小官）矣，曰：『牛羊茁壯長而已矣。』**位卑而言高，罪也。立乎人之本朝而道不行，恥也。**」

《孟子．萬章下5》。孟子說：「當官不是因爲貧窮，但有時是因爲貧窮而去當官；娶妻不是爲了要奉養父母，而有時是爲了奉養父母而娶妻的。因爲想要擺脫貧窮而去當官的那種人，實應辭去高位而位居卑位、捨棄富貴而接受微薄的俸祿就可以了。而應辭去高位而位居卑位、捨棄富貴而接受微薄的俸祿，該如何才適當呢？就像守城門或是打更的小吏最適合。孔子曾經做過管理糧倉的小吏，他說：『只要把穀物的出入總量算清楚就好了。』他也當過管理畜牧的小官，說：『只要把牛羊養大就好了。』因爲官位低而越位談論國家大事，是一種罪過；而身處朝廷上不做大事、推行大道，也是可恥的。

上述，孟子的考量前提是「爲官是爲了行正道」。因此他說，做官不是因爲自己貧窮才去做，亦即不是爲了擺脫貧窮，但有時也是爲了擺脫貧窮而爲官。而娶妻也不是爲了子嗣奉養父母才娶，但有時也會因爲這樣娶妻。但若是以較低的考量（擺脫貧窮）而爲官時，因爲自己的志向只在於「擺脫貧窮」，因此所求的官位不應該是「高官」的豐厚俸祿，而是那種守城門、打更之類的小吏就可以了。當位於此種較低下的官職時，所該負的責任也較輕，不可以因爲自己志向大、有聰明才智而逾越本分去高談自己官位之上的大事；相反的，若是身處高官卻不做大事、不行正道，也是恥辱的。

從上述總總可知孟子論「位」有著濃厚的「安守本位」、「盡該爲之事」的考量，更內涵道德性的自我要求，以及視時機必要性的「權變」配合。若依此來總括評論也曾經「爲官」的孔子，在孟子眼中又是如何？他曾說：

曰：「伯夷、伊尹何如？」曰：「不同道（我跟他們的處世之道不同）。非其君（不符合他標準的國君）不事（事奉），非其民不使（治理）；治（天下治）則進，亂（天下亂）則退；伯夷也。何事非君（只要是我事奉的就是國君），何使非民；治亦進，亂亦進；伊尹也。可以仕則仕，可以止則止，可以久則久，可以速（速去）則速：孔子也。皆古聖人也，吾未能有行焉；乃所願，則學孔子也。

> 《孟子．公孫丑上2》。公孫丑問說：「伯夷、伊尹這兩位如何呢？」孟子說：「我跟他們的處世之道不同。不是他符合他標準的國君，他不會去侍奉；不符合他標準的人民，他不去管理；天下有道之時他就出來做官，天下無道紛亂之時他則選擇隱退：這是伯夷的風格。我侍奉的就是國君，我管理的就是人民，天下太平或是大亂都出來做官：這是伊尹的風格。可以做官就做官，可以隱居就隱居；可以久留就久留，可以速去就速去：這是孔子的風格。這三位都是古代的聖人，我尚未達到如此程度；但我內心嚮往學習的，是孔子的風格。」

上述可知，孔子的爲官風格是孟子最爲欣賞的，當然這涉及內在心理考量……等層面，因此是孟子對孔子的主觀評價。至於孟子，也曾因爲內心考量而不被他人理解，導致他人誤解孟子「辭官」是一種不負責任；當然，這是他人從「外在作爲或事實」來評價孟子，因此未必準確，例如：

> 孟子去齊，尹士（齊人）語人曰：「不識（不知曉）王之不可以爲湯武，則是不明也；識其不可，然且至，則是干澤（求祿）也。千里而見王，不遇（不契合）故去，三宿而後出晝（晝邑，位齊國西南），是何濡滯（遲留）也！士則茲不悅。」高子以告。曰：「夫尹士惡知予哉！千里而見王，是予所欲也；不遇故去，豈予所欲哉？予不得已也。**予三宿而出晝，於予心猶以爲速；王庶幾改之。王如改諸，則必反予。**夫出晝而王不予追也，予然後浩然

（此形容歸意甚決）有歸志。予雖然，豈舍（拋棄）王哉！王由（猶）足用爲善；王如用予，則豈徒齊民安，天下之民舉安。王庶幾改之，予日望之。予豈若是小丈夫（相對於「大丈夫」之人格，此指小人）然哉！諫於其君而不受，則怒，悻悻然見於其面，去則窮日之力而後宿哉！」尹士聞之曰：「士誠小人也。」

《孟子．公孫丑下12》。孟子離開齊國，尹士對他人說：「不曉得齊王不能成爲像湯、武這種聖王，則代表他不明智；知道齊王不能成爲湯、武聖王，還來齊國，則代表孟子是爲了求俸祿而來。他不遠千里而來見齊王，因爲理念不契合而離去，卻又住了三天才離開晝邑；爲何要這樣且留且走呢？我尹士對這種事情反感。」孟子的學生高子把這情況說給孟子聽；孟子說：「那尹士怎麼會了解我呢！我千里來見齊宣王，是我自願的；不合而求去，難道也是我自願的嗎？我也是不得已才離開的。我住三天才離開晝邑，在我內心考量還覺得太快了；齊王或許能改變呢！如果齊王能改變，則一定會追我回去。直到我出了晝邑，齊王還是不追回我，我才歸鄉甚決而離開。雖然如此，我怎麼會拋棄齊王呢？齊王還可以行善道的；若齊王肯重用我，豈止齊國人民能安定，天下人民都能夠安定。齊王或許可以改正的，我每天都這樣期待著，我難道是那種小人嗎？去勸諫國君而國君不接受，就發怒而臉上露出忿忿不平的神色？然後一旦決定離開，就要用盡氣力快點離開之後再留宿休息嗎？（孟子的意思是說，離開的時候不一定要快速離開而後休息，也可以像他這樣保留空間與時間給齊王改正，因此「不趕路」）」尹士後來聽聞了，說：「我實在是小人的想法啊！」

據上述可知，孟子辭官後「不急著走」之時，也有他的正面考量，即便容易被他人誤解。

總括上述種種，透過孟子對他人（例如孔子）的評價，可看出身處「某位」時所應爲之事，以及做某事的考量基礎；而透過他人對孟子的評價，亦可看出孟子的自身考量基礎。此內部考量當然包含道德性質的責任、權責範圍的確定以及應有的權變措施。在官場上的作爲，孟子除了遵循孔子論「位」的談論，也試圖連結道德層面，並提醒我們重視「考量」與「考量動機」，而不只執著於外在行爲，因此他推崇的孔子，雖然有「多種作爲」不被他人理解，卻仍深受孟子肯定與景仰。若以簡單的例子來呈現，孟子談論「權」（權衡）與「位」核心考量可以用下面的模式來做一總體理解：

(1)某A圓融、通權達變。
(2)某A內心符合「義」而圓融、通權達變。
(3)某A堅守本位、不越權（權力、權責）行事。
(4)某A內心（動機）符合「義」的堅守本位、不越權（權力）行事。
(5)某A當官，不想配合目前較差的制度（例如某種禮制被破壞）而辭官。
(6)某A當官，爲了長遠考量而通權達變，暫時配合目前的較差的制度（例如某種禮制被破壞）而留下，試圖慢慢改善現有的制度。

上述的(1)至(6)應可囊括孟子談論爲官時的考量。首先，前文曾經論述過孟子重視重視「義」

（外在與內在），在這樣的考量之下，所有的「權」與「位」的談論才產生意義。我們很難直接說⑴的情況下就是符合孟子的想法，因爲欠缺「內心」層面的考量，而寧願選擇⑵。同樣的，對於⑶我們也會以同樣的考量來檢閱而選擇⑷。至於⑸與⑹的情況，我們都不會說⑸的辭官才是唯一正確的考量，也不會說狀況⑹是必然錯誤的。總括來說，孟子論述「權」與「位」時，其實爲官者（或某人）的行爲正當與否，對孟來說頗爲「容易」，因爲只要合乎「義」就行了，而此種風格也在孟子自身的「大丈夫」述說中呈現，下小節即述。

3. 孟子呈現的「大丈夫」風格

其實就上述兩小節的「權」與「位」的談論中，可發覺孟子並非把「權」與「位」分割，再深入的說，孟子重視的是「內在考量點」，且緊連於「義」這一層面。有此內在基礎之後，在任何決定與行事時自然呈現出某種自信風格，著名的「大丈夫」風格即是。孟子也展現的相當鮮明，首先來看看孟子所說的「大丈夫」的內涵：

景春（孟子當時之名人，爲縱橫家）曰：「公孫衍（魏國人，曾任魏國犀首虎牙將軍）、張儀（魏國人，與蘇秦同事鬼谷子，後入秦提連橫策略），豈不誠大丈夫哉？一怒而諸侯懼，安居（此指公孫衍、張儀此類縱橫家之人若安居於屋室）而天下熄。」孟子曰：「是焉得爲大丈夫乎！子未學禮乎？丈夫之冠也，父命之（以做大丈夫之道理教之也）；女子之嫁也，母命之（以婦人之道教之）。往送之門，戒之曰：『往之女（汝）家，必敬必戒，無違夫子。』以順爲正者，妾婦之道也。居天下之廣居（此指仁），立天下之正位（此指禮），行天下之大道（此指義）；得志與民由之（與民同爲），不得志獨行其道；**富貴不能淫（蕩其心），貧賤不能移（移其節），威武不能屈（屈其志）：此之謂大丈夫。」**

《孟子．滕文公下2》。景春對孟子說：「公孫衍、張儀這類人，難道不是『大丈夫』了嗎？他們一怒，天下諸侯都會懼怕；當他們安居於家中而不遊說諸侯時，天下戰火將熄滅。」孟子說：「這種人哪算的上『大丈夫』！你難道沒學過禮嗎？男子成年時舉行冠禮的時候，他的父親就拿『如何做大丈夫』的道理教導他；女子出嫁時，母親就拿做婦人的道理教導她。送至門口的時候仍不忘叮嚀：『你到丈夫家中，一定要恭敬、小心，不要違背丈夫的心意。』就倫常禮制來看，以順從當作正道的，是做人妻妾的道理。而有一種人：能夠居天下最廣大的安宅（仁），立於天下最正當之位（禮），行天下最寬廣的道路（義）。得志的時候就率領人民共同實踐，不得志的時候就獨自堅持行道。此外，財富、尊貴都不能蕩搖他的內心，貧窮、卑賤不能改變他的節操，威勢、武力也不能屈撓他的心志；這種人，才叫做『大丈夫』。」

根據上文，孟子所認定的「大丈夫」境界頗高，簡直可說是聖人了。對比於公孫衍、張儀這類人的風格，在孟子的眼中僅是出一張嘴而已，連禮、義、仁都摸不上邊。若說公孫衍、張儀這類人的「怒」將導致天下興起戰火，孟子曾引述有道者的「怒」也可安定天下，並非僅是引起戰爭這種意義而已；這出現在孟子導引齊宣王「勇」之時的回答：

王曰：「大哉言矣，寡人有疾，寡人好勇。」對曰：「**王請無好小勇**。夫撫劍（手持佩劍）疾視（橫眉怒眼的樣子）曰：『彼惡敢當我哉！』此匹夫之勇，敵一人者也；王請大之。《詩》云：『王（指文王）赫斯怒（赫然震怒），爰（於是）整其旅；以遏（遏止）徂（往）莒（通旅，國名；此句指文王派人前往討伐侵略莒國的軍隊），以篤（增厚）周祜（周家的福祉），以對於天下（以回應天下人民的期許）。』（《詩經》〈大雅．皇矣〉之句）**此文王之勇也；文王一怒而安天下之民**。」

《孟子．梁惠王下3》。齊宣王說：「你講得實在太好了；但我有缺點，我喜好武勇、我好戰。」孟子回答說：「請王您不要喜好『小勇』。譬如說有一個人手持配劍，橫眉怒眼的說：『他怎敢阻擋我呢！』這是『匹夫之勇』而已，只能敵過一個人而已；請王您放大這種勇氣吧！《詩》說：『文王震怒了，於是整頓他的軍隊，阻止前往侵占莒國的軍隊，而後自然地增加周國的福祉，也依此回應了天下人民的期許。』這種是文王的『勇』；文王的震怒，卻安定了天下之民！」

上述可知所謂「勇」及其相關延伸如「勇武」、「尚武」、「好戰」、「威怒」……等，將有著不同的影響範圍與效果。孟子提醒齊宣王，一個「有德」之人的「勇」或是「怒」，表現出來的情形相當不同，所舉出的「文王之怒」而攻伐他國，產生了跟當時國君「怒」而攻伐的不同效果。據此，對於儒者本身的自我情操，非侷限在「怒不怒」、「戰不戰」這種外表行爲，而是之前的己身的種種作爲與修養。[20]若對於己身之作爲與修養有一定程度的自信，其所展露出來的風格與自信將不是所謂的「小勇」所能相比擬。在孟子談論所謂「不動心」之時曾經舉過許多「前人的勇」，其中引述孔子的話語中，亦展現儒者的自信與大丈夫風格：

自反而不縮（縮，直，此指義理；意指自我反省後有不合義理之處），雖褐寬博，吾不惴焉（使其驚懼）。自反而縮（合乎義理），雖千萬人吾往矣。

《孟子．公孫丑上2》。自我反省後，若有不合乎義理之處，即使對方是底層貧民，我難道內心不害怕嗎？自我反省之後，若是合乎義理，雖然對方有千萬人，我也是前進的！

上述這種儒者風骨，當然是孟子的追尋的路子。理解「大丈夫」內涵以及上述的「自反而縮，雖千萬人吾往矣」的陳述之後，孟子自身展現自信又是如何呢？茲舉兩例如下解說：

公孫丑問曰：「夫子加（居）齊之卿相（相爲百官之長，此意指高官），得行道焉，雖由此霸王（稱霸諸侯）不異矣（也不是什麼奇怪的事情）。如此，則動心否乎？」孟子曰：「否。我四十不動心。」

《孟子．公孫丑上2》。公孫丑問說：「若老師您身居齊國卿相之位階，能夠推行您要的大道，即便齊國因此稱霸諸侯也不是什麼奇怪的事情；若眞有那一天，老師您會『動心』嗎？」孟子說：「不會的！我四十歲就『不動心』了。」

孟子去齊。充虞路問曰：「夫子若有不豫（悅也）色然。前日虞聞諸夫子曰：『君子不怨天，不尤人。』」曰：「彼一時，此一時也。五百年必有王者興，其間必有名世者。由周而來，七百有餘歲矣。以其數，則過矣；以其時考之，則可矣。夫天未欲平治天下也；**如欲平治天下，當今之世，舍我其誰也**？吾何爲不豫哉！」

《孟子．公孫丑下13》。孟子離開齊國了。充虞問說：「爲什麼老師您的神色有不高興的樣子？我之前曾聽老師您說：『君子不會去埋怨上天，不會去歸咎他人。』」孟子說：『那時是一個時候，這時是一個時候；不能一概而論。』大約每五百年，就會有聖王興起，這其中必有名士出現來輔佐聖王的。從周朝以來，至今有七百多年了。用五百年這一數來看，是已經超過了；用現在的時勢來考察，我想也該有聖王興起了吧！看來上天尚未要這個天下太平；如果要輔佐君王平治天下，在當今這個局勢中，除了我以外，還有誰呢？我還有什麼不悅的呢？」

從上述第一引文可知，孟子對自己有著絕佳自信，面對局勢與地位改變，孟子陳述他有自信能夠「不動心」。此種「不動心」並非只是「不動搖」這種表面意思而已，其中內容相當重要且複雜，涉及孟子對告子「不動心」的批評，以及影響儒家千年以上的工夫論述，我將在第四章

第二節中詳細陳述。而上述第二引文可知，孟子有著濃厚使命感且有「當仁不讓」之意味，所表露出的自信，從文末中的「捨我其誰」即可知曉了。

第二章　孟子的觀察對象與觀察視角

個人認爲，欲了解孟子的思想內容或精要處，不一定得先從「最著名的理論」（例如直接從「性善」這一論述）來理解，可以先在細節上留意觀察。上一章已大略透露出孟子的思想核心與風格，此章中，我將先從《孟子》一書中檢閱他關心的對象或事件，以及說明他是「如何觀察」這些對象的細部內涵，來慢慢理解到他的思想深處。

此章將分兩個方面來談；一是，從他對前局勢（戰國時期）的觀察與反省的談論中，留意孟子的「觀察視角」，以及陳述「孟子的觀察」究竟透露出什麼重點。二是，針對他觀察「人」的時候，如何依此論述出「人」重要的特質與心理狀態。務必注意的是，此章兩節的談論內容與孟子的思想核心往往相連，而第二節的「觀察人與人的心理狀態」，是爲了指出孟子對所有問題的觀察與談論，往往回溯至「人」身上來做反省與提醒，也突顯了「人」的問題。

第一節　對局勢的觀察與反省

略晚於孟子時代的《呂氏春秋》一書之〈蕩兵〉、[1]〈振亂〉、[2]〈禁塞〉[3]等諸篇內容中，可一看出當時面對「戰爭」的談論視角，例如主張「有意義的戰爭」，並一定程度的非難墨家所執之「非攻」觀點。[4]孟子承繼孔子的「仁政」這一思想原則，對「戰爭」所抱持的態度當然是盡可能避免，甚至反對當時「好戰」的內在心理及其外在事實。戰國時期以及之前的諸多戰爭，孟子曾評論說：

> 春秋無義戰（合乎正義的戰爭）；彼善於此，則有之矣。征者，上伐下也；敵國不相征也。

《孟子・盡心下2》。春秋時期沒有合乎「義」的戰爭；而一方比另一方好些的（戰爭之理由與動機），也是有的。所謂「征」，是天子討伐無道諸侯的，同樣是諸侯國的平等地位，是不能互相征伐的。

上述可看出孟子對戰爭的觀察中，分析出「義」的重要性，並點出應該是「天子討伐無道諸侯」而不能「諸侯國互相征伐」。孟子身處的戰國時期，各諸侯國不但相互攻伐，「周天子」早已不存，對於戰爭的「義不義」之問題，孟子更深層地轉爲另一種陳述方向。此方向，可從孟子對各國相征狀況的評論中，所提出的「天吏」之深意來理解：

> 齊人伐燕。或問曰：「勸其伐燕，有諸？」曰：「未也。沈同問：『燕可伐與？』吾應之曰：『可。』彼然而伐之也。**彼如曰：『孰可以伐之？』則將應之曰：『爲天吏（奉行天命的人；此指仁者）則可以伐之。』**今有殺人者，或問之曰：『人可殺與？』則將應之曰：『可。』彼如曰：『孰可以殺之？』則將應之曰：『爲士師則可以殺之。』**今以燕伐燕，何爲勸之哉！**」

> 《孟子．公孫丑下8》。齊國人討伐燕國。有人問孟子說：「聽說你曾經勸齊國攻伐燕國，有這回事嗎？」孟子說：「我沒有！沈同曾經問我：『燕國可以討伐嗎？』我回答他說：『可以啊！』然後齊國眞的征伐燕國了。他如果問我說：『誰可以伐燕？』我將回答說：『只有奉行上天之命的仁者有資格攻伐。』就好比說今天有人殺人了，有人問我說：『這種人可以誅殺嗎？』我將會說：『可以啊！』他如果問我說：『誰有資格殺他？』我將回答他說：『身爲執行法律的獄官，就可以殺他。』今天齊國攻伐燕國，其實就好比是兩個無道的燕國互相攻伐，我爲何要規勸呢？」

上述，孟子的意思是，燕國「可以」被「攻伐」，因爲燕國無道，但重點是「攻伐的人」是否適當的問題。孟子雖說「燕國可伐」，但問題是沈同沒有問「誰可以攻伐」、「誰有資格攻伐」。孟子認爲，僅有繼承天命的「天吏」（象徵聖王德行等級之國君、仁者）才有資格去攻伐。就好比某個罪大惡極人可以誅殺嗎？是可以的，但殺他的人必須是執刑法的獄官。據此思維脈絡，孟子的認爲燕國與齊國「同樣無道」，齊國攻燕國等於是兩個無道的國家（以燕伐燕）互相攻打，何必勸阻呢？

因此，什麼是孟子標準下的「義戰」應已逐漸明朗，除了上文中的「天吏」的陳述之外，在三代時期就有孟子所承認的「天吏」資格的人，例如：

> 國君好仁，天下無敵焉。南面以征，北狄怨；東面而征，西夷怨（指商湯王征伐的情況）；曰：「奚爲後我？（爲什麼把我擺在後面呢？意指怎麼比較後才來解救我）」武王之伐殷

也，革車（指兵車）三百兩（輛），虎賁（勇士）三千人。王曰：「無畏！寧（安頓）爾（爾等，指百姓）也，非敵百姓也。」

《孟子．盡心下4》。國君如果喜好仁德，在天下中自然就沒有敵人了。當初商湯向南方征伐，北方的狄人就會抱怨；往東邊征伐，西方的夷人就會抱怨。都說：「爲什麼比較晚來解救我們？」周武王伐紂王之時，只有戰車三百輛，勇士三千人。武王說：「不要害怕！我是來安頓你們（百姓）的，並不是你們的敵人。」

上述可知，一個「有道」國君之征伐，實在「解救」衆民而非「造亂」或僅是爲了私利，百姓當然歡迎這種國君來解救他們，甚至抱怨來得太晚！若簡化說，一項符合「義」的戰爭，其前提是有暴君肆虐在前，而有仁者攻伐暴君在後，此兩大條件缺一不可。因此孟子甚至說：

齊宣王問曰：「湯放桀，武王伐紂，有諸？」孟子對曰：「於傳有之。」曰：「臣弒其君可乎？」曰：「賊仁者謂之賊，賊義者謂之殘；殘賊之人，謂之一夫。聞誅一夫紂矣，未聞弒君也。」

《孟子．梁惠王下9》。齊宣王問說：「湯放逐了夏桀，武王討伐紂王，眞有這回事嗎？」孟子說：「在古書記載上是有的。」齊宣王說：「當臣下的，可以逆上弒君嗎？」孟子說：「迫害『仁』的人，叫做『賊』；迫害『義』的人叫做『殘』；『殘賊』這種人，叫做『獨夫』。我只聽過殺了一個叫『紂』的『獨夫』，沒聽說一個『君王』被殺了。」

上述可以知孟子對於紂王這種暴君被武王推翻，並非大逆不道的「弒君」，而僅僅是殺了一個「殘害仁義」的「獨夫紂王」而已。這樣的述說，當然不是鼓勵臣子弒殺君主，是在人民的角度、仁義的原則下提醒君王「是否有資格做君王」，不然也僅是殘害仁義的匹夫而已，被推翻也是正當的。

上述幾個故事，應可略知孟子觀察當時局勢的用心以及他的內在考量。此小節試圖說明孟子是一位觀察入微的儒者，不但對戰爭提出精要的看法，並點出當時局勢亂象的根源問題——「仁政實行與否」，且更將「仁政」的「如何落實」的核心關鍵點出——「『人』如何實行」、「『人』如何『能』實行」。

另一方面，孟子對於當時學術風氣也加以觀察分析且反省之。當然孟子有著所謂的「儒家立場」，也在此立場下批評了各家學說。我不能說孟子的批評全然是對的，但也表達出一定的合理成分以及他的考量用意。此節的討論重點，除了認識孟子對「政治經濟」、「學術風氣」等方面的觀察之外，將談論他的觀察視角及其細膩處，以及從這些視角中，理解孟子爲何能把諸多問題反思且導回「人」身上。個人認爲此種反思模式相當重要，因爲孟子深切知道不論問題如何發展、或是如何去解決某問題，當解決方向被談論出來時、去解決問題者，都是「人」去落實的，因此「人」，當然是最重要的關鍵。

一、觀察政治與經濟——導向仁政

(一)孟子對基層人民的關懷

孟子對政治上的關懷，除了著名的「仁政」之外，也提醒人民的基本需求需要被重視，也曾明白地說明整個「天下國家」的基本在於每個人民自身：

孟子曰：「人有恆言，皆曰：『天下國家。』天下之本在國，國之本在家，家之本在身。」

《孟子．離婁上5》。孟子說：「人常說：『天下國家』。而未知這四字的深意。天下的基礎在諸侯各國；各諸侯國之基礎在卿大夫家；家的根本是在每一人自身。」

孟子指出人人常籠統的說「天下國家」四字，但未必人人都能夠理解其涵義。「天下」的根本在於「諸侯各國」，「國」的根本是「卿大夫各家」，「各家」的根本就是「每一分子自身」。此點出構成家國天下之最基本結構，乃以廣泛衆民爲主。據此可知孟子的「民本」思想有著一定的理序；他先反向思考天下國家的基礎是什麼，而不是以上位者本身作爲考量出發，因此他又說：

孟子曰：「三代之得天下也以仁，其失天下也以不仁；國之所以廢興存亡者亦然。天子不仁，不保四海；諸侯不仁，不保社稷；卿大夫不仁，不保宗廟；士庶人不仁，不保四體。今惡死亡而樂不仁，是猶惡醉而強酒。」

《孟子．離婁上3》。孟子說：「夏商周三戴德天下的主因是『仁』，而之後失去天下也因爲『不仁』；諸侯國的衰敗存亡也是如此。天子不仁，則不足以保全天下；諸侯不仁，則不保其國土；卿大夫不仁，則不保其宗祠；士人和平民不人，則不保其生命。現在的局勢，大家都厭惡敗亡卻不愛好仁德，簡直是厭惡醉酒卻又強飲酒！」

上述強調「仁政」之重要性實遍及古今衆人，但孟子也不是一味地講求「仁義」這種崇高標準而忽略人民的基本需求，在勸勉滕文公與齊宣王治理國家之時，他曾簡潔的說明「仁政」與「人民的基本需求」是緊扣的：

曰：「無恆產（可常生之事業）而有恆心（持續之心，此指持續於正道之心）者，惟士（讀書人，此只有使命感、有道德感的讀書人）爲能。若民，則無恆產，因無恆心。苟無恆心，放辟邪侈，無不爲已。及陷於罪，然後從而刑之，是罔（網，此指設網捕捉、限民於不義）民也。焉有仁人在位，罔民而可爲也！是故，明君制民之產，必使仰（上）足以事父母，俯（下）足以畜妻子；樂歲終身飽，凶年免於死亡。然後驅而之善，故民之從之也輕（輕易）。今也制民之產，仰不足以事父母，俯不足以畜妻子；樂歲終身苦，凶年不免於死亡。此惟救死而恐不贍（不足），奚暇治禮義哉！王欲行之，則盍（何不）反其本矣……。」

《孟子．梁惠王上7》。孟子說：「沒有能夠常生的事業來安穩度日，卻仍有持續於正道之心的，我想只有那些有道德的讀書人吧？普通人，沒有常生的事業安穩，就難以有持續於正道之心了。如果人沒有持續於正道之心，那麼種種的放蕩、邪僻不正的事情都會做了。一旦如此就把這些人入罪，是在網羅、陷害他們啊！哪有仁者在位時，去做這種網羅陷害人民的事情呢！因此，賢明的君主一定會安置人民的產業使其穩定，而且讓他們的收入足夠侍奉父母，下足以安養妻子兒女；豐收年的時候吃得飽足，荒年時也不至於餓死。而後在此前提下驅使他們向善，而這樣讓人民服從於正道也是很輕易的。而如今，安制人民的產業狀況，上不足夠侍奉父母，對下不足安養妻子兒女；即使是豐收年也受苦，荒年免不了死亡。如此的狀況，拯救自己免於死亡都不足了，哪還有空閒去端治禮義呢！王如果要實行仁政，何不從根本上來做呢！」

滕文公問：「爲國。」孟子曰：「民事（此指農事）不可緩也。《詩》云：『晝爾（而）于茅（割草），宵爾索綯（搓繩）；亟其（急也）乘屋（登上屋頂覆蓋茅草），其始（將開始）播百穀。』（《詩經》〈豳風．七月〉之句）**民之爲道也，有恆產者有恆心，無恆產者無恆心**；苟無恆心，放辟邪侈，無不爲已……。是故，賢君必恭儉，禮下；取於民有制……。

《孟子．滕文公上3》。滕文公問孟子：「如何治國呢？」孟子說：「有關農事，是不能夠延誤的。《詩》說：『白天割去茅草，晚上搓揉繩索；急忙地登上屋頂覆蓋，然後將開始耕作之事。』對一般百姓來說，要讓他們趨向於大道，是必須讓他們有常生安穩之業，若沒有常生安穩之業，就沒有趨向於正道的持續心了。如果人沒有持續於正道之心，那麼種種的放蕩、邪僻不正的事情都會做了……。因此，賢能的君主必然恭敬勤儉，禮遇臣下；向人民徵稅也有一定的制度……。」

從上述兩引文可知，孟子相當強調人民的基本需求；不能夠讓人民都快餓死了，還奢求他們去講道德仁義。因此孟子勸諫國君要「制民之產」，使民有基本的安飽與平穩，再來教化人民趨向仁義大道。身處農業社會為主的時代，孟子進一步說明稅法的重要性：

> 民事不可緩也……。夏后氏五十而貢，殷人七十而助，周人百畝而徹：其實皆什一（取十分之一）也。徹者；徹（取）也，助者，藉（借）也……。使畢戰（滕文公之臣子）問「井地。」孟子曰：「子之君，將行仁政；選擇而使子（指畢戰），子必勉之（努力）。**夫仁政必自經界始**；經界不正，井地不均，穀祿（即穀；以穀為祿）不平。是故，暴君汙吏，必慢（輕忽、廢弛）其經界。經界既正，分田制祿，可坐而定也。夫滕，壤地褊小；將為君子（為官者）焉，將為野人（平民）焉；無君子莫治野人，無野人莫養君子……。方里而井，井九百畝；其中為公田，八家皆私百畝，同養公田。公事畢，然後敢治私事；所以別野人

（公田爲爲官者之祿，私田百姓之穀祿；依此有所別）也。此其大略也；若夫潤澤（斟酌）之，則在君與子矣。」

《孟子．滕文公上3》。人民耕作這種基本需求之事，是不能延誤的……。夏朝的制度中，每成年男子給予五十畝耕種，採取貢法；殷商時期，每成年男子給予七十畝耕種，採取助法；周朝時，每成年男子給予一百畝田耕種，採取徹法。而這三種稅法都是取十分之一的稅。徹，是徵取的意思。助，是借助民力耕種的意思……。後來滕文公請畢戰去問實施井田制度的方法。孟子說：「您的國君想要實行仁政，選擇派遣您來，請您必當努力。若說到仁政，一定要從劃分田地開始。假如田畝的界線不正確，井田大小不均，徵收穀物時就會不公平。因此，那種暴君和貪官汙吏，一定隨便的劃分田地而趁機從中牟利。如果田地劃分公平正確，那麼根據各田來制定正確的稅制與官員的俸祿，事情就能自然妥當。而滕國的土地雖狹小，仍有在官受祿的官吏，也有在田耕種納稅的平民；沒有官吏無法治理平民，沒有平民耕作就無法奉養官吏……。用井田制度的話，把一平方里的土地畫一井字，均分爲九區，每井共九百畝。井中央是公田，其餘八家各分一百畝私田，而由這八家來共同耕作此公田。公田的農務作完後才能處理私田，這就是爲官者與平民的差別。這只是個大略狀況，若要確實實行則或許需要斟酌變通，此得靠國君和您了。」

上述，孟子清楚表達古人實行井田制度的內容。首先必須重視井地的公平分配，讓耕作者與爲官者各有其分，且僅收十分之一的賦稅。另一方面，孟子強調他所說只是個大致情況，實際情況應如何斟酌來實行，則須靠大臣畢戰與國君的考量與裁度了。人民的基本生活—「食」這一問題，孟子以古代的井田制度來述說，但其中的納稅之「貢法」則須留意；孟子說：

龍子（古代賢人）曰：「**治地莫善於助，莫不善於貢。**」貢者，校（比較）數歲之中爲常（數年中的收成中等的視爲徵稅定額）。樂歲（豐收之年）粒米狼戾（狼藉，此指米多而滿地），多取之而不爲虐，則寡取之（豐收之年相較之下是少取稅額）；凶年糞（施肥；一說爲掃除）其田而不足，則必取盈（滿，指足額之量）焉。爲民父母，使民盻盻然（憤恨的樣子），將終歲勤勤（勤苦勞動），不得以養其父母，又稱貸（舉債）而益之，使老稚轉乎溝壑（指餓死而埋在田溝山澗裡）：惡（如何）在其爲民父母也！

《孟子．滕文公上3》。古代賢人龍子曾經說過：「徵收田稅的方法，沒有比『助法』更好的了，也沒有比『貢法』更糟的了。」所謂「貢法」，是比較幾年來收成加以平均，取一平均數來成爲徵收田稅的額度。但是這樣的話，豐收之年稻穀多而散亂滿地，此時多收一些田稅不算是暴虐，卻仍按照之前的平均數來收，這相較來說算是短收了。在荒年時，農民縱使勉勵施肥耕作，田產收成還是不夠的，此時還硬是要按照往年平均數來收取。國君身爲人民父母，這樣將使人民怨恨他，且把百姓整年辛苦勞動的成果，不足以養活他們的父母，卻得靠借取來湊足那往年平均數的稅額來繳納，使得老少餓死而掩埋於田溝山澗中；這樣哪是身爲人民父母的資格呢！

上述，乃孟子提醒「貢法」執著於「平均數」而不考慮每年收成狀況的稅法，所造成的缺失與重大影響。雖然孟子思想重點不在法制稅制的細節上，但對於古代的納稅制度還是有一定的理解，因此建議滕文公以「助法」來實行而非「貢法」的方式。民生現實面的需求滿足之後，且有公平適切的稅法制度，國君的經營模式遂能穩固。此脈絡之下，孟子則再提醒：

孟子曰：「諸侯之寶三：土地、人民、政事。寶珠玉者，殃必及身。」

《孟子．盡心下28》。孟子說：「諸侯應重視的珍寶有三方面：土地、人民、政事。而只重視那種財貨寶珠的，禍患必定會降臨到他身上。」

上述孟子肯定土地、人民與政事三方面的重要性，其中土地象徵田產，扣緊基層民眾「生活」的基本來源，並且提醒國君應該重視這三方向之「珍寶」，若僅重視寶、珠、玉這種現實之財貨者，禍患一定會降臨。據此孟子補充說：

孟子曰：「不信仁賢，則國空虛。無禮義，則上下亂。無政事，則財用不足。」

《孟子．盡心下12》。孟子說：「不信任任用仁人賢士，那國家將顯得空虛無人才。沒有禮義爲導引，上下就會混亂。沒有確切的政治制度，那麼財政方面也會陷於不足。」

雖然上述引文又導回「仁」的內涵，但強調「物質財富」、「禮義制度」、「國君好仁」這三方面之配合。總括上述諸多引文，可顯示孟子的政治思想並非僅強調表現上的「仁義」這一印象而已，然而，當時國君幾乎僅注重「物質財富」這一方向，對於制度也非純粹儒家之禮義制度，遑論孟子所嚮往的「仁政」，因此孟子曾感慨地說：

> 孟子曰：「不仁而得國者，有之矣；不仁而得天下，未之有也。」

> 《孟子．盡心下13》。孟子說：「不仁的人竊取到國家而成爲諸侯的，是有的。但不仁的人要得到天下，是從來沒有的。」

上述，孟子最後提醒「得天下」之關鍵要素在於「仁」，且自然加入了「穩定地得有天下」這一隱晦的涵義。的確，曾經有「不仁」的人得到天下（例如紂王），但對孟子來說，那僅僅是「短暫的竊取」而無法長久。孟子承認的「得天下」絕非那種以暴力、武力、智巧……等「非仁」作爲而奪取來的，而是實施仁政之後的自然擁有，而且一旦擁有將是極穩定的態勢。至於仁政的細節與堅持，則於下小節專論。

㈡對仁政的堅持

從上小節可知，行仁政的「根本」就是滿足人民的基本生活，之後再來談論如何以禮義教化萬民，這種次序性兼顧務實層面的考量，可知曉孟子的「仁政」或是「道德仁義」是兼顧人情需求非僅是空談、唱高調。當然，這種「講求道德仁義」與「滿足人民基本生活需求」兩者間「本來就可以並行」，而且兩者間的「次序性」也非必然，且可能是很複雜的相互交錯。而所謂的「仁政」，若簡化來說其重要內涵則是，君上要有著「愛民如子」的情懷。試想，身爲人民的父母，怎可能排除人民重視的生活需求與經濟、教化……等方面呢？

若回到之前對「仁」的理解模式，則知道「仁政」一詞所蘊含的意思很多。在《論語》中記載的：「爲政以德，譬如北辰居其所而眾星共之。」（《論語．爲政》）則以「德政」說之。而不論是「德政」還是「仁政」，我們依照上一章的理解模式來說的話，則無必要去區分「仁政」與「德政」有何差別。而此種「仁政」的內涵談論，孔子已經談論出許多要義，孟子則承續孔子的談論核心；除了表達出更細膩的談論之外，甚至有許多政策上的反省。若以「仁義」這一《孟子》文本中常用語辭來形述「仁政」的內涵，則我將以下文先做導引敘述：

> 孟子曰：「不仁哉，梁惠王也！**仁者以其所愛，及其所不愛**（親近）；**不仁者以其所不愛，及其所愛。**」公孫丑曰：「何謂也？」「梁惠王以土地之故，糜爛（使糜爛，意指摧殘）其民而戰之，大敗；將復（報復）之，恐不能勝，故驅其所愛子弟（指太子申）以殉之。是之

謂以其所不愛，及其所愛也。」

《孟子．盡心下1》。孟子說：「梁惠王眞是不仁阿！仁者會把自己的愛，逐漸擴充推及到並非親近的人；而不仁的人，會把自己厭惡的事情，慢慢醞釀導回自身親近的人身邊。」公孫丑說：「爲什麼會這樣呢？」孟子說：「梁惠王因爲爭奪土地的緣故，摧殘自己的人民讓他們去打戰，結果戰敗了；想要報復又怕不能取勝，因此驅使他所愛的子弟去攻打而丟了性命。這就是我說的『把自己厭惡的事情，慢慢醞釀導回自身親近的人身邊。』」

上述孟子的提醒中，可知「仁者」之考量必與「愛」有所關聯。正面的述說中，仁者會「擴充」自己的愛心與行爲且延伸到其他人身上。當有負面事情產生，實因爲「不仁者」自身作爲所自然導致的結果。孟子細膩的說出，既然自身的「喜好與厭惡」如此清楚明確，爲何要因私利做出這種「不仁」（發動戰爭）之事？在戰國時代雖然戰亂頻仍，卻不能積非成是，孟子更說：

孟子曰：「有人曰：『我善爲陳（陣，軍事佈陣之義），我善爲戰。』大罪也。國君好仁，天下無敵焉。南面以征，北狄怨；東面而征，西夷怨（指商湯王征伐的情況）；曰：『奚爲後我？（爲什麼把我擺在後面呢？意指怎麼比較後才來解救我）』武王之伐殷也，革車（指兵車）三百兩（輛），虎賁（勇士）三千人。王曰：『無畏！寧（安頓）爾（爾等，指百姓）也，非敵百姓也。』若崩（形容頓首之多而迅速）厥（頓）角（額角）稽首（行跪拜禮，叩頭至地）。**征之爲言正也，各欲正己也**（**正己之國也**），**焉用戰！**」

《孟子．盡心下4》。孟子說：「有人說：『我很會佈陣、我很會作戰。』事實上這是很大的罪惡！國君如果喜好仁德，在天下中自然就沒有敵人了。當初商湯向南方征伐，北方的狄人就會抱怨；往東邊征伐，西方的夷人就會抱怨；都說：『爲什麼比較晚來解救我們？』周武王伐紂的時候，只有戰車三百輛，勇士三千人。武王說：『不要害怕！我是來安頓你們（百姓）的，並不是你們的敵人。』百姓聽聞之後，紛紛感激磕頭、行跪拜之禮。『征』的意思就是『正』，當百姓遭受無道對待時，都希望賢君來端正自己的國家，哪像現在僅用戰爭來解決一切呢？」

上述可知，當時不但戰爭頻仍，且爲臣下者更以「善戰」來標榜自我，孟子認爲這樣的價值取向與自信之建立，是很大的罪惡，更忽略了「以仁政爲前提」的這一考量。也就是說，仁者實行仁政雖可說是一種理想、是很難達成的，但不可以在沒有這種理想與目標的前提之下，就直接主張戰爭的好處、直接用戰爭來解決一切。好戰而不崇尚仁義，在古代君王的負面借鏡中其實不難得知，也因此，孟子點出暴君失天下的關鍵是在於失去「民心」，他說：

孟子曰：「**桀、紂之失天下也，失其民也；失其民者，失其心也。得天下有道；得其民，斯得天下矣。得其民有道；得其心，斯得民矣。**得其心有道；所欲與（爲之意）之聚之，所惡勿施爾也。民之歸仁也，猶水之就下，獸之走壙（廣野）也。故爲淵（深水）歐（驅趕）魚者，獺也，爲叢歐爵（雀）者，鸇（土鸇，鳥類）也；爲湯、武歐民者，桀與紂也。今天下之君有好仁者，則諸侯皆爲之歐矣。雖欲無王，不可得已。今之欲王者，猶七年之病求三年之艾（求乾艾草，乾久愈善）也。苟爲不畜，終身不得；苟不志於仁，終身憂辱，以陷於死亡。《詩》云：『其何能淑（善也）？載（則）胥（相）及溺。』（《詩經》〈大雅．桑柔〉之句）此之謂也。」

《孟子．離婁上9》。孟子說：「桀、紂失去天下，是因爲失去人民；失去人民，是因爲失去民心。得到天下是有方法的，就是得到人民的支持，就能得天下。得到人民的支持有方法，就是得到他們內心的支持。得到民心有是方法的，就是聚集他們喜歡的，而人民討厭的不要施行。人民歸服於『仁』，就像水往下流、野獸喜好曠野一樣的自然。替深水趕魚入水的，是水獺；替樹木趕雀的，是土鸇；而替商湯王、周武王驅趕人民的，是夏桀、殷紂。現在天下的國君若有愛好仁政的，那麼其他諸侯都會替你把人民驅趕來歸順了；即使不想王天下也不可能了。然而現在想要王天下的諸侯，就猶如生了七年的病而臨時要去找得乾久三年的艾草。如果平時都沒有儲備，一輩子也找不到。如果國君心不向於仁，那只是終身處在憂患與恥辱中，而後陷入困境而亡。《詩》說：『哪裡能有好結果呢？（現在的諸侯其作爲）僅是相繼陷溺在水中滅頂而已。』說的就是這種狀況。」

上述的觀察，可知孟子重視「問題之根源」，而且重視「解決問題的本」。一個國家失去人民，根源問題在於失去民心；若能行仁政而施於天下，人民自然趨之若鶩，這是一種治本且穩固的建議。然而孟子所面對的國君，通常都是「勢利」或是「不仁」的。例如《孟子》文本中，最常被孟子勸諫的國君，當屬齊宣王與梁惠王，兩位國君都無法實行「仁政」被孟子時常提醒，以下以孟子勸諫兩位君王的實例來看孟子的論述特點：

孟子見梁惠王。王曰：「叟，不遠千里而來，亦將有以利吾國乎？」孟子對曰：「王何必曰利？亦有**仁義**而已矣。」

《孟子．梁惠王上1》。孟子覲見梁惠王。梁惠王說：「老先生，您不遠千里來見我，有什麼可以對我國有『利』的？」孟子說：「王您何必只談到『利』呢？也有『仁義』可以談阿！」

梁惠王曰：「寡人願安承教。」孟子對曰：「殺人以梃（木棍）與刃，有以異乎？」曰：「無以異也。」「以刃與政（政治政策，此指劣政），有以異乎？」曰：「無以異也。」曰：「庖有肥肉，廄（馬廄）有肥馬，民有飢色，野有餓莩（餓死之人），此率獸而食人也。（此句亦出現於〈滕文公下9〉）獸相食，且人惡之；爲民父母行政，不免於率獸而食人，惡在其爲民父母也！仲尼曰：『始作俑（古人安葬，束草爲人取象徵義從衛，僅略似人形；後以「俑」代替，貌似人形，孔子認爲不仁而批評之）者，其無後乎！』爲其象（仿效）人而用之也！如之何其使斯民饑而死也。」

《孟子．梁惠王上4》。梁惠王說：「我願意樂意地接受您的教導。」孟子說：「用木棍和用刀子殺人，有不同嗎？」梁惠王說：「沒有什麼不同。」孟子說：「用刀和用暴政殺人，有不同嗎？」梁惠王說：「沒有什麼不同。」孟子說：「廚房有肥肉，馬廄中有肥馬；而人民卻充滿飢餓的神色，野外有餓死的人，這種行爲根本就是率領野獸去吃人啊！野獸相互吞食對方，人見之尚且會厭惡；而國君身爲人民的父母在行政時卻流於『率獸食人』的狀況，這怎能成爲人民的父母呢？孔子說：『第一個開始用人俑陪葬的，（如此慘忍的人）將沒有後代子孫吧！』只因爲他仿效人去作俑來陪葬而已，就被孔子批評，何況那些眞的使人民餓死的國君呢！」

齊宣王問曰：「齊桓、晉文之事，可得聞乎？」孟子對曰：「仲尼之徒，無道桓、文之事者，是以後世無傳焉，臣未之聞也。無以，則王乎？」曰：「德何如則可以王矣？」曰：「保民，而王莫之能禦也。」曰：「若寡人者，可以保民乎哉？」曰：「可。」

《孟子．梁惠王上7》。齊宣王問說：「齊桓公、晉文公稱霸諸侯的事情，可以說給我聽嗎？」孟子說：「孔子的門徒，都沒有稱道齊桓公、晉文公這種霸業之事，所以沒有流傳到後世（儒家門徒之後）來，我沒有聽說過。如果不得已一定要我說，那我就說『王天下』的道理好了。」齊宣王說：「您說過的德政，要如何『王天下』呢？」孟子說：「保護人民，『王天下』這種事情就沒人能阻擋的了。」

從上述例子可知，當時的國君（例如梁惠王、齊宣王）無意於實行「仁政」而欲求快速方法來統一天下，只講求表面上的效率與利益。孟子則善用比喻的方式來陳述「劣政」（非仁政）壞處以及提點「仁政」的好處，對國君實有一針見血的提醒。此外，當時也有類似孟子這種不喜好戰爭的人物，遊說者雖是爲了阻止戰爭而勸說，卻也僅以「利益」考量來談，而忽略「仁義」這一重點，此情況也被孟子批評：

> 宋牼（宋人，名牼）將之（往）楚，孟子遇於石丘。曰：「先生將何之？」曰：「吾聞秦、楚構兵（出兵交戰）；我將見楚王，說而罷之；楚王不悅，我將見秦王，說而罷之：二王我將有所遇（契合）焉。」曰：「軻也請無問其詳，願聞其指（通「恉」，意向）；說之將何如？」曰：「我將言其**不利**也。」曰：「先生之志則大矣，先生之號（號召）則不可。先生**以利**說秦、楚之王，秦、楚之王**悅於利**，以罷三軍之師，是三軍之士樂罷而**悅於利**也。爲人臣者懷利以事其君，爲人子者懷利以事其父，爲人弟者懷利以事其兄；是君臣、父子、兄弟，終去**仁義**懷利以相接。然而不亡者，未之有也！先生以仁義說秦、楚之王，秦、楚之王悅於仁義，而罷三軍之師，是三軍之士樂罷而悅於仁義也。爲人臣者懷仁義以事其君，爲人子者懷仁義以事其父，爲人弟者懷仁義以事其兄；是君臣父子兄弟，去利懷仁義以相接也。然而不王者，未之有也！何必曰利？」

《孟子．告子下4》。宋牼將前往楚國，與孟子相遇於石丘。孟子說：「先生您要往何處去？」宋牼說：「我聽說秦、楚將交戰，我將覲見楚王，勸說他放棄戰爭；楚王如果不悅，我就去見秦王勸他放棄戰爭。我想這兩位至少有一個跟我想法契合的。」孟子說：「我不是想問整個詳細狀況，而想知道您的意向；您將如何來勸說呢？」宋牼說：「我要用『不利』的說法來勸說。」孟子說：「先生您的志向很偉大，但您的號召方向不可行。先生您用『利』來勸說秦、楚國君，若秦、楚國君眞的因爲利益考量而放棄戰爭，那麼三軍將士也會因爲不戰爭而喜歡利益考量了。若做臣子的僅以利益考量來侍奉國君，做兒子的也將以利益考量來侍奉父親，做弟弟的也以利益考量來侍奉兄長；如此一來，君臣、父子、兄弟最終將丟棄仁義而僅以利益考量來相接觸了。而這種狀況不亡國的，是從來沒有啊！先生若您用『仁義』來勸說秦、楚國君，而他們因爲仁義考量而放棄戰爭，而三軍將士也會因爲不戰爭而喜歡以仁義當作考量了。做臣子的以仁義考量來侍奉國君，做兒子的也以仁義考量來侍奉父親，做弟弟的也以仁義考量來侍奉兄長；如此一來，君臣、父子、兄弟最終將丟棄利益而僅以仁義考量來相接觸了。而這樣的國家不王天下的，是從來沒有的啊！」

上述可知，孟子點出「同樣是放棄戰爭」的狀況，「以什麼爲考量基點」來「放棄戰爭」才是關鍵，且看勸說者是以什麼爲前提來勸說的。因此，以「利益」或是「仁義」爲核心價值所做出的勸說，其後續的延伸影響是很大的，這也顯示出孟子的「仁義」談論不僅僅是小範圍的價值堅持，其延伸與教化、影響作用，孟子也是一併考量進去的。若以日常生活來說，則可以是：

A：不要貪小便宜、短視近利，因爲對你不利。

B：不要貪小便宜、短視近利，因爲有更重要的道德內涵必須考量……。

上述，在生活上均可以依此脈絡來反省，對於某件事情的評估，或許會從A的脈絡來說比較簡單或直接，但若「僅從」A方向上來說，則明顯與B方向的內涵有著差距。A方向的思考，上至國君爲政、下至平民的人倫日用，都是一重要提點。不幸的，當時的國君或是臣下幾乎都以「利益」爲首要考量，此該如何?當然，若從效果來說，孟子推行的「仁義」也可說符合所謂的「孟子認爲的最大利益」，但是，「仁義」所代表的發心、動機、目的……等，相對於僅從B方向的「利益」來說，當然會有很大的不同，產生影響的層面也不同。因此孟子曾對當時一些「被稱道的事實」頗不以爲然，而曾感慨的說：

> 孟子曰：「今之事君者，曰：『我能爲君辟（開闢）土地，充府庫。』**今之所謂良臣，古之所謂民賊也。君不鄉（嚮往）道，不志於仁，而求富之，是富桀也。**『我能爲君約與國（結交盟國），戰必克。』今之所謂良臣，古之所謂民賊也。君不鄉道，不志於仁；而求爲之強戰（奮力作戰；又說爲師出無名而強戰），是輔桀也。**由（按照）今之道，無變今之俗**（人**心風俗），雖與之天下，不能一朝居也**（不能安於一朝之間而賢於其位）！」

《孟子．告子下9》。孟子說：「現在侍奉國君的人，都說：『我能夠替國君開疆闢土、充實府庫。』這些就是現在所謂的『良臣』，但在古代是所謂的『民賊』。國君若不嚮往大道，不向於仁政，卻幫他們富足，這等於是幫助夏桀這種暴君富足啊！又說：『我能替國君結交盟國，戰爭必定勝利。』這些就是現在所謂的『良臣』，但在古代是所謂的『民賊』。國君若不嚮往大道，不向於仁政，卻幫他們奮力作戰，等於是輔佐夏桀這種暴君啊！按照現在的方式，若沒有改變當今的人心風俗，即使把天下送給這種國君，他也不能安於一天之位啊！」

上述的狀況可說一針見血，至今仍相當適用！當「人心」不崇尚仁義時，人民所稱道的，往往就是那種短視近利的大臣；當君王不崇尚仁義時，大臣也樂於與國君一起短視近利。因此，孟子文末提到「變今之俗」，顯示出一項很重要的問題根源。孟子一定程度的重視「民本」，雖然他贊同君主制度，卻也雙面期勉之。一方面希望國君嚮往仁政，使人民安樂、教化人民；另方面孟子自己也從教育方面著手，[5]希望君臣眾民把「仁義」這項內涵擴充之，改善風俗（例如短視近利的風俗）之後，自然可給予為政者一定的壓力。據此，若有人可以根據傳統制度去實施大道的，孟子則推崇之；若簡化的說，此傳統內涵則是「好善」、「好仁」的相關內涵。這種內涵「雖簡潔」卻「不易達到」，不但涉及道德內在與修養且緊連於政治。在孟子時代之後的《禮記》〈大學〉文獻中，可明確知曉儒家崇尚「道德」與「政治」合一之理想。孟子也曾簡短的說明國君「用人」或國君「能這樣用人」所代表的象徵意義，其涵義亦簡單明瞭：

魯欲使樂正子（魯國人，名克，孟子弟子）爲政。孟子曰：「吾聞之，喜而不寐。」公孫丑曰：「樂正子強乎？」曰：「否。」「有知慮（智謀思慮、智巧）乎？」曰：「否。」「多聞識（見聞廣博）乎？」曰：「否。」「然則奚爲喜而不寐？」曰：「**其爲人也好善**。」「好善足乎？」曰：「**好善優（有餘裕也）於天下，而況魯國乎！夫苟好善，則四海之內，皆將輕（不在乎）千里而來告之以善**。夫苟不好善，則人將曰訑訑（傲慢自信而不聽人言），『予既已知之矣！』訑訑之聲音顏色，距（拒也）人於千里之外；士止於千里之外，則讒諂面諛之人至矣。與讒諂面諛之人居，國欲治，可得乎？」

《孟子．告子下13》。魯國國君想要樂正子主持國政，孟子說：「我聽到這消息，高興得睡不著覺！」公孫丑說：「因爲樂正子能力強嗎？」孟子說：「不是。」公孫丑說：「因爲他有智謀且深慮嗎？」孟子說：「不是。」公孫丑說：「是因爲他見識廣博嗎？」孟子說：「不是。」公孫丑說：「那爲什麼老師您會高興得睡不著覺？」孟子說：「因爲他這個人『好善』！」公孫丑說：「只因『好善』就足夠了嗎？」孟子說：「『好善』的人，即使把整個天下交給他治理也綽綽有餘，何況只是一個小小的魯國呢？如果一個人『好善』，那麼四海之內的人都會不遠千里而來，告訴他有關『善』的相關諸事。如果不『好善』，那麼這個人就會傲慢自信而不聽他人之言，而常說：『這我早就知道了！』如此傲慢自信的人的聲音語調與臉色，將拒他人於千里之外；若把有志之士都拒絕於千里之外，那麼諂媚阿諛奉承的人就會來了！跟這種諂媚阿諛的人一起，想把國家治理好，可能嗎？」

上述可知一個看似簡單的「好善」概念，其內涵延伸才是孟子所重視的。此「好善」之特質，在孟子想法中即所謂的「好仁義」；此種「喜好仁義的人」將「爲所當爲」且德施於衆民。若一個爲政者肯欣賞這種「好善之人」，且讓這種「好善之人」主政或輔政，所帶來的影響與意義當然是孟子所希望的，無怪乎他高興地睡不著覺。

總括上述種種，應可知曉孟子對當時局勢的觀察以及他的對應策略，當然，他的對應策略中充滿「儒家考量」，卻也無法否認他的談論非常適用，甚至當今民主政治的情境下也極需此種內涵。那麼，堅持「仁政」的孟子，針對其他學派的論說又是如何應對？此將在下一小節中陳述。

二、觀察學風與風氣——導回儒家

孟子對其他學派的評論亦有，且許多批評頗爲激烈。我要談論的重點不在於孟子的批評是否全然正確，是突顯孟子觀察、評論、批評其他學派思想時，所帶出的意義爲何。下文列舉的許多例子將可得知，孟子的觀察不但入微，也重視該思想可能產生的延伸問題或弊端。務必再強調一次，我並不會說孟子的批評都是完全正確的（事實上也曾有過度的成分），而是要說明：他之所以這樣批評的考量爲何？此一方面除了突顯他的觀察細膩之外，其實更有著回歸儒家「仁義」這一內在考量。

孟子時常被他人認爲是「好辯」的，他的中心思想畢竟是承繼孔子而倡「仁政」、說「四端」、論「性善」……；一再顯示他的儒家關懷要點。但與孔子最大的不同風格則是，他在宣說思想要點時，時常涉及論辯，並且盡可能詳細地批評其他思想。於此小節，稍微整理孟子所「不認同」的思想類型有哪些，並且檢閱孟子的批評是否合理、思考他的批評用意。當然我得先說的是，孟子不是爲了批評而批評，也不是不容許他人思想與自己不同，他的前提應是：

孟子曰：「賢者以其昭昭（通達之言行），使人昭昭。今以其昏昏（不通達的言行），使人昭昭。」

《孟子．盡心下20》。孟子說：「賢達之人用其通達之言行而使他人通達。現在的人居然想用不通達的言行，來讓他人通達！」

上述，孟子認爲古代賢者的思想言語通達，可使他人明白通達；而現在卻不同，自己不通達的人卻又想要教導他人通達，這怎麼可能呢？這樣的評述反應了他對「其他思想」以及「其他思想代表人物」的疑慮，例如著名的楊朱學派、墨家思想，均是他認爲最嚴重的錯誤類別。他曾說：

孟子曰：「楊子取爲我，拔一毛而利天下，不爲也。墨子兼愛，摩頂放踵利天下，爲之。子莫執中，執中爲近之；執中無權，猶執一也……。」

《孟子．盡心上26》。孟子說：「楊子主張『爲我』的思想，即使拔掉一根毛而對天下有利，也不去做。墨子提倡『兼愛』，即使摩禿了頭頂至腳跟，若對天下有利的，他就去做。而子莫則執守『中間之道』；雖然執守『中間之道』是較爲接近正道，但若沒有權衡於其中，仍然是執於一偏的。」

上述，表達出孟子批評楊朱自利爲我的風格，以及墨子過於勤奮的兼愛苦勞風格；[6]而這兩方面的思想過於偏頗，孟子認爲於當時的影響甚大。上述的談論僅是籠統的批評，對楊朱、墨家學派細部方面的批評則如：

孟子曰：「……聖王不作，諸侯放恣（放肆恣縱）。處士（布衣之士，未做官之人）橫議（大發違背正道的議論），楊朱、墨翟之言盈天下；天下之言，不歸楊則歸墨。**楊氏爲我，是無君也；墨氏兼愛，是無父也；無父無君，是禽獸也**……。楊、墨之道不息，孔子之道不著，是邪說誣民，充塞（阻塞）仁義也。仁義充塞，則率獸食人，人將相食。吾爲此懼，閑（習也）先聖之道，距（拒也）楊、墨；放（排抵）淫辭，邪說者不得作。作（起）於其心，害於其事；作於其事，害於其政。聖人復起，不易（改，否定）吾言矣。」

《孟子．滕文公下9》。孟子說：「聖王不出現了，諸侯個個都放肆作爲。而沒有做官的人大發違背正道的議論，楊朱、墨翟學派之言充滿天下；導致天下之言不是嚮往楊朱學派，就是墨家。楊朱學派的重視自我，是內心無向於君上；墨家學派的兼愛世人，是沒有重視從自己的父親去擴張這份愛；沒有把自己父親、自己君上這種首要價值放在心裡，簡直是禽獸了啊……。楊朱、墨家學派的言論不止息，孔子所嚮往的仁義大道就不能昌明，這類邪說欺瞞著人民，阻礙仁義之道德施行。仁義若被阻塞，人像率領著禽獸般的人殘害他人，人將陷於互相侵害的局面。我深感憂懼，因此學習先聖的大道，排拒楊朱、墨家學派的學說；排斥這些過度的言詞，讓這種邪說無法興盛。」

上述孟子道出當時思想的混亂局面，所謂「楊朱、墨翟之言盈天下」呈現兩家思想的興盛狀態，甚至誇張的說「不歸楊則歸墨」。孟子認爲「楊朱爲我」將導致目無君上，只考量自己的利益。而認爲「墨氏兼愛」乃無差別或無親疏之分的泛愛，此將導致不區分自己的父親與他人的父親，進而批評這樣是「無父無君」，是禽獸的展現行爲。

孟子的批評應屬過度了（例如「無君無父」、「禽獸」），但從他的儒家基本論點來說，我們仍可以理解孟子的切入視角或考量點。持平來說，楊朱的「爲我」思想，或許可解讀爲某種自私或愛己之傾向，但不一定導致極端的自私而必然地「無君」。墨子倡導「兼愛」雖容易導致親疏不分，但不一定就是「無父」。這兩者的思想方向被孟子如此在意，關鍵在於墨氏的「兼愛說」與孟子的「愛有差等」考量核心相當不同。而楊朱的思想則離孟子倡導的「仁政」、「愛民」、「立命」……等道德性考量更加遙遠。此外，孟子又說明當時學術思想的傾向則如：

> 孟子曰：「逃（離棄）墨必歸於楊，逃楊必歸於儒。歸（既然已來歸服），斯受之（接受而教之）而已矣。今之與楊、墨辯者，如追放豚（逃出豬圈外之豬），既入其苙（豬欄），又從而招（繫其足）之。」

《孟子．盡心下26》。孟子說：「離開墨家學說的，必然歸於楊朱學派；而逃離楊朱學派的人，後必返歸儒家學說。但既然來歸服儒家，就接受而教導他們而已。現在跟楊、墨學說論辯的那些人，對於楊、墨學說者的手段猶如追逐逃出豬圈的豬，既然已經收回圈中了，卻還要把牠的腳綁起來呢！」

上述，孟子仍用較誇張的方式來述說當時學術風潮。他指出，離開墨家思想的人必然歸附楊朱學派，而逃離楊朱學派門下的必然歸附儒家思想；於此可知當時學術人士的流動模式。但孟子話意應有誇張、刻意之成分，因此個人認為僅供參考。[7]上述文句中顯示，孟子對異端之說的學者若肯回歸儒家，必接受之而教導之，而不必如其他學派那樣，對於來歸服的學生還要用腳鐐把他們銬住一樣。

至於其他學派與孟子有直接論辯的，可舉墨家後學者夷之主張有關「兼愛」以及「節葬」等事；曾有記載說：

墨者（崇尚墨子之道者）夷之，因徐辟（孟子弟子）而求見孟子。孟子曰：「吾固願見，今吾尚病；病愈，我且往見，夷子不來。」他日，又求見孟子。孟子曰：「吾今則可以見矣。不直（正他人之曲，此乃指思想方面），則道不見（此指儒道不能昌明），我且直之。吾聞夷子墨者，墨之治喪也，以薄（菲薄節儉）爲其道也。夷子思以易天下（易天下之風俗），豈以爲非是而不貴也？然而夷子葬其親厚，則是以所賤（所輕視的事情，此指厚葬）事親也？」徐子以告夷子，夷子曰：「儒者之道，古之人若保赤子（《尚書》〈康誥〉之篇文，認爲聖王保護人民須如保護嬰兒一樣），此言何謂也？之則**以爲愛無差等**（**差別等級**），**施由親始**（**實踐從自己親近的人開始**）。」徐子以告孟子，孟子曰：「夫夷子信以爲人之親其兄之子，爲若親其鄰之赤子乎？**彼有取爾也**（**《尚書》的講法，有取別意，意思是《尚書》的講法是單純講仁慈之心，而非專就講墨家的「兼愛」來談**）。赤子匍匐（手足著地爬行）將入井，非赤子之罪（罪過、過錯）也。**且天之生物也，使之一本**（**有一個依歸、根本存在著：此指「父母」**）**；而夷子二本**（**此指夷子的說法有兩個根本：指「父母」與「他人的父母」**）**故也**。蓋上世（上古之世）嘗有不葬其親者；其親死，則舉（擡）而委（放置，此指拋棄）之於壑（山澗）。他日過之，狐狸食之，蠅蚋（蚊類）姑（語助聲詞）嘬（攢共食之）之。其顙（額）有泚（出汗的樣子），睨（斜視）而不視。**夫泚也，非爲人泚，中心達於面目**（**是心中的愧疚自然表達在臉上**）。蓋（助詞）歸，反虆梩（虆：土籠，盛土器具。梩：鍬，掘地器具）而掩之。掩之誠是也（如果這種掩埋的過程是應該的），則孝子仁人之掩其親，亦必有道矣。」徐子以告夷子，夷子憮然（茫然自失的樣子）爲間，曰：「命（教）之矣！」

《孟子．滕文公上5》。有一個崇尚墨子之道的人夷之，因爲徐辟的介紹而求見孟子。孟子對徐辟說：「我是想見他，但我今天還在生病，等我病好了，我會去見他，請夷之現在不必來。」過了幾天，夷之又透過徐辟要見孟子。孟子說：「我今天可以見他了。不端正他的思想，儒家之道就不能昌明，我試著端正他吧！我聽說夷子崇尚墨家，而墨家對喪葬的看法，是以節葬爲原則的。夷子想以這個原則去改變天下風俗，難道認爲不這樣節葬就是情操不夠高貴嗎？但是夷子他葬他的父母是厚葬的，那他是拿他認爲不高貴的事情來對待他的父母了？」徐辟把孟子的話告訴夷子，夷子說：「按照儒家的說法，古代聖王所說的『聖王保護天下人民就像保護自己的嬰兒一樣』，這是如何說的呢？我認爲是在說明愛是沒有差別等級之範圍分別的，而且實踐是從自己的親人開始。」徐辟把這話告訴孟子，孟子說：「難道夷子眞的會認爲他人愛他兄長的兒子，猶如愛他鄰居的嬰兒一樣嗎？《書》上的說法是取別的用意啊！一個嬰兒在地上爬行，快要掉到井裡面去，這不是嬰兒的罪過，因爲嬰兒不知道危險，而聖王教導人民如同這個情況，因此怎麼不會像嬰兒那樣的保護他們呢？上天生出萬物，都讓萬物有一個根本；而父母就是人的唯一根本。可是夷子的說法造成兩個根本：自己的父母與他人的父母。另外就埋葬父母來說；在上古時代，曾經有一個不埋葬自己父母的人，他的父母死了，就把遺體拋起在山間荒野。之後他經過那裡，發現狐狸野貓吃著屍身之肉，蒼蠅蚊蚋聚集在屍體上啃食；於是他額上冒汗，眼睛不忍正面觀看。他冒汗，不是爲了別人而冒汗的，而是自覺內心愧疚而表達在臉上的。於是他回家拿著掩埋器具把父母大體掩埋了。如果這樣的掩埋是對的，那麼後世的孝子如何去厚葬他們的父母，也是有一定的考量道理了。」徐辟把這話告訴了夷子，夷子茫然好像丟失了什麼，愣了一會兒說：「我想孟子已經教導我了！」

上述乃孟子對墨家標榜「節葬」、「兼愛」的反對理由。墨者夷之認爲「節葬」是正確的，又提及「兼愛」猶如古聖先賢所說之「如保赤子」。孟子針對此兩問題的回應則是：一方面強調《尚書》所說的「如保赤子」，主要是說明聖王的「仁慈之心」，保護人民當然如同保護幼兒一樣的認眞仔細。因此，聖王的「如保赤子」不是要我們什麼都不分的「兼愛」而忽略「親疏之別」。此外，孟子認爲立「一個根本」可讓人民有一個重要依歸處，並認爲「產生二個根本」（把他人的父母、親人也視同自己的父母）無法眞正落實，反而讓人的「親愛」沒了依歸、下手之基本處。另一方面，針對「葬禮儀式」應採取精簡或隆重，只是表面的問題，因此他把問題回溯至根源。孟子認爲，身爲人子怎麼可能忍心看自己父母死後曝屍荒野？此必然會導致己身的「不忍之心」，而對往生者做出應有的掩埋舉動。而這種「心」將延伸至其他行爲表現，諸如埋葬、……等禮儀方面之諸事。孟子認爲，何必刻意抑制或反對這種可以成全孝子之情的禮制呢？

另外，不單是墨家學說，孟子與其他各家的論辯亦不少；又例如：

> 景春（孟子當時之名人，爲縱橫家）曰：「公孫衍（魏國人，曾任魏國犀首虎牙將軍）、張儀（魏國人，與蘇秦同事鬼谷子，後入秦提「連橫」策略），豈不誠大丈夫哉！一怒而諸侯懼，安居（此指公孫衍、張儀此類縱橫家之人）而天下熄。」孟子曰：「是焉得爲大丈夫乎！子未學禮乎？……。**富貴不能淫（蕩其心），貧賤不能移（移其節），威武不能屈（屈其志）：此之謂大丈夫。**」

《孟子．滕文公下2》。景春對孟子說：「公孫衍、張儀這類人，難道不是『大丈夫』了嗎？他們一怒，天下諸侯都會懼怕；當他們安居於家中而不遊說諸侯時，天下戰火將熄滅。」孟子說：「這種人哪算的上『大丈夫』！你難道沒學過禮嗎？……財富、尊貴都不能動搖他的內心，貧窮、卑賤不能改變他的節操，威勢、武力也不能屈撓他的心志：這種人，才叫做『大丈夫』。」

孟子曰：「說大人則藐（輕視）之，勿視其巍巍然。堂高數仞，榱題（屋椽）數尺，我得志弗爲也。食前方丈，侍妾數百人，我得志弗爲也。般樂飲酒，驅騁田獵，後車千乘，我得志弗爲也。**在彼者，皆我所不爲也；在我者，皆古之制也；吾何畏彼哉！**」

《孟子．盡心下34》。孟子說：「遊說達官貴人的那種人，我通常是藐視他的，而且不把他看的崇高、高貴。廳堂數丈高，屋椽數尺長，我得志的時候也不會如此奢華。吃的東西極爲豐盛，侍奉的妻妾數百人，我得志的時候也不會如此做。大舉作樂飲酒，驅馳打獵，後有侍從車輛達千，我得志的時候也不會這樣。在他們所重視喜好的，都是我不願意做的；在我自己所重視喜好的，都是古代傳承下來的典章制度；我爲什麼會懼怕他們呢！」

上述兩引文可知，孟子不贊同縱橫家那種靠嘴巴遊說卻被稱爲是「大丈夫」，因此不但反對景春對這些人的稱讚，更補充說「大丈夫」的行爲應是如何；其中，孟子針對此種遊說者給予一定程度的藐視。第二引文中，孟子提及此種人所言所行，均非古代傳統的正道之路；他們得志的時候極爲奢華、放縱，這全非孟子得志之時所要做的。孟子堅持他的理想價值，即便「得志時」所欲展現的，也是古代聖王傳承下來的內涵，絕非成全私欲來放縱自我。因此，當孟子有這種內在價值之穩固且堅守在他的道德意志之時，孟子自然道出他面對這種人時，將是絲毫無懼的。

此外，孟子面對農家學說者亦有所論辯，可顯示他對農家學說的批評面向並非「直接否定」其用意，而是認爲其主張「過度」了，以及可能造成許多延伸問題。記載內容甚長，此分三段敘述如下：

> 有爲（治，研究之意）神農（後人依託神農氏而成之學說，標榜耕作立民食爲基礎以純樸度日，且反對商人剝削）之言者許行（楚國人，農家學說者），自楚之滕，踵（足至、親至）門而告文公曰：「遠方之人，聞君行仁政，願受一廛（民宅）而爲氓（平民，自他歸往之民謂之氓）。」文公與之處。其徒數十人，皆衣褐（泛指粗毛布衣服），捆（編織）屨織席以爲食。陳良（楚國儒者）之徒陳相，與其弟辛，負耒耜（農具名稱。耒有柄，以首推之以犁田。耜爲鍬，插地以發土之工具。）而自宋之（往）滕，曰：「聞君行聖人之政，是亦聖人也，願爲聖人氓。」陳相見許行而大悅，盡棄其學而學焉。陳相見孟子，道許行之言曰：「滕君，則誠賢君也。雖然，未聞道也。賢者與民並耕而食，饔飧（熟食，朝曰饔，夕曰飧）而治（此指自備其食而兼治國）。今也滕有食廩府庫，則是厲（害）民而以自養也。

惡得賢！」孟子曰：「許子必種粟而後食乎？」曰：「然。」「許子必織布而後衣乎？」曰：「否，許子衣褐。」「許子冠乎？」曰：「冠。」曰：「奚冠？」曰：「冠素。」曰：「自織之與？」曰：「否，以粟易之。」曰：「許子奚爲不自織？」曰：「害於耕。」曰：「許子以釜甑ㄗㄥˋ爨ㄘㄨㄢˋ（用釜鐵器煮，用瓦炊），以鐵耕乎？」曰：「然。」「自爲之與？」曰：「否，以粟易之。」「以粟易械器者，不爲厲陶冶（燒陶打鐵的人）；陶冶亦以其械器易粟者，豈爲厲農夫哉？且許子何不爲陶冶，舍（啥，什麼）皆取諸其宮（室）中而用之；何爲紛紛然與百工交易，何許子之不憚煩（怕麻煩）？」曰：「百工之事，固不可耕且爲也。」「然則治天下獨可耕且爲與？有大人（泛指爲官者）之事，有小人（泛指平民百姓）之事。且一人之身，而百工之所爲備（齊備）。**如必自爲而後用之，是率天下而路（奔走道路，此喻辛苦）也！故曰：『或勞心，或勞力。』勞心者治人，勞力者治於人；治於人者食人（被管理者供養管理者），治人者食於人，天下之通義也……。」**

《孟子．滕文公上4》。有個致力於神農家學說的人叫做許行，從楚國到滕國，親自到宮廷中告訴滕文公說：「我是個從遠方來的人，聽聞您要實行仁政，希望能夠領受一宅，做您的百姓。」公文贈予他一住處，他的學生有數十人，都穿著粗布衣服，以編織麻鞋草席易物過活。陳良的學生陳相，跟他的弟弟陳辛，揹著農具從宋國來到滕國，向滕文公說：「聽說君主您要實行仁政，那也算是聖王了，我願意做聖人的百姓。」陳相後來遇見許行，心悅臣服而放棄自身儒學，而向許行學習。陳相後來見到孟子，向孟子道出許行曾經說：「滕國君王確實還算得上賢君，話雖如此，但我認爲他尚未知曉聖人的大道。眞正賢明的

> 君主，應該與人民同苦一起耕作飲食，能夠自理食物且兼治國事。現在的滕國有食廩倉庫，積蓄食著物財貨，是殘害人民而來自我滿足；從這方面來說，滕君哪裡算的上眞正的賢明呢？」孟子聽了問陳相說：「許行一定自己種田才吃飯嗎？」陳相說：「是的。」孟子說：「許行一定自己織布才穿衣嗎？」陳相說：「不是；但許行是穿最粗劣的衣服。」孟子說：「那許行有戴帽嗎？」陳相說：「戴。」孟子說：「戴什麼帽子？」陳相說：「白色帽子。」孟子說：「是自己編織的帽子嗎？」陳相說：「不是，是用米換來的。」孟子說：「爲什麼許行不自己編織？」陳相說：「這樣會妨害他耕作。」孟子說：「許行用釜瓦等器具煮飯、用鐵器來耕作嗎？」陳相說：「是的。」孟子說：「這些器具都是自己做的嗎？」陳相說：「不是，是拿米換來的。」孟子說：「既然他是拿米去換取換用具，不算是殘害燒窯打鐵器的人；而燒窯打鐵器的人拿製成的器具跟他換米，難道是傷害農民嗎？再者，許行爲何不自行燒窯打鐵器，什麼器具都從自家中拿出來用就好了，爲什麼還要忙碌地跟他人交換，難道他不怕麻煩嗎？」陳相說：「各種工匠之事，本來就無法一邊耕作一邊兼著做啊。」孟子說：「既然無法都兼著做，那麼治理天下之時可以兼做耕作嗎？天下的事有兩類方面，一面是在上位、爲官者的事情，另一面是下位者、平民百姓之事。而且就一個人需求來說，是需要靠百工各種人的努力與器具才能齊備，如果一定要自己製作才使用，這是牽領天下人勞苦奔走了！因此古人說：『有的人勞心，有的人勞力。』勞心的人治理他人，勞力的人被治理；被治理的人供養治理的人，治理的人受他人供養，這是天下通行的道理啊！」

上述，孟子對於陳相捨棄原有儒學而崇尚許行之學（農家）有些許意見。陳相相當肯定許行農家學說的純樸自然、辛苦自力的行爲，並認爲若國君可以如此學習親自耕作、事事親爲，一定可以替百姓著想而成爲賢君。而孟子聽到了，雖然沒有直接否定許行或是陳相贊同此行爲的發心，但認爲標榜這樣的行爲「不一定是對的」，也不是最好的方法，且似乎過度了。孟子認爲，國家中的任何工作職務內容是需要「分工」的，而不是拘泥於一個人要做很多種類的事情、事事親爲來代表自己沒有偷懶、展現自己很簡樸。另一方面，孟子承認傳統君主制度，上位者治理人民、人民供養上位者是「通義」。這樣的制度是維持國家政權穩固的狀況；當然，孟子所預設的上位者當然是賢君賢臣，這樣才能安穩地治理天下並展現愛民。至於所謂的「勞心勞力」雖然有著「階級」上下之分，但孟子認爲「勞心者」並不是偷懶，而是本屬的職分之別，無法兼顧基層之勞力事務本自正常，因此他舉「勞心者」的例子來說：

當堯之時，天下猶未平；洪水橫流，氾濫於天下……。當是時也，禹八年於外，三過其門而不入；雖欲耕，得乎？后稷（農官）教民稼穡（播種與收穀），樹藝（種植）五穀，五穀熟而民人育。人之有道也（人之爲道）；飽食煖衣，逸居而無教，則近於禽獸；聖人有憂之，使契爲司徒（官名，掌禮教導民），教以人倫：父子有親，君臣有義，夫婦有別，長幼有序，朋友有信。放勳（堯之號；堯、舜、禹之名號分別爲：放勳、重華、文命）曰：「勞之（慰勞勞苦之人），來之（接納歸附的人），匡之（匡正需要改進的人），直之（曲正行爲乖誕之人），輔之（輔助人民心志），翼之（使他們奉行禮制教化），使自得之（從上面多種教化導引讓人民自得其性而成長），又從而振德（又依上述自得的基礎發展德性）之。」

聖人之憂民如此，而暇耕乎？堯以不得舜爲己憂，舜以不得禹、皐陶爲己憂；夫以百畝之不易（治）爲己憂者，農夫也……。是故，以天下與人易（把天下讓給他人很容易），爲天下得人難（要爲天下人找到賢君傳承才是難事）……。堯、舜之治天下，豈無所用其心哉？亦（只是）不用於耕耳……。

《孟子．滕文公上4》。堯的時代，天下還沒有安定的時候，洪水溢出河道而氾濫於天下……。那個時候，禹在外治水長達八年，三次經過家門而無時間進入；如此忙碌的狀況想親自耕作，可能嗎？水患治理之後，后稷教導人民耕作的方法，種植五穀；五穀成熟而人民獲得養育。那時一般人民的作爲，吃飽了、穿暖了、安逸了，卻仍未獲得教化；這樣的狀況則跟禽獸相近了。聖人因此憂心，命契擔任司徒，教導人民人倫大道，讓父子有親愛之情，君臣有情義，夫妻之間各有分工職別，長幼有其次序，朋友之間講求誠信。堯曾經說：「勞苦的要慰勞他們，來歸附的人要接納他們，需要改進的人要匡正他們，行爲偏頗的要曲直他們，輔導人民的心志，使他們奉行禮制教化，使他們透過這些教化而自我成長；且依此路線來提振他們發展德性。」古代聖王如此憂民，如何有空閒去耕作呢？而堯擔心得不到像舜者種德行的人傳承而憂愁之，舜擔心沒有禹、皐陶這種賢者而憂慮；而擔憂百畝之地的耕作狀況的，是農民啊……。因此，把天下讓給他人很容易，而要找到適合的賢君傳承才是困難……。堯舜治理天下，難道沒有操心之勞嗎？他們只是不勞苦在耕作上而已……。

上述可知，孟子認爲對於聖賢君主的判斷或認可，並不在於他是否親自耕作、親自縫製衣服……等行爲來表示他的認眞與否。大禹治水時，三過家門不入，極端忙碌辛苦，此時仍要堅持是否「親自耕種」來判斷他的「親民」或是「負責」呢？又如堯這類聖君憂國憂民、替百姓著想，憂思之後建立了許多教化制度，是否仍要用「親自耕種與否」來評價他們呢？孟子肯定傳統制度的君、臣、民之間的所有人各司其職、各自負責的狀況，上位者多屬「勞心」不像一般民衆「勞力」而顯而易見。此制度下的君、臣、人皆負其責任，勞心與勞力並不相衝突，何必執著於農家所標榜的行爲呢？

陳相最後舉出許行「抑商」的理想，孟子並沒有認爲「抑商」這一發心是錯誤的，只是方法上與細節上不貼近於人情，而且有延伸的疑慮，孟子說：

> 「從許子之道，則市賈（價）不貳，國中無僞，雖使五尺之童適市莫之或欺。布帛長短同，則賈相若；麻縷絲絮輕重同，則賈相若；五穀多寡同，則賈相若；屨大小同，則賈相若。」曰：「夫物之不齊（貨物的品質好壞差距），物之情（本質之顯）也。或相倍蓰（五倍曰蓰），或相什伯（十倍百倍），或相千萬；子比而同之，是亂天下也。巨屨（粗鞋）小屨（細鞋）同賈，人豈爲之哉！從許子之道，相率而爲僞者也，惡能治國家？」

《孟子．滕文公上4》。陳相說：「若能按照許行的方式去做，那麼市場上的價格會均一，在國內就不會有商人欺詐的行爲了，雖然是小孩子去市場上買東西也不會受到欺騙。布帛只要長短相同，價錢就一樣；不論麻線細絲柔棉只要輕重相同，價錢就一樣；五穀只要數量相同，價錢就一樣；鞋子只要大小相同，價錢就一樣。」孟子說：「貨物品質的好壞，是可以從它的本質上來呈現的。有個會差距到五倍、十倍甚至是百倍、千萬倍。如果不考量細部本質的差異而全部將他們齊同，這樣會擾亂天下啊！粗鞋與細鞋不論大小都同價，誰會去做細緻的鞋子呢？若只是依照許行的方法，這反而率領天下的人來虛僞了，怎能治理國家呢？」

農家反對商人剝削是值得肯定的，但孟子認爲似乎太過度了。對於市場的交易、商人的售價是否公平等問題，農家堅持「同材質」的東西一定要「同價」來反對商人從中剝削，其用意甚好。但孟子認爲，各種原料本來就有不同的美好差異，如何齊一等同（例如都是木作的椅子，但有許多種類的木材）？即便同樣材質的東西製造出來的產品，也有精粗之分、細節與精緻……之差別（例如同樣品質黑檀木椅，也有不同工法），怎可能一味堅持「同價位」呢？如此價位均等，有誰會持續做出較細工、精緻的產品出來呢？農家這樣的對峙思想（反對商人剝削、不公平的價位）雖有其合理之處，但孟子認爲太過度，在許多細節方面是行不通的，認爲這樣的方式無法作爲治國的法則。[8]

總括來說，孟子除了站在儒家本位上來評論諸家，其中一個更深層的涵義，就是他肯定傳統制度是可行的，以及帶出可行的前提（道德）。例如孟子肯定君主階級制度而各司其職，且強調各階級的人必須都有道德性質的實踐。上位者愛民、行仁政，下位者爲上位者盡忠、守本分，這是孟子的理想世界。然而，在他刻意強調君主、上位者的道德責任、以身作則……等論說之後，我們就不能隨意批評孟子僅是一位君權主義的捍衛者；相反的，他是在「道德」這一項前提來支持傳統的君主制度，不然也不會說出：「聞誅一夫紂矣，未聞弒君也。」再延伸說，孟子肯定傳統制度下的「前提」（道德仁義、本心、仁政……）這一要點必須先理解之，因為這才是他真正要捍衛的價值。此價值前提下，其他學說若有破壞整個國家體制之疑慮卻提不出更好的價值核心，孟子當然反對了。

因此，從孟子的觀察與批評中可發現，孟子認為其他思想若有合理之處，多僅屬於一時的對峙而已，並不是提出完整、穩固的方法。從孟子的「道德教化」這一前提來說，雖然孟子贊成君主制度且同時重視「民本」，事實上是不相矛盾的。孟子明顯要求「上位者」較多，並依此突顯「人」（並非制度）才是最關鍵的問題根源。他強烈認為，不論是上位者、君主、大臣，還是下至平民百姓，都是「有能力」以道德內涵實踐自身責任的，孟子希望的，是君、臣、民同步的盡責與進步。因此即便有所謂的「君王」、「階級制度」……之類的內容，在道德這一前提下，將導致正向互動且促成穩固之發展。至於細節上的「勞心勞苦」、「親自耕作」……等相關內容，對孟子而言這只是「表面上」的對峙而已，是一種暫時的有效示範或帶動，若「僅」重視此方向，並無法根源地解決「人」這一問題。

第二節　觀察「人」與「人的心理狀態」

上小節的談論可發覺，孟子的觀察、討論至最終，總是導引出「人」這一問題根源。簡單的說，孟子認爲解決「人」的問題就幾乎解決了所有問題。而「人」本身的問題根源又在何處？孟子又認爲，解決「人」的問題就是得從上至下、從己至外，建立起道德世界。因此簡短的說，人的問題在於「道德」問題，若以圖示表示，則可簡化爲：

所有問題 —（問題根源）→ 人 —（問題根源）→ 道德

據此，不論是對其他學說的批評，還是針對國君所作的建議，當孟子提出一個問題並帶入他的觀察與鋪陳之後，總是導回他所重視的「問題根源」，也就是「人」身上。至於孟子又如何觀察「人」這一對象呢？爲何他認爲「人」的根源問題是「道德」呢？人爲何「可以完成道德呢」？

從孟子談論「人」的內涵中可以發現，他對「人」的觀察視角相當細膩，而且是有「選擇性」的（例如他論「性善」是選擇人「善」的面向來觀察）。但即便是「選擇性」的觀察，卻也難說孟子這樣的觀察是錯誤的。甚者，在一些談論中，我們可以說孟子使用了不嚴謹的類比或比喻，且涉及所謂的「預設」或是「獨斷」。但是，在此書第一章已稍作建議，對孟子思想的理解模式中，我將試著只問「孟子這樣說的合理成分至何處」、「我們是否可以學習這些內涵」，而不專挑孟子的語病或不嚴謹的地方來反駁。據此立場，我才能從「孟子的立場」來完整表達他所要說的深意。於此，則先引一段孟子重要的談論，來作爲此節的談論導引：

至於心，獨無所同然乎？心之所同然者，何也？謂理也，義也；聖人先得我心之所同然耳！故理義之悅我心，猶芻豢之悅我口。

《孟子．告子上7》。難道「心」就沒有共同的喜好嗎？「心」所共同喜好的是什麼？是理、是義；聖人只是先理解我們內心的共同喜好，而實踐之而已。因此，義理內涵愉悅我心，就猶如牛羊犬豬之肉愉悅我口一樣。

上述之文乃屬某種「類比」與「比喻」的方式來述說「義理」、「道德」乃人心所共同喜好，呈現出孟子對「人心」或「心理」的某種觀察。當代對於人的道德發展之觀察，亦時常從心理層面來分析、討論，且頗爲細膩。孟子曾提及的「是非之心」、「羞惡之心」，在當代語辭看來雖不難理解，卻也可細分至更微小的差別；例如「羞恥心」與「罪惡感」的差別是可被談論的。[9]而孟子曾提及的「不忍人之心」，若一般的解讀可視爲某種「同情心」，但在當代的對道德發展的心理學的談論中，又可涉及所謂「自我憂慮而轉化爲幫助他人的反應」。[10]此外，亦有分年齡各層來分析整個道德發展過程……等，此部分將於此書第四章稍作談論。

雖然孟子的思想沒有如當代（道德）心理學內涵那樣的細膩結構，卻也點出類似的狀況。而孟子「觀察人與人心」之後的主要述說，乃回歸於所謂的「四端之心」與「性善」；在他的觀察視角下所呈現的談論，其實也展現出一定的細膩度。此節我想分兩個方面來談論，第一方向的幾個問題是：孟子的觀察視角是什麼？是純粹在經驗上的觀察嗎？還是觀察後孟子有自身體驗後的論斷？此論斷是否穩固？而這些觀察是否是「選擇性」的？第二方向是，孟子所觀察到的人的心（理）方面究竟反映那些事實，那些是涉及他所認定的「善惡」？

一、孟子觀察視角的簡單列舉

此小節主要談論孟子對問題根源——「人」，與「人的問題根源」——「道德」的相關觀察內容，此兩方面時常被孟子結合在一起談，也是孟子思想中最大的問題意識之一。簡單的說，就是如何說服「人」（不管是國君還是平民）去實踐「道德」。而孟子的說服，並非是建構理論後的命令式說服，而是自我深刻認同的自我說服。就一儒者而言，並不會強迫你去做「你能力做不到」的事情，而是，他希望你去實踐你「能」做到的事情，即便該事情很困難。

孟子對「人」的觀察中，有些是經驗上可理解的簡單觀察，但孟子總是在此種簡單的事情中說出他要的重點；例如：

孟子曰：「富歲子弟多賴，凶歲子弟多暴；非天降才爾殊也，其所以陷溺其心者然也。」

《孟子．告子上7》。孟子說：「豐收年時候的人多是怠惰懶逸的，歉收荒年時候的人大多殘暴。這不是天生的才能不同所導致，而是環境因素導致自我將內心陷溺其中而變壞的。」

民之歸仁也，猶水之就下，獸之走壙（ㄎㄨㄤˋ）（原野）也。

《孟子．離婁上9》。人民歸向於仁德之情況，就猶如水向低處流動、野獸傾向於曠野一樣。

上述第一引文，道出一般人在逆境中的狀態，也點出孟子最重視的層面：每個人是否都因外在因素而陷溺、變壞？孟子則點出這種「變壞與否」是「自我決定」的，然而大多數人卻難以克服。而第二引文，是孟子對當時局勢觀察，向國君呈現「人心之所向」爲何。

上述兩引文的細節此處暫時不談，例如可涉及「意志」（自我決定要不要懶散、或是暴戾）、「道德直覺」（直覺上嚮往仁政、和平）……等相關意義；此將於後文詳述。此先從這些簡單觀察與敘述中，點出孟子主要的關懷仍在於道德方面。爲了有著更有力之說服，孟子也在經驗觀察下道出更細膩處的內涵，且自然延伸到「內心」狀況來陳述：

魚，我所欲也；熊掌，亦我所欲也。二者不可得兼，舍魚而取熊掌者也。生，亦我所欲也；

義，亦我所欲也；二者不可得兼，**舍生而取義者也**……。

《孟子．告子上10》。孟子說：「魚（相較來說較平常），是我想吃的；熊掌（相較來說較珍貴），也是我想吃的。當兩樣不能同時得到，只好捨棄魚而吃熊掌了。生存下去，是我想要的；義理，也是我想要的。當兩樣不能同時兼顧，我就捨棄生存而成就義理……。」

生亦我所欲，所欲有甚於生者，故不為苟得（不應得而得）也。死亦我所惡，所惡有甚於死者，故患有所不辟（逃避）也。如使人之所欲莫甚於生，則凡可以得生者，何不用也！使人之所惡莫甚於死者，則凡可以辟患者，何不為也！由是則生，而有不用也（有的人卻不用）；由是則可以辟患，而有不為也。是故，所欲有甚於生者，所惡有甚於死者。非獨賢者有是心也，人皆有之，賢者能勿喪耳……。」

《孟子．告子上10》。生存下去，是我所想要的，而我所想要的內涵中有比生存下去還想要的，所以我不會去做苟且偷生的事情。死亡是我厭惡的，而我所厭惡的內涵中有比死亡還要厭惡的，因此有禍患將亡我也不會去逃避。如果一個人所想要的，沒有超過生命的話，那麼凡是可以活下去的方法，哪有不用的呢！如果一個人所厭惡的，沒有超過死亡的話，那麼凡是可以逃避禍患的，有什麼不去做呢！這樣就可以活下去，但有的人卻不用；這樣做可以逃避禍患，但有的人卻不做。因此，人是有比生命還要重視的內涵，也有比死亡還要厭惡的內容。而這樣的「心」，並非只有賢者才有，是每個人都有的，只是賢能的人保持這種「心」不丟失而已……。

在一定的經驗觀察之後，孟子試圖呈現出「某種心」是人人皆有的，不管是愛好生或死，卻有著某種超越生死的價值可被彰顯。孟子立論的巧妙處在於，他一開始是從類似經驗上的事實來推導、鋪陳他所要表達的重點，而且這些經驗事實都是合理的。的確，在許多歷史經驗甚至是我們所能夠接觸的人，曾發生過「寧死不屈」、「犧牲自己」這類事實，也發生過「不擇手段的求生存」之舉。對於「犧牲自己」這種狀況對一般人而言，或許僅止於欽佩、當故事聽……等，很難去理解爲何他能如此，而我是否能同樣如此？某些人所重視的內涵超越「生死」，是確實發生的事實被點出之後，孟子的觀察則再往內部延伸；除了點出有人認定的價值是超越一般人所重視的「生死」之外，更說明這種價值認定的內在——「心」是人人所共有的，只是賢能的人，把這種「心」保持而不丟失。

我們能否說孟子似乎「以偏概全」了？孟子是否使用少數的特例來說明所有人？單純從邏輯上的思考來說當然是如此。但，此類語言使用，其實我在第一章已經說過該如何理解孟子的用意。亦即，當某一個「事實」可以被確定之時，孟子不是說「每個人都『會』做到」，而是試圖說「每個人都『可以』做到」。而如何說清楚每個人都「『可以』做到」的理由與根據，則得從孟子更細膩的觀察與談論「內心」來呈現了，此涉及所謂的「意志」與「性善論述」；將在下一章敘述。

而從上述種種可知，孟子不論觀察什麼，均偏向且試圖導回道德問題，既然這種「道德可達成的問題」本來就是他的重視之處，然而，他將如何論述且說服他人呢？個人認爲，孟子對於某些現象的觀察，時常以「類推」的方式來陳述某種合理之處以提醒我們，例如：

> **故凡同類者，舉（皆）相似也，何獨至於人（此指對人性的看法）而疑之！聖人與我同類者。**故龍子（古代賢人）曰：「不知足（不知道腳的大小）而爲屨（草鞋），我知其不爲蕢（此指雖然不知道腳的大小做草鞋，但不至於會做成草筐）也！」屨之相似，天下之足同（形狀皆相似）也。口之於味，有同耆（嗜）也，易牙先得我口之所耆者也；如使口之於味也，其性與人殊，若犬馬之與我不同類也，則天下何耆皆從易牙之於味也？至於味，天下期於易牙，是天下之口相似也。惟耳亦然。至於聲，天下期於師曠（晉平公樂師，善音樂），是天下之耳相似也。惟目亦然，至於子都（古之美男子），天下莫不知其姣（美也）也；不知子都之姣者，無目者也。故曰：口之於味也，有同耆焉；耳之於聲也，有同聽焉；目之於色也，有同美焉。**至於心，獨無所同然乎？心之所同然者，何也？謂理也，義也；聖人先得我心之所同然耳！**故理義之悅我心，猶芻豢之悅我口。

《孟子．告子上7》。所以凡是同類的，皆相似，爲什麼對於人性的看法會有所懷疑呢？所以龍子曾說：「雖然不知道腳的大小就去做草鞋，但我知道他絕對不會做出草筐！」口對於滋味，有同樣的嗜好傾向，因此易牙是先得到我們口味嗜好的那種人；如果口對於滋味，我們自己的天性喜好跟他人都不一樣，就像跟犬馬那樣的不一樣，那麼天下人爲何都喜歡易牙烹煮的滋味呢？滋味，天下人期待吃到易牙煮的東西，是因爲天下人的口味有相似之傾向。耳朵也是如此，我們對於聲音，天下人都期待聽到師曠所奏的音樂，這是天下人耳朵喜好相似。眼睛也是如此，對於子都，天下人沒有不知道他的俊美，不知道子都俊美，簡直是沒眼睛的人。所以說，口對於滋味，有同樣的嗜好；耳對於聲音，有同樣的嗜好；眼睛對於美色，有同樣的嗜好。至於心，難道就獨獨沒有相同的地方嗎？心所共同嗜好者是什麼？是「理義」而已；而聖人是先得到我們內心的共同認同（義理）而實踐給我們理解而已。而這種「理義」之愉悅我們的內心，就好像牛羊犬豬之類的食物愉悅我們的口一樣。

上述引文孟子從感官上的偏好來說明，人類有著一定方向的共同性質，例如喜歡聽好聽的聲音、喜歡吃好吃的食物、喜歡欣賞美好的美色……等。而孟子認爲，同樣是人，有生理感官上的共同喜好與傾向，「內心」難道沒有共同喜好嗎？孟子認爲當然有，就是所謂的「義理」。孟子認爲只要是人，都有著共同的價值理想。這種偏向道德直覺上的論述，說服力雖然較薄弱，卻是難以否定的事實。

然而，對於「人」有關「道德」的描述，只有類似直覺上對道德的認同是不夠的，因爲我們本來就會認同「世界和平」、「人與人誠信」、「不要欺騙他人」……這種「義理」內涵及其理想狀況，且投射在人格或社會狀態……等。據此，孟子在許多觀察中先肯定我們有共同的道德直覺與理想之外，接下來最重要的，就是直接切入道德的實踐可能以及如何實踐。此方面已接近孟子思想的核心，也涉及「意志」與「意志發動之前」的自我內心狀態的相關述說。

二、觀察人的心理素質——「意志」與「意志發動之前」

在談論孟子的細部觀察之前，我想先以兩個引文來做導引，簡稱引文Q1、Q2。此目的是想讓讀者們思考，不管讀者們之前「學習過」或是「開顯過」多少次有關道德內涵的事實，對於下引文是否有所謂「直覺上認同」或是「判斷上認同」：

Q1：有個嬰兒在地上爬行，前面有圖釘，此時你毫不猶豫地把他抱起來，不忍心讓他受到傷害。而且，你這樣保護他，不是因爲想要受到稱讚、不是因爲沒保護他而遭受責罵、想跟那嬰兒的父母結交爲朋友……等。當下沒有任何其他想法，也沒有透過意志操作來讓你沒有那些想法，當下的心就是這樣的純粹。

上述引文，可說明幾個有關道德方面的內涵，一是關於道德上的直覺認同，也就是我們不必經過很嚴謹的思考，就能夠認同上述的這一種道德行爲。二是，上述可以提醒我們的「道德行爲的開端」（心）可能是某種「意志操作之前」的自然反應。此外，上述Q1現象若延伸到其他更多元的情境，而且是較爲特殊的狀況時，又有哪些內涵可體認？如下例：

Q2：你是個幼稚園老師。某天，不幸的，園區著火，火場中有許多小孩還困在裡面，你是毫不猶豫的衝進火場救人？還是⑴思考過、⑵判斷過、⑶操作意志之後，才衝進火場救人？或者評估之後選擇不救？

上述Q2引文可知，許多道德行爲不一定像Q1那樣自然的實踐出來，或許情況複雜而須有更多的自我能力的判斷、局勢判斷或評估……等。但不論何種思維評估，在許多道德行爲中，上述的⑴、⑵、⑶都是很重要而且很可能存在的過程，而且我們可以列舉更多其他的可能細節。上述Q2只是暫時的舉出3個可能，來作爲下文的論述導引。

之前曾談論過，孟子從經驗上的觀察以說明人對於道德有著共通的傾向，而且涉及內心層面與直覺判斷。然而，我們僅有道德上的直覺判斷是不夠的，孟子也知曉此點，因此在許多的觀察論述中，孟子多次強調有關上述⑴、⑵、⑶的相關內涵，但不一定是明顯的標舉出來，例如下引文，我們可以透過上文的Q1與Q2所導出的延伸想法之後（例如道德直覺、意志、判斷……等內容），再來解讀下文：

孟子曰：「飢者甘食，渴者甘飲；是未得飲食之正也，飢渴害之也。豈惟口腹有飢渴之害，人心亦皆有害。人能無以飢渴之害爲心害，則不及人不爲憂矣。」

《孟子．盡心上27》。孟子說：「飢餓的人覺得什麼都好吃，口渴的人覺得什麼都好喝；這是特殊狀

> 況下而無法得到正常飲食的狀況，是飢渴過度以至於害了他。難道人只有飢渴之害？其實人的內心也有類似的情況。人的『內心』要是沒有那種類似飢渴之害來傷害自己的心，那麼即使比不上人家（此指外在富貴……等狀況）也不至於憂愁了。」

上述孟子的論述有兩方面重點，一是認爲「外在」（富貴、名利……等）並非一切，「內在」才是重要，此可從簡單的道德直覺上之判斷就能夠認同之。二是涉及所謂「心」的「判斷」與「意志」之相關內涵。孟子認爲，餓過頭的人覺得什麼都好吃，太過口渴的人覺得有得喝就行。不只是生理方面如此，「心」的處境也可能是這樣的。例如某人在一堆惡人面前，或許只要稍微做些好的發心、稍微好的事情就很突出了；又或者，身處在某個只講利益而且常騙人的環境中，別人只要稍微的「不騙你」，你可能就覺得很滿足了。諸如此類都是「心」在惡劣環境中所受到影響的事實，也是孟子提醒我們需要注意的細節：不要把很低的標準當作正常，人很多時候選擇了低標準，可能是特殊情況或是環境所逼而無法選擇。回到道德層面來說，當我們內心總是處於「飢不擇食」這種狀況，是否會一樣的減低標準去行事呢？當然孟子認爲可能會，因此，他才會叮嚀說「人能無以飢渴之害爲心害」就可以避免很多問題了。

上述的談論又涉及道德上的另一個重要議題，白話地說，就是「在眾多環境中你的『選擇』是什麼」？此涉及之前曾說過的：「富歲子弟多賴，凶歲子弟多暴。」孟子不以「必然」而是說「大多的人」，則表示即便在「飢不擇食」這類逆境中，我們仍舊可以「自我決定」不要陷於較負面的思慮與作爲。而導讀至此處，應能將「意志」的這一內涵明顯點出了。

於此，我們先回到先秦儒家來大略觀看。其實孔子、孟子、荀子三人，都強調「意志」（will）的重要性。先秦儒者普遍認爲「意志」是自由的（free will），甚至強調此種意志自由的不可撼動性，而此「意志自由」通常指涉行爲（包含內心）的自由力（the power of act freely），且在儒家經典中時常以涉及「心」之「相關語辭」來稱之。例如孔子論述：「我『欲』仁，斯仁至矣。」（《論語．述而》）、「三軍可奪帥也，匹夫不可奪志也。」（《論語．子罕》）時，點出涉及「心」的內涵「欲」（自由意志所決定的：我想要……），把行善、行仁的責任完全說在我們自身身上，此乃確定「可以行善」、「行善來自自我之意志與決定」；並帶出這種心之決定或志向全然掌握在自我，而他人是無法奪取或撼動的。而孟子也曾以「心之官則思，思則得之，不思則不得也。」（《孟子．告子上15》）來強調意志自我要求與思考的重要性。荀子也強調：「心者，形之君（主導、主宰者）也，而神明之主也，出令而無所受令（發出命令而不接受形體的命令）。」（《荀子．解蔽》）來道出「心」作爲「主宰」發出命令的樞紐定位。

而孟子的思想特色在於，除了強調「心」的主宰功能與思考功能之外，更強調此「心」還有一種「非意志操作」、「非思考而後有」的自然流露、展現狀態（可參見上文的Q1），而且是偏向「道德」或是「善」的方面，這方面的強調可說來自於孟子的（選擇性）觀察。在孟子使用的專詞中，或以「本心」、「良能」、「良知」……等語辭來形述。當代前輩學者如勞思光先生則以「道德自覺」來形述之、[11]牟宗三先生則以「智的直覺」來陳述。[12]雖然當代西方學者有針對「自由意志」或是「意志意識」提出懷疑或是反省，但在古代儒者來說，是不曾懷疑「意志自由」、「人擁有自由意志」的。肯定人擁有這種自我判斷、內心操作的能力，實相當符合我們的體認，因此此書所談的「自由意志」或是「意志自由」則不採取反省或是懷疑的視角來對應。

有關此種「自由意志」在孟子思想中相當重要，雖然他最著名的學說是「性善」、「四端」等論述，然而對於「意志」層面不可能不強調。他所談論的「志」、「持」、「操」、「思」、「求」、「盡」……等關鍵字，都可涉及自我意志上的操作問題，且與儒者後續的「實踐」課題密切相關。與孟子不同的荀子，雖然宣說「性惡」論，然而對「心」這一意志層面的強調也居於樞紐地位。當他點出「心居中虛，以治五官。」（《荀子．天論》）之時，也透露出他對人心理素質的觀察要點，乃特別重視「自我意志」所能決定與選擇的這一重要主宰能力。

總括來說，有關「意志」之談論，若回溯則可談論一個人內在心理的「發動處」爲何，下可說明此意志「發動之後」而影響一個人實踐（尤其是道德實踐）與否。據此，我將導引讀者們先認識孟子對「心」的觀察，究竟是如何說出「意志」與「意志之根源」這兩方面的內容。當然，我這裡的區分是方法上的，並不是說「意志之後」與「意志之根源」是可以割裂的。在孟子的思想中，「意志」發動「之後」與「之前」，其實都根源於自我（之性善）的。至於意志層面與實踐的詳細結合，我將在下一章論述「從心論性的『性善論』」時詳細談論之，此節則先談論孟子論述「意志之前後」的相關論述。

(一)意志可操控的內容

孟子曾經有一句看似不起眼的話，所談論的內涵，充滿了實踐修己的深層意義以及巧妙的導引方法：

孟子曰：「西子（西施）蒙（遭受）不潔，則人皆掩鼻而過之。雖有惡人，齊戒沐浴，則可以祀上帝。」

《孟子．離婁下25》。孟子說：「美女西施若身上沾染了不乾淨的東西，他人也是會掩鼻而避開她。反過來說的話，如果有一個相貌醜惡的人，只要齋戒沐浴屏除心中的邪念私欲，就可以去祭祀上天。」

上述，可知道所謂的「外表」不是重要，而是在於「內心」；這是對「人」觀察上的一種分層次講法。即便美女西施若「不潔」，一般人還是會無法接受而「掩鼻」。相反的，若是一個「醜惡之人」肯調整自我，齋戒沐浴而端正禮儀，同樣可以參與祭典而祭祀上天。此說法的主要用意在於「調整自我與否」，也就是「修己」的重要性。若談到「修己」，最基本的就是，自我是否有某種責任感與自我要求，這當然可涉及「意志」層面，也就是「我到底『要不要』自我修整」、「我要不要進步的這一項『自我決定』」，孟子曾說：

孟子曰：「待文王而後興者，凡民也。若夫豪傑之士，雖無文王猶興。」

《孟子・盡心上10》。孟子說：「等待文王的教化才奮發向上的，是一般的民眾；而才智出眾的豪傑之士，即使沒有文王的教化勸勉，也能自身振作奮發。」

曰：「不爲者與不能者之形何以異？」曰：「挾太山以超北海，語人曰：『我不能。』是誠不能也。爲長者折枝語人曰：『我不能。』是不爲也，非不能也。故王之不王，非挾太山以超北海之類也；王之不王，是折枝之類也。」

《孟子・梁惠王上7》。齊宣王問說：「『不爲』跟『不能』的情形有什麼不一樣的？」孟子說：「背著泰山跳過北海，告訴他人說：『我不能做到。』這是眞的不能做到。而只替長者折一根樹枝，卻告訴他人：『我做不到。』這就是『不爲』，而不是『無法做到』。因此王您無法施行仁政而王天下，並不是像背泰山跳過北海那種『做不到』的事情；王您無法王天下，是像折樹枝那種『不去做』的。」

孟子曰：「富歲子弟多賴，凶歲子弟多暴；非天降才爾殊也，其所以陷溺其心者然也。」

《孟子・告子上7》。孟子說：「豐收年時候的人多是怠惰懶逸的，歉收荒年時候的人大多殘暴。這不是天生的才能不同所導致，而是環境因素導致自我將內心陷溺其中而變壞的。」

上述第一引文是孟子對「凡民」與「豪傑」之間評價的細微談論，孟子不從「凡民」與「豪傑」的這一「後來成果」作爲敘述主軸，而是將「凡民與豪傑」的「之所以差異處之原因」點出，此即「是不是自我決定奮起」而已。甚至我們可以延伸說，有聖王（如周文王）引導人民的時候，人民A是否要追隨聖王的教導，也端看A「願不願意接受教導而實踐」的種種「自我決定」；此乃引文中細微的重要之處，也關聯於「意志」。上述第二引文，則點出人「可以做卻不願意做」的事實，同樣涉及自我意志的決定。孟子就是從此關鍵點來勸諫君王是「有能力且可以實行仁政」的，猶如每個人都是「有能力且可以實踐道德的」說法一樣，端看你願不願意而已。此自然扣合第三引文所表示的，在豐收年時子弟「多賴」而荒年時子弟「多暴」；務必注意的是，孟子是說「多」而不是「必然」。於此可知環境對人的影響雖有，但孟子特意提醒我們有「非必然（變壞）」之狀態，因爲人可以透自我要求（意志），而不流於「賴」或「暴」。此涉及自我意志的決定作爲，其實在孔子當時都曾強調過；記載有云：

> 在陳絕糧。從者病，莫能興（起）。子路慍見曰：「君子亦有窮乎？」子曰：「君子固窮；小人窮斯濫（氾濫，指言行放肆）矣。」

《論語．衛靈公》。在陳國絕糧，跟隨孔子的人生病而無法起行。子路埋怨地說：「君子也會如此困窘狼狽嗎？」孔子說：「君子當然會困窘狼狽；而那小人，在此情境往往言行放肆了！」

譬如爲山，未成一簣；止，**吾止也**！譬如平地，雖覆一簣；進，**吾往也**！

《論語．子罕》。譬如堆一座山，只差一竹筐就完成了；而停止，是我自己要停止的啊！譬如平地，雖然只倒了一筐；但繼續，是我自己要繼續的啊！

爲仁由己，而由人乎哉？

《論語．顏淵》。實踐「仁」，是來自於自我，哪是因爲別人才來實踐的呢？

上述第一引文之解讀，可從孔子勸勉子路要持守「君子」風範，即便在逆境中仍堅持應有的作爲。而更重要的，也透露出「爲何能堅持」的這一「意志」問題，而且後兩引文皆涉及之，雖然孔子沒有明顯的用「意志」這一字詞。這種強調意志自我決定的內涵，在荀子思想中也相當重視，曾說：

然而人有從（縱，放逸；此指放棄）生成死者，非不欲生而欲死也，不可以生而可以死也。故，**欲過之而動不及**（**欲望強烈但實際作爲並沒有跟上**），**心止之也**（**是心決定要自我節制、停止的**）。

《荀子．正名》。若有人放棄生存而選擇死亡，並不是因爲他不想活而想死，是因爲不可以活下去而必須選擇死亡。因此，有時候欲望強烈但實際作爲卻沒有跟上，因爲是「心」的決定而阻止該行爲的。

心者，形之君（主導、主宰者）也，而神明之主也，出令而無所受令。自禁（約束）也，自使（軀使）也，自奪（裁奪）也，自取（求取）也，自行（行動）也，自止（休止）也。故，口可劫而使墨（默）云，形可劫而使詘申（屈伸），心不可劫而使易意；是之則受，非之則辭。

《荀子．解蔽》。「心」，是各形體器官的主宰，是精神的主導，只發出命令而不接受命令。心是可以自我禁止，自我驅使，自我裁奪，自我求取，自我行動，自我停止。因此，嘴巴可以自我強制而使自己不說話，形體可以自我強制而是其彎曲舒展，但是心卻不能強制使它改變。它認爲對的就接受，認爲錯的就拒絕。

從上述可知，儒家基本立場是肯定「自由意志」且強調其中的決定能力的，而且認爲是不言而喻的。而人有此「自由意志」，是「道德發露」至「實際實踐」「過程中」的重大樞紐之一。此種自我決定的「能力」究竟「根源」於何處；孟子曾補充說是來自於「天」所賦予：

耳目之官不思而蔽於物，物交物，則引之而已矣。**心之官則思，思則得之，不思則不得也。此天之所與我者**，先立乎其大者，則其小者不能奪也：此爲大人而已矣。

《孟子．告子上15》。耳目此類感官是無法思考的，因此容易受到外在事物之蒙蔽牽引；這樣的耳目感官與他物交流，則容易受到牽引。而「心」這個器官是可以思考的，只要思考就知道我們本然的性善，不去思考體驗就無所得。這種能力是天賜與我們的，如果我們先確立大體（心）的方向，那麼小體（耳目感官）的喜好就無法奪取「心」這一主宰了；而這就是成爲「大人」的狀況。

其實孟子對於「本來內存」的相關談論不僅上述而已，上文僅是指出，孟子曾把「心」這一「思考作用」的「來源」逆推而說「這是天賜予我們的」。至於孟子的「天」與「天賜予」的相關抽象層面涵義，後章將有詳細討論。於此導讀之用意在於說明「意志」這一根源實來自「自我」，且孟子更導回於「天」來解釋之。既然我們有「自我決定」這一「能力」去追求自我的內在價值（性善或是本心），而且是天生即有的，孟子再透過巧妙的談論，來說明行善是一種追求自我「本已具存」之道德：

孟子曰：「求則得之，舍則失之。是求有益於得也，**求在我者也**（所求的內容本來的自我就擁有，此指仁義之相關內容）。求之有道，得之有命；是求無益於得也（這種「求」是無益於獲得之保證），求在外者也（因爲是求自身沒有的東西，當然不保證能擁有）。」

《孟子．盡心上3》。孟子說：「『求』就能得到，『捨棄』就會失去。若是『求』就能得到，那所求的東西就是我們本來就有的。而那些『求』有方法，但得到卻有著命運等不確定因素來決定，這種對象的獲得，雖然『求』仍無法保證能獲得，是因爲所『求』的是外在的東西，而不是本我們自身就有的東西。」

試想，若自我要求對某件事情認眞、恭敬，此時就能夠得到此種心態與實踐（不管持續時間多長，我們就是能夠「當下」擁有），這樣的「求」當然不靠運氣、命運，只要我們「眞的如此發心」就能夠得到。孟子認爲有關「仁義禮智」這些內涵只要「自求」就會有，正因爲「我們本來就有」；相反的，那些功名富貴等「我們本來沒有」的外在事物，雖然有「求的方法」，但是否眞能得到還得靠運氣、機會……等不確定的因素。據此來說，「意志」自我要求「我們本來就有的內涵」以至開顯落實，不是每個人都可以達到的（道德）嗎？只要你願意的話就可以！據此，若反過來說，若是「不求」，也是「自己決定不要」的，孟子說：

言非（詆毀）禮義，謂之自暴也；吾身不能居仁由義（認爲自己無法處仁行義），謂之自棄也。

《孟子．離婁上10》。言論詆毀禮義之道，叫做自我傷害；認爲自己無法實踐仁義，這叫做自我放棄。

總括來說，孟子從經驗上觀察人的行爲事實中，點出涉及道德內容中的「意志決定」是一項重要的樞紐；但即便如此，我們或許會問，難道我們只是靠「意志」來行爲嗎？仔細思考的話，若我們「只有意志決定」來實踐道德行爲，或許可能只是一種「抑制」負面情緒或是「強迫」自我來實踐道德，甚至是某種不情願的實踐；孟子當然不認爲實踐道德都是如此情境。孟子只是說，「意志」是在道德實踐中，一個很常（或說極可能）使用的決斷過程，但不是絕對的，這也不是道德實踐的全部。延伸來說，我們當然也有「非僅僅依靠意志」而實踐出來的道德行爲。孟子採取的是一種雙面提醒，一是，我們可靜態地體驗自我「意志決定之前」的那種道德感受與發端，而且也可能自然實踐而不需要刻意去「決定」；另一是，在遇到「需要意志決定」的時候，我們的選擇是自由的、決定權在己。而這兩者唯一的共通點是——「都來自於自我」。因此下小節，則談論另一面向的自我，此即「意志決定之前」的自我。

(二)意志之前的自我

上小節強調的是「意志」可自我做出選擇而進行實踐、行善，也是孟子相當重視的「心之作用」，而且把這種「意志」的發動導回「自我」。而此「自我」既然可「發動」某種「心」去實踐而產生所謂的「善或道德的實現」，那麼，一切「善」的發顯都「僅」來自「意志」決定而後有嗎？從「意志上操作」而達到行善的事實，但究竟此「意志之來源」爲何？當然是「自己」；然則，我們只有這種「動態性的操作」或「主宰性質強烈」的「心」而已嗎？在日常生活中，我們反思自我，是否「僅有」動態地操作意志、選擇、決定的這種「心」嗎？孟子認爲，我們還有一個「本心」，而論述「本心」的內涵，其方向就不是像「意志」那樣充滿自我之「選擇性、主宰性」之強調，而是指出一種我們「內存」己身的「本有（善）」之自然流露，而且這種「內存」的體認，「可」來自於「非」靠意志操作的過程，是一種自覺的開顯。

暫不以孟子的原文來說，用日常生活的例子來體驗則可以是：

A：沒有透過意志操作；某時刻，我很自然地知道某件事情是我錯了……。

B：沒有透過意志操作；看到新聞報導某件悲劇，我自然生出同情心……。

C：上一秒都未接觸任何道德經典或是相關勸說……，但下一秒卻良心發現……。

上述A、B、C這種「內心」之開顯，在日常生活中是可以體認且經驗到的。孟子認爲這類內涵，皆是從「己身」出來的，是「從內而外」的。而這樣的「細微端倪」被孟子觀察到之後，便成爲他述說「性善」的關鍵處之一。再者，這樣的「開顯之根源」，孟子曾說這是「天」賜與我們的能力，而且不會流失，頂多僅是（被蒙蔽）「不發用」而已。當然孟子解釋「（善）不發用」時，他認爲這是自己意志決定不去發用擴充的。據此，從孟子的視角來說，「道德行爲」與「非道德行爲」的種種可能，簡化的說將是：

D：「內心開顯」之後順暢地、自然地去實踐道德行爲。

E：「內心開顯」之後，遇到猶豫、困難……等，然而卻「意志決定」之後去實踐道德行爲。

F：「內心開顯」之後，遇到猶豫、困難……等，而「意志決定」成全自我私欲，去實踐非道德行爲或行惡。

G………之前未詳。此時「意志決定」排除自我之私欲，去實踐非道德行爲。

H………之前未詳。此時「意志決定」成全自我之私欲，去實踐非道德行爲。

上述的D是孟子述說性善論的主軸，而E則是一項補充說明，且時常出現。至於F、G、H的內容孟子並不否認，然卻可在「意志決定」這一關卡中做出選擇而回到E，甚至熟稔之後，可回歸至D。而孟子論述狀況D時，認爲「內心開顯」（善端）來自於自我，而此根源內涵是「善」的；據此，以下將分爲兩個小節簡單說明此「意志發動之前」的「自我」，孟子是如何陳述的，且如何與下章將談論的「性善論」做出連結。

1.「不動」（不失）而內存

此標題所說的「不動」，與第四章第二節中所要談論的「不動心」是不一樣的。此處是針對此「本」（基礎）的內存來說「不動」，也就是不論環境如何影響一個人，孟子仍舊認爲「本來的內存性善」是不會變的、是不動的、不會消失的；孟子曾經說：

孟子曰：「廣土眾民（大諸侯之國），君子欲之（想要有這種安定的狀態），所樂不存焉（樂見其成但志向不在此）。中天下而立（指王天下），定四海之民，君子樂之，所性不存焉（所稟受的本性也不在此方面）。**君子所性，雖大行不加焉，雖窮居不損焉，分定故也（因爲所稟受的性分是固定不可移的）**。君子所性（所稟受的天性本性），仁義禮智根於心；其生色（表露出來的氣象）也，睟然（潤澤的樣子）見於面，盎（茂盛）於背，施（延伸）於四體（四肢手足），四體不言而喻（指君子四肢手足雖無法言語，但君子之動皆合乎天性之善，不待言說）。」

《孟子．盡心上21》。孟子說：「廣大的土地與衆多人民，是君子想要的安定狀態，但君子的志向不在此。王天下、居安定四海之民，君子樂此，但他所承受的本性不是在這方面發展。君子所稟受的本性，雖然德政實施於天下也不會增加，雖然局勢困窮也不會損害，因爲他所稟受的性分是固定不移的。君子所稟受的本性，是從仁義禮智這些道德行爲根源於『心』的狀況中可體驗之；而他所表露出來的氣象，清和潤澤地顯表於面目上，茂盛地展露在背後，延伸在他的四肢上，不待他四肢言語表現而可體認之。」

上述，孟子說明君子承受某種「本性」；此種「本性」的事實如何說呢？孟子點出，體認道德（仁義禮智）這些內涵根源於我們的內心時，就可進一步體認這樣的「善」之本性的確內存己身。因此，一般人羨慕的諸多事情，例如廣大土地、王天下這種局面，君子雖樂見其成，卻不以這類的「狀態結果」作爲他唯一的志向，而是反溯自己的道德根本，然後去實踐應做之事。

另一方面，孟子補充說，這種「性分」（性的內涵質分）不會因爲時局安好或困窘，而絲毫有損。換句話說，我們所稟受的「性」，是不會因外在因素而有絲毫增減的，總是存在著的。

這是孟子對於「自我」的觀察推至最根源的述說了。他的意思是，有某一種內涵我們本身就有，任何外在因素也無法撼動它的存在。另一方面孟子再強調，這種存在或許會因外在因素而影響「開顯」與否，但不是「都不會開顯出來」。而且，這種內存事實，在所謂的「意志操作」之前就早已存在。當然，這會留下一個小問題，那就是「意志」的定位究竟如何處理呢？孟子認爲，「心」的自我決定力是「可以」促成道德行爲的。更徹底的說，孟子認爲我們本有此道德內涵，就將這種善端自然流露即可，「意志」通常是用在克制欲望、主宰自我以避免道德善端開顯「之後」所遭遇的種種困難或誘惑。有關孟子對此種「意志」之簡單述說，下小節將接續簡述。

2.「發端」後順行，若遇障礙則以動態心（意志）輔助之

孟子認爲，意志發動之前的自我，本存有著道德種子，它是確實存在的，問題在於如何安養、培育、落實而不傷害它、不被蒙蔽。孟子曾用「牛山之木」來作比喻，說明這種「善端」本內存己身，且配合「意志操作」來決定此「內存」的開顯與否；他曾說：

> 孟子曰：「牛山之木嘗（曾）美矣；以其郊於大國也，斧斤伐之，可以爲美乎？是其日夜之所息（生息），雨露之所潤，非無萌櫱ㄋㄧㄝˋ（枝芽）之生焉；牛羊又從而牧之，是以若彼濯濯

（光禿禿的樣子）也；人見其濯濯也，以爲未嘗有材焉，此豈山之性也哉？雖存乎人者，豈無仁義之心哉？其所以放其良心者，亦猶斧斤之於木也。旦旦而伐之，可以爲美乎？……。人見其禽獸也，而以爲未嘗有才（本然美好的材質，指性善之能力）焉者，是豈人之情（本然的情性）也哉？故苟得其養，無物不長；苟失其養，無物不消。孔子曰：『操則存（把握住就可存有），舍則亡（放棄就會亡失）；出入無時（進出沒有固定的時間可循），莫知其鄉（也不知道它的去向）。』惟心之謂與！」

《孟子．告子上8》。孟子說：「牛山上的樹木曾經是很茂盛的，因爲在大國的郊外，而且人人拿著斧頭去砍伐，還能夠樹木茂盛嗎？山上日夜交替之生息，雨水滋潤，並不是沒有新芽長出，但牛羊又在那放牧，因此還是呈現光禿禿而無樹木的樣子，而人看到這座山光禿禿的樣子，以爲這座山從沒有生長過材木，這難道是這座山本來的樣態嗎？而人內存的內涵中，難道沒有仁義之心嗎？之所以放棄他的良心，是猶如斧頭砍伐樹木那樣的摧殘；每天砍伐，還能夠茂盛嗎？……。他人見到他如同禽獸一樣，就以爲他從來沒有美好的內在材質，難道這是人本來的情性嗎？如果得到適當的養育，沒有東西不成長的；如果失去適當的養育，沒有東西不消亡的。孔子說：『操作把持就能夠存有，自我丟棄就會亡失，這種內在本心的進出沒有固定的時間可尋，當它離開時也不知道它的去向。』孔子所說的，大概就是指『本心』吧！」

「人」的狀態就猶如「牛山之木」，本來是很美好的；只是經過太多次的砍伐與摧殘，還能夠保持本來的生意盎然嗎？當然這是孟子從「性善論」的立場下來述說的，我僅要強調他論述的合理處與重點。第一，孟子認爲我們「人」本來存著美好的內在（性善），但經過許多外在環境與自我摧殘，將導致自我無法順暢開顯這美好之內在。若我們因此說「我們沒有這個內在事實（性善）」，是錯誤的說法。第二，我們擁有自我決定與選擇之能力，當我們內心產生道德情感或是善端之時，若我們操持它、順遂它、保護它，就會穩定的開顯出來。因此，孟子引述孔子的話（雖然《論語》中並無這句話）來再一次提醒「意志」之重要性。當我們決定操持著，本然善端的內心就會存在，自我放棄這個內在，它就丟失了。而此種「本心」的開顯與否，是沒有固定時間的，只是當你捨棄它時，你也不知道它的去處。

孟子的最後論述中所引述孔子的談論，是在強調「意志」與「本心」的關聯，也就是點出我們的「意志」可以保護、保有「在意志之前的美好自我」（本心）。這兩相配合的狀態，讓人的道德實踐之穩定持續成爲可能，並延伸至他所提出的最重要理論之一——「性善論」。

此章的論述，實從「意志」與「意志發動之前」兩方面內容來理解「自我」，最後的大問題在於，孟子如何說清楚這種「善端種子」早已內存在己呢？於此，便可順此脈絡進入下章，來理解孟子如何論述「本心」、「四端之心」與「性善」。

第三章　「從心論性」的「性善論」

《孟子》文本中曾有一個有趣的例子記載：

儲子（齊人之名）曰：「王使人瞷（竊視，暗中觀察）夫子，果有以異於人乎？」孟子曰：「何以異於人哉？堯舜與人同耳。」（《孟子・離婁下32》）

有人暗中觀察孟子到底是怎樣的一個人，而孟子亦不改其從容作風，表達他自己並沒有什麼特別的，甚至說連堯、舜這種聖賢跟一般人是一樣的。而這種「一樣的內容」就是孟子強調「性善」這一個內在，是人人皆具、人人皆同的。

在上一章所介紹的孟子觀察要點與內容之後，應可部分理解「性善論」的主要線索了。孟子一方面提醒人的「自我能力」且配合實際例子來說明，另一方面他善用比喻、類推等方法來加強「性善論」的合理成分。若上一章所談論的結尾是他對「人」的觀察與透露出「本心」、「性善論」之線索，則此章接續此線索來直接談論孟子如何清楚說明「性善」內涵。

而此章分為兩個部分，第一節導引讀者們認識孟子如何從「四端之心」來說「性善」；此涉及有關「心」、「本心」、「四端之心」等孟子使用的專詞，以及所謂「性善」如何可能，「不學而能與不慮而知」之深意為何、所強調的內涵是什麼。另一方面，我特意舉出孟子論述「人情」這一部分，以呈現他對「人」的論述中並非僅有觀察「正面意義的內心（本心）」。透過這樣的補充，可以突顯孟子在承認我們有「人之常情」、「欲望」……等事實之下，究竟是如何論述「性善的自我」。

而第二節則探討關於「性善論」的重大延伸問題——「天性命」內涵；此內容雖涉及抽象層面，但我仍試圖以較具體的述說方式來呈現。另外，也可以歸類爲「抽象」層面來體驗的「氣」，我將在「孟子論述如何達成」時的「浩然之氣」這一小節之時，也就是第四章的內容再做出補充。

第一節 「內在層面」與「性善」

在《孟子》文本曾經記載：「孟子道『性善』，言必稱堯、舜。」（《孟子．滕文公上1》）於此，可知孟子的宣稱與立場。但談論孟子的「性善」之前，先稍微說明一個理解模式。首先，讀者們一定聽過「本心」這個詞。務必注意的是，孟子並沒有把「本心」做出很詳細的定義，而是在其他篇章形述「四端之心」時，讓我們理解一個難以否定的事實，那就是我們「善的發端」來自於「自我」，這種能力與基礎全然來自於自我，因此所謂的「本」，可解釋爲是一種本來就有、本來就存在，是一切道德的根本且從「心」上來說，故說「本心」。

因此在孟子所強調的教育意義中，「四端之心」例如「惻隱之心」並不是探究「惻隱之心」的「精確定義」是什麼，而是自我體認與經驗事實下，我們自然可體驗這項「惻隱之心」

的內容，例如我們看到嬰兒將遭受危難，此時的同情、憐憫等發心自然升起，這不是他人曾經教導我們「這種心該如何的發」，也不是必然「得透過意志操作」才會「發出」這種「心」。據此，與其說孟子教導我們有「惻隱之心」內存於自身，更可說他希望我們自己去親自體認、發掘此心的內容是否如他說的一樣。至於「性善論」也將用這種模式來理解，是一種自我體認與自我發掘。個人認為，在某些情境下，我們確實可以體驗出孟子說的「心」與「性」；以下則分類論述孟子的意思。

一、孟子如何論述「內在層面」

在一般的道德實踐過程，若先不要涉及較難解（定義清楚）的「本心」或是「四端」這些語辭的話，或許可以先從「情」這個字來入手。當然，「情」這個字本身也是歧義的，因此我想先把「情」這個字先說清楚。

誠如當代西方眾多學著們的研究，我們對於道德實踐的過程，「情緒」（或譯為「情感」）必然占了一定的地位，甚至是不可或缺的角色。我的意思不是說，道德發端「都」是一種「因情緒而起或觸發」內容，而是「道德」落實在實踐之前，有許多部份不離於「情緒」。在Mary Braeck與Margaret Gorman兩位教授著的論文裡，引述Rest所言的：「根據道德動機的談論，包含了情緒理論，是道德的心理學理論所不可或缺的內容。根據Rest，道德動機是導引人去選擇一道德行爲，即便此種選擇可能涉及犧牲個人利益或是承受困難。」[1]就此觀察，實頗符合我們一般對「道德選擇（抉擇）」的多數體會概況。至於孟子，是否曾針對我們在做出「選擇」之時涉及的「情緒」內容做出相關談論呢？孟子對此種「情緒」或是「情感」曾以「心」來統稱之，但也曾特別論述「情」（人情）。《孟子》一書對「情」字的使用，有時涉及「非負面」的「情感」意涵，有時指涉「四端開顯之後」的「情」（道德心或道德情感），有時指涉較負面的「人欲」……等。個人認爲，對於此「心」一字使用，得看上下文來理解此「心」所指的是「情」還是「欲」……等多種可能意義。據此，我認爲在理解孟子陳述「心」、「本心」、「四端」這些概念時，應先認識孟子如何談論「人心、人情」這一項較容易理解的內容。而「心」、「情」……的諸多涵義都涉及孟子所重視的「內在層面」，且與孟子的「性善」論述有明顯的關聯。在此節中，「內在層面」則專就「心」、「情」……等意義來加以導讀，至於「性善」雖與此「內在層面」連結，然涉及更抽象的談論，故我另闢一小節談論之。

(一)孟子論述「情」

孟子以「性善」論著名，且一般認知下似乎認爲孟子論「心性」時只講「善」這一方向之內容，這其實是誤解。孟子也曾說：「形色，天性也。」、「生亦我所欲……」、「欲貴者，人之同心也。」這些一般人（或說所有人）的天性傾向或後天自然養成的心理欲望（以下簡稱

「人欲」），孟子是承認且嚴肅面對的。但承認這些「人欲」之後的主要任務，孟子轉以「性善」這一獨特論述來導引我們應如何對應，並認為「性善」的內存狀況，只要加以好好培養、保護，即可讓人擺脫這些容易造成負面意義之「人欲」的牽引或控制，或是如何「適當地」表達、執行、滿足這些「人欲」。對於一般常講的「人情」方面、「欲望」方面，孟子又是如何談論的呢？他曾說：

孟子曰：「**欲貴者，人之同心也**。人人有貴於己者（每個人都有珍貴的自我內存己身，此指性善、本心），弗思耳。**人之所貴者**（**他人給予的尊貴**），**非良貴也**（**並不是本存的尊貴**）。**趙孟**（**晉國卿士**）**之所貴，趙孟能賤之**。《詩》云：『既醉以酒，既飽以德。』言飽乎仁義也，所以不願（欣羨、著取）人之膏（肉之肥美者）粱（粟之美者）之味也；令（善；美）聞（聲名）廣譽（美譽）施於身，所以不願人之文繡（華美之服飾）也。」

《孟子．告子上17》。孟子說：「想要尊貴，是人共同的內心欲望；但，人人都有一項最珍貴的內涵（性善）存在自身，只是不去思考它確實存在而已。而他人所能給予的尊貴，並不是本然的尊貴。趙孟這種卿大夫所賜予你尊貴，同時也能收回而使你低下。《詩》說：『既然喝了酒，也充滿了仁德。』是說這個人在仁義方面充足，因此不會去羨慕他人的精美食物；而最好的美名與聲譽自然的降於自身，因此也不會去羨慕外在的華美。」

上述孟子承認「富貴」是「人之所同心」，指出人都有發自內心去追求外在富貴的同等欲望。但孟子總是繞回他的道德關切，認爲「最珍貴」的還是「自我內存之良善」，依此延伸說「外在的」、「他人給予的」那種尊貴或富貴是不穩定的、可能隨時消失的。事實上這種切入視角頗爲合理，因爲一般人所追求的外在富貴（不論是名利還是地位、錢財、名聲）等等，的確可能隨時離去，甚至是取決於別人而有。不穩定、得取決別人才能夠有的那種「尊貴」，君子是不會羨慕這種層次的「尊貴」。至於上文中孟子所重視的「貴於己」（尊貴在己身），事實上就是本然的「性善」，如此再次證明孟子談論許多議題時，幾乎都可導回他所重視的道德層面。

當然，上述之例仍是在一個大方向來說，若針對細節的人情，孟子又如何談論？其實，即便舜這種聖賢君主，孟子也認爲他一樣有「人之常情」，只是這種「情」的內涵仍然是轉向修己、自反之後所表達的「情」；他說：

> 萬章問曰：「舜往于田，**號泣旻天**。何爲其號也？」孟子曰：「怨慕也（怨自己得不到父母的歡心，也思念他們）。」萬章曰：「父母愛之，喜而不忘；父母惡之，勞而不怨。然則舜**怨乎**？」曰：「長息（公明高弟子）問於公明高（曾子弟子）曰：『舜往于田，則吾既得聞命矣。號泣于旻天于父母，則吾不知也。』公明高曰：『是非爾所知也。』夫公明高以孝子之心，爲不若是恝（無愁的樣子）。我竭力耕田，共（供，盡力）爲子職而已矣；父母之不我愛，於我何哉（到底我有什麼罪過呢）？」

《孟子．萬章上1》。萬章問說：「舜到歷山的田間耕作之時，曾經仰望上天而哭泣；爲何如此悲號哭泣呢？」孟子說：「他怨自己不能得到父母的歡心，而且思慕他們阿！」萬章說：「父母愛他，做兒子的會欣喜不忘；父母對他不好，也應該勞苦承受而不要怨恨；舜這種聖王也會怨恨嗎？」孟子說：「以前長息問他的老師公明高說：『舜去田中耕作，我已經聽聞老師您的解說，但對於舜對仰天而泣，我還是無法理解。』公明高說：『這不是你能夠充分理解的。』公明高的意思是說，以一個孝子的角度來說，得不到父母的認同，怎麼可能不憂愁呢？我盡力耕田，竭力的做子女應該做的本分；父母不愛我，究竟我犯了什麼罪過呢？」

上述孟子以故事性的方式說明舜盡己之力卻無法得到父母之愛，因此曾向天哭嚎，此事讓萬章懷疑舜是否有所「怨恨」？而孟子以公明高的說法來指出，身爲人子盡己之力之後，卻得不到父母的認同或疼愛，身爲兒子的自然會有所憂愁甚至哭泣發洩，實乃人之常情。當然孟子強調的是「盡己之後」所表現出來的哀愁，「自身責任已盡」是一個重要前提；在此前提下，舜有這種內心情感的憂愁是相當正常的且合理的，甚至是無法擺脫的。且孟子陳述舜的這種哀愁與「怨」，並不是針對父母與上天，孟子接著說：

「帝（帝堯）使其子九男二女，百官牛羊食廩（糧食）備，以事舜於畎畝之中。天下之士多就之者，帝章胥（皆也）天下而遷之焉；爲不順於父母（無法得到父母的歡心），如窮人無所歸（就好像窮人無所依靠一樣）。天下之士悅之（天下的人都愛戴他），人之所欲也，而不足以解憂；好色，人之所欲，妻帝之二女，而不足以解憂；富，人之所欲，富有天下，而不足以解憂；貴，人之所欲，貴爲天子，而不足以解憂。**人悅之、好色、富貴，無足以解憂者；惟順於父母，可以解憂**。人少則慕（愛慕）父母，知好色則慕少艾（容貌美好的年輕女子），有妻子則慕妻子，仕則慕君，不得於君則熱中（內心急躁）。大孝終身慕父母；五十而慕者，予於大舜見之矣。」

《孟子．萬章上1》。「帝堯差遣九個兒子去幫助他，把兩個女兒嫁給他，又任命百官具備牛羊糧食去田畝中幫忙舜。舜這種孝行爲與帝堯的幫忙，讓天下之士都前來親近他，連帝堯都想把天下讓給他；但，舜因爲無法得到父母的歡心而自責，他的憂愁就好像窮人無所依靠一樣。這種大家都想要的『天下人都愛戴』的情況，卻無法解除舜的憂愁；大家都有喜好美色的欲望，帝堯把兩個女兒嫁給他，也無法解除舜的憂愁；富貴是大家都想要的，擁有了天下之財富，一樣無法解除舜的憂愁；尊貴是大家都想要的，貴爲天子的舜，也無法解除他的內心憂愁。人人愛戴他、有美好的女子爲妻、有富有貴，都無法解除舜的憂愁；對舜來說，只有得到父母歡心才能解其憂。人年少的時候愛慕父母，長大後有對女色的欲望就會愛好容貌美好的年輕女子；有了妻子之後就愛慕妻子；有了仕途就愛慕國君，不能得到國君的器重，內心就會焦躁。而舜這種大孝，在生命中的每一個歷程都愛慕著父母；一個人到了五十歲還愛慕父母、盡力爲孝的，我在舜這位偉大聖王身上看到了。」

上述孟子主要是爲了強調舜的孝順，且其中的情感意義頗強。舜雖然有了一般人所追求的「富貴」、「名聲」、「美色」等，卻無法讓內心快樂，主要是因爲與父母情感這方面缺乏圓滿。因此，人與人之間的親情情感所產生的自然憂愁與悲憤，孟子是承認且視爲合理的。此外，孟子也順勢導出，人的安心快樂狀態，不一定擁有外在富貴……之後就能產生。

若回到大衆層面而不針對聖賢等級的人物來說，天性感官所產生的情欲、欲望……等，孟子同樣承認這種「共同的」欲望情感，但如同之前談過的，他更強調「內心」也有「共同的喜好」，此即「義理」：

口之於味，有同耆（嗜）也，易牙先得我口之所耆者也；如使口之於味也，其性與人殊，若犬馬之與我不同類也，則天下何耆皆從易牙之於味也？至於味，天下期於易牙，是天下之口相似也。惟耳亦然，至於聲，天下期於師曠（晉平公樂師，善音樂），是天下之耳相似也。惟目亦然，至於子都（古之美男子），天下莫不知其姣（美也）也；不知子都之姣者，無目者也。故曰：口之於味也，有同耆焉；耳之於聲也，有同聽焉；目之於色也，有同美焉。至於心，獨無所同然乎？心之所同然者，何也？謂理也，義也；聖人先得我心之所同然耳！故理義之悅我心，猶芻豢之悅我口。

《孟子．告子上7》。口對於滋味，有同樣的嗜好傾向，因此易牙是先得到我們口味嗜好的那種人；如果口對於滋味，我們自己的天性喜好跟他人都不一樣，就像跟犬馬那樣的不一樣，那麼天下人爲何都喜歡易牙烹煮的滋味呢？滋味，天下人期待吃到易牙煮的東西，是因爲天下人的口味有相似之傾向。耳朵也是如此，我們對於聲音，天下人都期待聽到師曠所奏的音樂，這是天下人耳朵喜好相似。眼睛也是如此，對於子都，天下人沒有不知道他的俊美，不知道子都俊美，簡直是沒眼睛的人。所以說，口對於滋味，有同樣的嗜好；耳對於聲音，有同樣的嗜好；眼睛對於美色，有同樣的嗜好。至於心，難道就獨獨沒有相同的地方嗎？心所共同嗜好者是什麼？是「理義」而已；而聖人是先得到我們內心的共同認同（義理）而實踐給我們理解而已。而這種「理義」之愉悅我們的內心，就好像牛羊犬豬之類的食物愉悅我們的口一樣。

總括上述與前述諸多引文可知，孟子是承認人情、欲望這類事實。不論是感官上的愉悅，還是情感上的欲望，孟子總是「承認」之後而導引至他所重視的「道德層面」來合乎「義理」以「穩固」自我。也就是說，這些基本生理需求與喜好，或者延伸到「心」的欲望層面，孟子認爲只要內在有著「義理」，就不會被人情欲望來「蒙蔽」自我。畢竟人是會思考、會判斷的，他回答公都子問題時曾說：

公都子問曰：「鈞（均；同也）是人也，或爲大人（此指「有德之人」），或爲小人，何也？」孟子曰：「從其大體（心思理義）爲大人，從其小體（感官情欲）爲小人。」曰：「**鈞是人也，或從其大體，或從其小體，何也？**」曰：「**耳目之官不思，而蔽於物；物交物，則引之而已矣。心之官則思，思則得之，不思則不得也；此天之所與我者。先立乎其大**

者，則其小者不能奪也；此為大人而已矣。」

《孟子．告子上15》。公都子問說：「同樣都是人，為何有的成為『大人』有的成為『小人』呢？」孟子說：「順從他的內心思考之理義，就可以成為『大人』了；只順從他感官情欲的，當然成為『小人』。」公都子問說：「為何都是人，有人會順從他的內心理義，有人會順從感官欲望？」孟子說：「耳目這類感官是無法思考的，無法思考就會被外物蒙蔽；當與外物交流互動時，就會被引誘了。『心』這個感官是會思考的，若真的思考就能得到理義，不思當然無法得到；而耳目心這些感官都是天賜與給我們的。若我們先把『心』的這一思考理義的前提確立，那麼耳目這些感官所延伸的欲望就無法奪取我們的『心』了；這樣就能成為大人。」

承認天性感官與欲望傾向，卻順勢導回道德層面來談論；上述可知孟子希望我們的「內在」（心）應維持某種「穩定狀態」以對應外在種種誘惑，此即上述引文的「大體」（心）所帶來的「思考」之決定意義。另一方面，孟子補充說，人透過自我節制與修整，才能夠真的知道如何落實「某些行為」，也就是在「義理」的前提下去駕馭我們自身的所有行為。甚者，若達到「聖人」那種穩定狀態時，則可適當地應對自我的「形色天性」了；孟子說：

孟子曰：「人有不為，而後可以有為。」

《孟子．離婁上8》。孟子說：「當人會節制、自我意志克制去『不爲』的時候，才能夠去眞的『爲』。」

孟子曰：「**形色（形色等天生之感官傾向），天性也**。惟聖人然後可以踐形（眞正適當應對此種形色之天性內容）。」

《孟子．盡心上38》。孟子說：「形體四肢與感官等傾向，是天性；但只有聖人可以適當的應對之且落實得當。」

據此可知，承認所謂的「感官欲望」或是「心理欲望」之後，孟子提出更重要的內在層面（心），此層面自然地涉及儒家所重視的「修養」方面的論述。此種「內在」（心）若穩固，一方面讓自我應對外境時不逾矩、不過分而符合節度，另一方面更可超越這些「欲」而不被蒙蔽。總括來說，孟子承認人情欲望，但更關切此欲望的節度與適度性，因此保守地使用「義理」這一內涵來自我搭配，以求不被私欲所擾。有這種內在層面（義理之心）作爲基礎且落實之後，一般人「求生惡死」的生理或心理本能，將也可轉化爲另一層次的展現。孟子說：

生亦我所欲，所欲有甚於生者，故不爲苟得（不應得而得）也。死亦我所惡，所惡有甚於死者，故患有所不辟（逃避）也。如使人之所欲莫甚於生，則凡可以得生者，何不用也！使人之所惡莫甚於死者，則凡可以辟患者，何不爲也！由是則生，而有不用也（有的人卻不用），由是則可以辟患，而有不爲也。是故，所欲有甚於生者，所惡有甚於死者。**非獨賢者有是心也，人皆有之，賢者能勿喪耳……**。

《孟子．告子上10》。「活下去」是我所希望的，我所希望的內容有比「活下去」還重視的，那麼我就不會去做苟且偷生的事情。「死」是我厭惡的，我所厭惡的有比「死」還討厭的，因此有災禍也不會刻意逃避。假如人所希望的沒有比「活下去」還重視的內容，那麼只要能活下去，哪種手段都會用出來！假如人所厭惡的沒有比「死」還討厭的，那麼只要可以逃避災禍的，哪種手段都會用出來。但事實上：用某種方法可以活下去，卻有人不用；用某種方法可以逃避災禍，卻有人不去做。因此，我們人有比「活下去」更加重視的內涵，也有比「死」更加厭惡的內涵。而這樣的價值認定，並不是只有賢者有這種內心而已，是人人都有的，只是賢者把這種內心保留而不喪失而已。

由上述可知，孟子承認人愛好生存、厭惡死亡這種雙面情感表現（好、惡），是人之常情，卻也點出某A有時寧願選擇死。此現象，代表有某種超越生死的珍貴內涵是A所認同的，同時也代表A有著比死亡更厭惡的事。孟子還強調，這種特殊選擇下（捨棄生存）的內心狀況與實際行爲，並非僅有聖賢才能擁有，而是人人皆可做到的。雖然孟子述說的內容要達到頗爲困難，卻也有跡可循、有事蹟可考。因此，「愛惡之情」在孟子的談論下，並不是一味的盲從，除了表達人可以自我篩選、在自由意志下的決定一切，並帶出人所認同的某種內涵是可以超越「生死」的。

理解孟子對於「愛惡之情」的述說之後，可發現他的論述多在導回道德考量並順勢帶出「意志決定」這一關鍵；另一方面，如同上一章最末曾說的，我們僅靠「意志」來主宰、控制這些「情感」就夠了嗎？當然不是，既然孟子觀察「人情」，也觀察到「善方向」的「情」。孟子更認爲，若仔細觀察吾心之發顯、情之發用，則可知我們並非僅有「私欲」的這種「人情」而已，也擁有「道德情感」，他曾經說：

孟子曰：「**乃若其情**，則可以爲善矣，乃所謂善也。若夫爲不善，非才之罪也……。」

《孟子．告子上6》。孟子說：「順著內在『性善』所自然發出的道德情感，就可以去做出具體的『善』，而這就是我所說的『性善』開顯狀態。若有人去做『不善』的事情，並不是資質上的欠缺……。」

上述乃孟子論述「四端之心」時所陳述的前導內容，其中的「乃若其情」是指文後的「四端之心」所發之道德情感。因此，順著人「四端」所生之「道德情感」當然可以去行善。由此可知，「情」在孟子的談論中非僅有負面意義，即便談論到負面意義的「私情」，從前文種種看出孟子仍試圖談回道德方面。

㈡孟子論「心」

進入孟子著名的「四端之心」的相關論述之前，先談談孟子如何重視「心」的地位；暫且先看一組導引文：

A：內心恭敬的說：「老師好。」

B：內心不恭敬的說：「老師好。」

上述A、B可在日常生活中體會之，並可延伸更多例子，而A、B呈現出的「恭敬與否」則是一種「內在心態」；此種「發心」或是「存心」的重要性不言而喻，也符合我們對一件事是否符合「道德」之直覺性判斷之一。至於孟子，有時候也使用相當生活化、很寫實的內容來論述這類型的「心」，實乃對應某種「心的狀態」或是說「發心」來說，這與孔子所重視的「道德內在層面」（例如「孝順的時候內心需恭敬」）是一致的。孟子又說：

孟子曰：「**君子所以異於人者，以其存心**（內心所存之內涵）**也**。君子以仁存心，以禮存心。仁者愛人，有禮者敬人。愛人者，人恆愛之；敬人，人恆敬之。有人於此，其待我以橫逆，則君子必自反（自我反省）也：我必不仁也，必無禮也；此物（事）奚宜至哉！其自反而仁矣，自反而有禮矣，其橫逆由是也；君子必自反也：我必不忠。自反而忠矣，其橫逆由是也；君子曰：『此亦妄人（妄作之人）也已矣！如此則與禽獸奚擇（分別）哉！於禽獸又何難（非難、責怪）焉！』是故，君子有終身之憂，無一朝（一時）之患也。乃若所憂則有之：舜、人也，我亦人也；舜爲法於天下可傳於後世，我由未免爲鄉人也！是則可憂也。憂之如何？如舜而已矣！若夫君子所患，則亡（無）矣。非仁無爲也，非禮無行也。如有一朝之患（禍患）；則君子不患（擔憂）矣。」

《孟子．離婁下28》。孟子說：「君子之所以和普通人不一樣的地方，在於他的內心所存。君子以『仁』內存、以『禮』內存。以『仁心』內存者將會關愛他人，以『禮』內存者將對他人是恭敬的。關愛他人的人，他人也將恆常的關愛他；尊敬他人，他人也將恆常的尊敬他。若有人在這裡，對待我是強橫無禮的，那麼身爲一個君子必當自我反省：一定是我沒有以『仁』對待他、以『禮』對待他；否則怎會有這種事情發生在我身上呢？若自我反省後，知曉自己是有以『仁』對待他人的，有『禮』對待他人的，而他人無禮蠻橫的對待還是如此，那麼君子一定會自我反省：我一定是不忠誠的對待他人。若自我反省之後，知曉自己是忠誠的對待他人，而他人的無禮蠻橫還是依舊，此時君子才會感嘆的說：『這種人是妄作、不明事理的人！這樣的人跟禽獸有什麼分別呢？我對於一個像禽獸的人有何好責怪的呢？』因此，君子只有一種終身的憂患，而沒有短暫的憂患。至於君子的憂患只有一種：舜，是人，而我也是人；舜可以成爲天下人的效法對象且流傳於後世，而我卻不免是一個平凡的人！這樣的內涵是值得憂慮的！而君子會憂愁什麼呢？就是憂愁如何讓自己像舜那樣。若要說君子有什麼憂患，事實上是沒有的。不合乎『仁』的行爲他不做，不合乎『禮』的行爲他也不做。如果眞有一般人所擔憂的那種禍患發生在君子身上，君子是不會煩憂這種事情的。」

上述孟子明確點出君子與他人不同的地方，在於「內在層面」的「存心」，例如「仁」、「禮」、「忠」這些內涵。而這是儒者自我負責、自省的修養功夫，雖然他人無法「證明」或是「明確知道」你的內心狀態，但在儒家的思維中，這種「內在存心」你自己清楚，而這樣的「存心」就是君子與一般人的差別。

不僅如此，此種「內存之心」延伸在日常生活之情境時，孟子所提醒的重點又是：當我們遭遇「不順」的狀況時，須自我反省是否問心無愧，當無愧之時，對他者的判斷方能正確客觀（例如判斷他人為小人、像禽獸……）。當自我「存心」無私時，孟子表示擁有如此紮實內在修養的君子是不會對「這種人」產生憂煩的。同時強調「這樣的君子」，短時間的憂慮、甚至是具體的禍患，不必然把它當成一回事而去擔憂它。因為君子的實踐是持續的、學做聖賢乃終身之路，那種暫時的禍患、不順……等一般人所擔憂的狀況，在君子的視角並非最重要的關切點，孟子認為何須「患」之？

因此，有關任何具體的實踐或作為，孟子總是可以把這種內容進一步的述說到他所重視的「內在層面」，又如：

孟子曰：「禹、稷、顏回同道。禹思天下有溺者，由己溺之也；稷思天下有飢者，由己飢之也；是以如是其急也（所以才如此的急迫拯救百姓）。禹、稷、顏子，易地則皆然。」

《孟子．離婁下29》。孟子說：「夏禹、后稷、顏回所行的大道是同一的。禹想到天下人有溺水的人，就好像自己害他們溺水一樣；后稷想到天下有飢餓的人，猶如自己使他們飢餓一樣；因此他們如此急迫地拯救百姓。夏禹、后稷、顏回這種有德行的人若是地位互換，都會如此行事的。」

上述，禹等聖賢對於他者的體認與關懷，基本上都屬「人溺己溺」、「人飢己飢」的負責任、同理心之展現，如此有德之人不論身處何位，所做出來的事情將是一樣的。而這種責任感與同理心，孟子認為是每個人都具有的，只是我們丟失它時不去把這種內心找回；他說：

孟子曰：「仁，人心也；義，人路也。舍其路而弗由（走）、放其心而不知求，哀哉！人有雞犬放（走失），則知求之；有放心，而不知求。學問之道無他，求其放心而已矣。」

《孟子．告子上11》。孟子說：「『仁』所強調的重點在於『內心』；而『義』可以強調是一種外在行為的導引原則。捨棄外在導引原則這條大路、丟失『內在仁心』卻不尋求自我，眞是悲哀啊！一般人若雞犬走失了，都知道去找回來，但『內在的仁心』丟失了卻不知道求諸自我。就這樣來說，我認為學習的方法其實沒有別的，就是把丟失了的『心』找回來而已！」

上述，孟子認為「仁義之心」人人具有，因某種因素被掩蓋、或暫時的丟失，自我丟失此珍貴內容必當尋回，這就跟雞、犬走失而我們想要去找回一樣，但一般人卻不這樣！孟子將此種「心的尋回」定位為「為學」之基本方法，而且是唯一的方向。但如同孟子的感慨，許多人多不針對這種「內心」之安頓來落實，反而重視「外在」：

孟子曰：「今有無名之指，屈而不信（伸），非疾痛害事也（並不是什麼嚴重的病痛，也不礙事）；如有能信之者，則不遠秦、楚之路，為指之不若人也（不像其他人那樣）。**指不若人，則知惡之，心不若人，則不知惡：此之謂不知類（不知輕重）也。**」

《孟子．告子上12》。孟子說：「現在有個人，他的無名指彎曲而無法伸直，這並不是什麼重大的病痛；但若是有人能夠治好他使手指伸直，就算要到秦、楚那樣遠的國家，他也要去醫治，只因為他的手指不像其他人一樣好。既然手指不像他人那麼好，知道厭惡；但內心不像他人那麼好，卻不知道要厭惡自我？這就是不知道輕重啊！」

上述內容如同孟子諷刺人只知道尋回「走失的雞犬」，而不尋回「放失的本心」一樣。一般人總是對於「外在」這類身體上的小病痛、小缺失相當重視，因此很努力去改善而想要和別人一樣。但奇怪的是，「內心」不好的而不如別人的，居然很少去學習他人「內心好」的狀態。從這事例可知，孟子反省人對於「健全與美好」這類方面的追求，往往流於外在與欲望喜好而已，缺乏自我內心的道德建立而成就自我的眞實美好。這當然涉及意志決定、選擇……等問題，又涉及我們所愛、所選擇的內涵有著不同；順此脈絡下，孟子又從整個「人之身」來延伸比喻說：

孟子曰：「人之於身也，兼所愛（全部都是愛惜的）；兼所愛，則兼所養（保養維持）也；無尺寸之膚不愛焉，則無尺寸之膚不養也。**所以考**（考察觀察）**其善不善者，豈有他哉，於己取之而已矣（看他自己選擇什麼愛惜、保養）！體有貴賤，有小大；無以小害大，無以賤害貴；養其小者爲小人，養其大者爲大人。**今有場師（管理園圃者），舍其梧檟（梧桐與榎樹，材質細緻），養其樲棘（酸棗與荊棘，材粗），則爲賤（下等的）場師焉。養其一指而失其肩背而不知也，則爲狼疾人也。飲食之人（只知道吃東西滿足口欲的人），則人賤之矣，爲其養小以失大也。飲食之人無有失也（若是沒有忽略其他的保養，意指注重心志上的養成），則口腹豈適爲尺寸之膚哉！」

《孟子．告子上14》。孟子說：「人對於自己的身體，是全部都愛惜的；既然都愛惜，那就得全面的保養。沒有一尺一寸的皮膚不愛惜，就不會一尺一寸的皮膚不保養。所以要考察一個人保養的好或壞，難道還有別的方法嗎？就是去觀察他選擇什麼來愛惜保養即可。自我身體有貴賤之差異性，也有大（內心）小（形軀）之別；不要只顧著次要的而傷害重要的。而只顧著次要的（形軀），就是小人；重視重要的（內心），就成爲大人。現在有個管理園圃的人，捨棄梧桐榎樹，而去養育酸棗荊棘，這就是不好的師傅了。

為了保養一根手指而失掉整個肩背自己卻不知道，簡直就是糊塗的人了。只知道滿足口欲的人，他人都會看不起他，因為他只知道要養育口腹而失去更重要的培養。如果注重口欲的人，卻沒有失去更應該養育的，那滿足口腹，豈止是為了尺寸皮膚而已嗎？」

上述，孟子認為人「自愛」的內容本屬自然，但是要挑選「愛什麼」。就像愛我們的「形軀身體」，若是區分重要性的話，仍有其大小、輕重之別可說。例如「喪失一根頭髮」與「喪失一隻眼睛」，這種差別與後續選擇將不言而喻。孟子提醒我們必須要「養其大」不要只注意「外在身體」方面的「養」，就有如只知道吃飯養足自己的口腹之欲，而其他的正向心志卻從不保養。反之，若能培養自身心志，那麼口腹飲食這種行為，就變得不僅僅只是為了尺寸皮膚了！

上述種種，是介紹孟子論「心性」之前的導引，應可看出孟子頗重視「內在層面」，並試圖導出我們的意志決定、選擇應往哪個方向為是。以下則介紹孟子如何從「心」論至「性」的精要之處。

二、孟子論「四端之心」與「性善」

不論是孟子述說的「意志決定」、「思考選擇」，皆不離自我之「心」，既然決定權在我們，孟子也再次提醒我們所決定、所選擇的，將產生不同的價值取向與延伸效應。能夠成為孟子所認同的「人」，絕不是像禽獸一樣僅滿足生理需求、口腹之欲而已。更細部來說，孟子論述「意志前的自我」而進一步說出「性善」，其目的就是道出「人」與「禽獸」的（根源）不同之處，而且這是天性使然。他如何說呢？就如同此書之前曾導引過的，孟子從「道德發端」這一細微狀態來觀察，確立這內涵是最重大的「人禽之別」，並依此建構最重要的「心」、「性」之論。

㈠「心」、「性」之連結

孟子著名的「四端之心」是他論「性」的先導，他以現實生活上的例子來說明人有「善」面向的「當下發心」，並且強調此種「發心」人皆有之；他說：

> 孟子曰：「人皆有不忍人之心。**先王有不忍人之心，斯有不忍人之政矣**。以不忍人之心，行不忍人之政，治天下可運之掌上。所以謂人皆有不忍人之心者：**今人乍**（忽然）**見孺子將入於井，皆有怵惕**（恐懼）**惻隱**（悲痛）**之心；非所以內交於孺子之父母也，非所以要譽於鄉黨朋友也，非惡其聲而然也**。由是觀之，無惻隱之心，非人也；無羞惡之心，非人也；無辭讓之心，非人也；無是非之心，非人也。惻隱之心，仁之端也；羞惡之心，義之端也；辭讓之心，禮之端也；是非之心，智之端也。**人之有是四端也，猶其有四體也。有是四端而自**

謂不能者，自賊（害，引申爲欺）者也；謂其君不能者，賊其君者也。凡有四端於我者，知皆擴而充之矣。若火之始然，泉之始達。苟能充之，足以保四海；苟不充之，不足以事父母。」

《孟子．公孫丑上6》。孟子說：「人都有不忍他人痛苦的心。古代先王就是有這種『不忍人之心』，因此才有『不忍他人痛苦』的『仁政』。用這種『不忍人之心』，實行『不忍人之政』，治理天下就猶如把它放在手上那樣的容易了。而我所說的『人都有不忍人之心』從何得來？比如說，今天有人忽然看見一個小孩子即將跌入井中，不論是誰都會生出恐懼和憐憫的心情出來；這樣的心情之所以生成，並不是透過思考或是意志操作的。這種『惻隱之心』生出，也不是來自於思考、考量到要與小孩的父母結交，也不是想得到鄰里朋友的稱讚，也不是擔憂被責難而後才有的。從這個例子來看，若有人說他沒有『惻隱之心』，那他就不算是『人』了；若有人說他沒有『羞惡之心』，那就不算是『人』了；有人說他沒有『辭讓之心』，那就不算是『人』了；有人說他沒有『是非之心』，那他就不算是『人』了。而『惻隱之心』就是『仁』的發端；『羞惡之心』就是『義』的發端；『辭讓之心』就是『禮』的發端；『是非之心』就是『智』的發端。人有這『四端』就猶如人有『四肢』一樣的自然。有『四端』卻說自己無法做到『四端』應有的事情，這是自欺！而對他所侍奉的國君說無法做到『四端』應有的實踐，那就是欺瞞他的國君！凡是擁有『四端』在己身的，都應該曉得把『四端』擴充行事，猶如火的燃燒、泉水湧出那樣的延伸。如果眞能擴充延伸（四端），大至可以保有天下；若不去擴充延伸，連侍奉父母都顯得不足。」

上述「四端之心」包含了「惻隱」、「羞惡」、「辭讓」（「辭讓」於《孟子．告子上6》稱之爲「恭敬之心」，其意義相通）、「是非」等四種，其中重點在於點醒人在某情況之「當下」所生之「心」是一種內在自生、自覺，而非考量、揣度之後的那種意志操作之後的「心」，而且此「心」所發露的內涵，孟子將其定位爲「善」。若從「惻隱之心」這例子來看，孟子說的「皆有」並非必然，而是一種強調性說法。例如：我們看到小孩子即將跌入井裡，當時會生出許多「心」，例如悲痛、恐懼、害怕、同情、不忍……等多種可能，而這些衆多之「心」，屬於道德（善）的，就是所謂的「惻隱之心」。孟子抓準此點來說，認爲此種「心」乃是自覺性的升起，並非要結交那孩子的父母，也不是要被稱讚等思考、操作後才有，這是自然的開顯。

由此，孟子推論我們有四種此類型的「心」，其他三種分別爲「羞惡」、「辭讓」、「是非」。當然，在許多場合中或許「非必然生出」此種「心」，但孟子的意思是，有許多情況中，我們「自然生出此種心的時候」並不是別人要求的、也不是訓練而來的、不是思考後有的、也不是意志操作後才有的；而是自覺的、無條件的自然開顯。這四種道德自覺的「心」，就是所謂的「四端」，是四個「善的端緒」。另外，孟子進一步說此「四端」人人皆有，就像我們有四肢一樣；若有此「四端」卻說自己不能行善，是殘害自己的行善能力、欺騙自己。最後，則補充說明有此「四端」的「我們」，必須把此種「善端」擴充。

若簡化上述之說，孟子實從「人的自發情感中」觀察出細微的「善之開端」，並且認爲這種「心」來自於「自我」，且非考量後而才能開顯。孟子觀察「心」而說「性」是「善」的策略是一種「往根源推」的論述模式，若用圖示來說明則是：

自我：
A性（善）←往根源推— B道德（心）發端（善）（自發地）—自然或意志決定→ C擴充與實踐（善）

上述，孟子的「四端之心」是落在B點的觀察，而後再進一步去推論「爲何有B的存在或開顯」這一事實。孟子往根源A來推論且敘述之，他發現這種「心」全然來自自我，並且稱呼B之所以存在或發動之「根源」爲A（性）。若說「性」這個字的組成是「心」、「生」二字，孟子論「性」則相當符合「（道德）心之所生處」這一內涵。另外，孟子觀察的「四端」是針對「道德方面」（善）內涵來觀察，因此他將此「性」定位爲「善」。

孟子用「往根源推」的方式來宣說「性善」，雖然無法明確證明必然爲眞，或是眞的把「性」拿出來給你看，但畢竟有其合理成分。當然，或許我們可以質疑孟子爲何不去觀察「自覺的惡」，因此我曾在前文說孟子是一種「選擇性的觀察」；至於較細部問題的追究（惡的根源爲何），將在此書最後一章處理孟子「性善論」與荀子「性惡論」時做出些許補充。

上述內涵之「心」、「性」在《孟子》中時常相連著談，他把「性善論」作爲前提之後，時常使用比喻或類推的方式來說「性善」如何合理，雖然在邏輯上不一定「必然如此」，但個人更重視此「性善論」對於「人」的啓發作用與教育意義，他曾比喻說：

孟子曰：「牛山之木嘗（曾）美矣；以其郊於大國也，斧斤伐之，可以爲美乎？是其日夜之所息（生息），雨露之所潤，非無萌蘗（枝芽）之生焉；牛羊又從而牧之，是以若彼濯濯（光禿禿的樣子）也；人見其濯濯也，以爲未嘗有材焉，此豈山之性也哉？**雖存乎人者，豈無仁義之心哉？其所以放其良心者，亦猶斧斤之於木也。**旦旦而伐之，可以爲美乎？其（此指以放其心的人）日夜之所息，平旦之氣（日出天明之時，未與物接觸時的清明之氣），其好惡（所好所厭惡）與人相近也者幾（跟其他未放其心的人有些許相近）；則其旦晝之所爲（但他白天的所作所爲），有（又）梏亡（擾亂而亡失）之矣；梏之反覆，則其夜氣（夜裡未與物接觸的清明之氣）不足以存；夜氣不足以存，則其違禽獸不遠矣；**人見其禽獸也，而以爲未嘗有才（本然美好的材質，指性善之能力）焉者，是豈人之情（本然的情性）也哉？**故苟得其養，無物不長；苟失其養，無物不消。**孔子曰：『操則存（把握住就可存有），舍則亡（放棄就會亡失）；出入無時（進出沒有固定的時間可循），莫知其鄉（也不知道它的去向）。』惟心之謂與！**」

《孟子．告子上8》。孟子說：「牛山上的樹木曾經是很茂盛的，因爲他在大國的郊外，而且人人拿著斧頭去砍伐，還能夠樹木茂盛嗎？山上日夜交替之生息，雨水滋潤，並不是沒有新芽長出，但牛羊又在那放牧，因此還是呈現光禿禿而無樹木的樣子；而人看到這座山光禿禿的樣子，以爲這座山從沒有生長過材木，這難道是這座山本來的樣態嗎？而人內存的內涵中，難道沒有仁義之心嗎？之所以放棄他的良心，是猶如斧頭砍伐樹木那樣的摧殘；每天砍伐，還能夠茂盛嗎？放棄自我良心的人，經過日夜的休養生息，當日出天明之時，所產生的清明之氣息，這種狀態使他的好惡狀況與未放棄良心的人是些許相近的；但是他白天的作爲，又讓他失去那短暫出現的清明氣息了。如此反覆殘害，那麼就連夜裡未與外物接觸的清明之氣也將難以保存了；夜氣無法保存，就與禽獸相差不遠了。當他人見到他如同禽獸一樣，就以爲他從來沒有美好的內在材質，難道這是人本來的性情嗎？如果得到適當的養育，沒有東西不成長的；如果失去適當的養育，沒有東西不消亡的。孔子說：『操持學習就能夠存有，自我丟棄就會亡失，這種內在之心的進出沒有固定的時間可尋，然而當它離開時也不知其去向！』孔子所說的，大概就是『良心』吧！」

上述，孟子以「牛山之喻」來說明人的本然狀態是很好的（性善）；但一般人觀察結果卻認定人是不好的。孟子強調，我們原初狀態的自己是內存「四端」的，也就是上述的「仁義之心」；之所以喪失，是「摧殘」之後造成的，並非本來沒有。就猶如我們人在一早起來的「清明之氣」（平旦之氣）的短暫狀態，確實存在著無私、無欲望的自我；但是，我們在日間的所做所爲、應對諸事之後的自我，逐漸喪失這種「清明」，更可能造成自我行爲越來越差……。而這些負面行爲被觀察到之後，就可以認定人本來就是如此的「壞」嗎？孟子認爲這是誤解。因此認爲，若能夠保住本然的自我，就可以維持、發展（好的本然之性）。最後，孟子引述孔子說的「操存」之說，來強調涉及意志決定之「把握此心」，以回歸本然性善的層面。

回到孟子的論述細節來觀察，我們可以說孟子是「預設」「仁義內在」於「每一個人」，因此他用「牛山之木本來是茂盛美好」的比喻來說明「人性善」。但以「預設」來評論孟子，僅能就在思辨上或理論上來說孟子並非充足證成，並不能說孟子的說法是「不可能」、是「必然錯誤」的。更延伸說，「性善論」更關聯於自我體驗與形上方面的內涵，不適合僅用邏輯證成的方式來加以反駁。因爲，孟子的談論乃涉及道德性質的勸勉與自我體驗，僅用邏輯思維來考察進而評價並不是十分公平的。

另一方面，針對各種「人性」看法所產生的爭論，孟子則說：

> 公都子曰：「告子曰：『性無善無不善也。』或曰：『性可以爲善，可以爲不善。』是故，文、武興，則民好善，幽、厲（周幽王、周厲王）興，則民好暴。或曰：『有性善，有性不善。』是故，以堯爲君而有象，以瞽叟爲父而有舜，以紂爲兄之子，且以爲君，而有微子啓、王子比干。今曰：『性善』，然則彼皆非與？」孟子曰：「**乃若（順）其情（性善所發之情），則可以爲善矣，乃所謂善也**。若夫爲不善，非才（才能資質）之罪也。**惻隱之心，人皆有之；羞惡之心，人皆有之；恭敬之心，人皆有之；是非之心，人皆有之。惻隱之心，仁也；羞惡之心，義也；恭敬之心，禮也；是非之心，智也。仁、義、禮、智，非由外鑠我也，我固有之也，弗思耳矣！**故曰：『求則得之，舍則失之。』或相倍蓰而無算者，不能盡其才（此指人自身性善的這一種材質）者也。《詩》云：『天生蒸民（眾民），有物有則

（法），民之秉夷（秉持常性），好是懿德（美德）。』（《詩經》〈大雅．烝民〉之句）孔子曰：『爲此詩者，其知道乎！』故有物必有則，民之秉夷也，故好是懿德。」

《孟子．告子上6》。公都子說：「告子說：『性沒有所謂的善或是不善。』又有人說：『性是可以造成爲善，也可以造成去爲不善。』因此，文王與武王興起時，人民多喜好善；幽王與厲王興起時，人民喜好凶暴。又有人說：『有人是性善的，有人是性不善的。』因此，堯那種聖王，卻有暴戾的象；瞽叟這種惡人，卻有舜這種孝順的兒子；紂王這種暴君而身爲姪子卻侍奉他爲君，則有微子啓、比干這種仁慈的叔父。現在您說：『性善』，難道他們說的都是錯的嗎？」孟子說：「順著性善所發的道德情感，就可以去『行善』，這是我所謂的『性善』說法。如果一個人去作惡，並不是他的資質之缺乏。因爲，惻隱之心，人人都有；羞惡之心，人人都有；恭敬之心，人人都有；是非之心，人人都有。惻隱之心，就是『仁』內在而表現於外；羞惡之心，就是『義』內在而表現於外；恭敬之心，就是『禮』內在而表現於外；是非之心，就是『智』內在而表現於外。『仁義禮智』並非外在磨練而後才有的，是我本來就有的內在，只是你不去徹底思維而已。所以說：『去求，就會得到；捨棄，就會失去。』而這樣的『求』與否，到差距一倍、五倍甚至無法計算，都是某人不能充分盡力於他本有的『性善』。《詩》說：『上天創生衆民，有物就有其文理法原則；人民據此秉持其性，都喜好美德。』孔子說：『能做此詩的人，應該知道大道了吧！』所以有物必有其文理法則，人民秉持其性，因此自然地喜好美德。」

上述是孟子針對「性無善無不善」、「性可以爲善可以爲不善」、「性善性不善」三種說法提出反駁，但孟子基本上沒有針對這三個內涵做出分析或是直接回應，而是以「性善論」作爲前提來說明「性善」的重要性與合理成分。至於孟子對其他三個內涵的批評，暫時先試著以孟子的立場來回應之：

1.「性無善無不善」（性沒有所謂的善或是不善）：這是告子的講法，且告子又曾說「生之謂性」（下文將有詳述）。孟子之所以不接受的原因，在於此說無法區分「人性與獸性」，無法強調「人禽之別」。而且，若不以「性善論」爲基礎，道德實踐將僅成爲意志操作之決定甚至是克制、強迫而後有，忽略人可以從「性善」這個基礎產生「道德開端」來「自然地行善」。

2.「性可以爲善可以爲不善」（性可以造成善，也可以造成不善）：這是從「結果」上來說的，對孟子來說毫無教育意義。細深究之，此說若誤用，還可能會造成合理化人的惡行（因爲爲惡也是性），並且讓人忽略「道德發端」這一人人皆有的事實。

3.「性善性不善」（有人是性善的，有人是性不善的）：此種說法與上述類似，對孟子而言無法帶來正面意義，只是在結果上來說明人的行爲及其根源而已。

上述的回應乃奠基在孟子思維上來說的。孟子認爲，只要順著我們「性善」所發的那種心、表露出的道德情感之當下，所有人都可以去行善的，這過程就是他說的「性善」要旨。孟子的意思是，當「四端」開顯時，當我們徹底思索與體驗這種「道德之開端」（例如惻隱之心）來自於「自我」之時，就能確定這紮實的內涵並不是別人給你的、不依靠外在訓練而後才產生的。而既然可以肯定（或無法否定）我們有這種內在，接下來就是依此自身的「性善」與其「開端」來行事就可以了。若此說可行，哪來的上述其他三種說法呢？而「性善的人」卻「爲惡」的這種事實，孟子則補充說明：當有人做不到「善」時，並不是「性」的問題，也不是資質的問題，而是他有沒有盡力去擴充、去實踐本有的「性善」而已。

行文至此，或許讀者們會認爲孟子的「性善論」很難符合於現實生活中的種種現象。回到孟子立場的解釋則是，「性善論」與「四端之心」是一種直指內心、是一種自我反省、自我省思之後的體驗內涵。面對多種現象時，孟子根本不在意「後來的外在現象」（例如很多人爲惡）是否與「性善論」相違背，他在意的是「道德自我確實存在」這一事實，並道出這種「內存與開顯」的狀態如何可能。孟子認爲，這樣的「內存與開顯」將在「惻隱之心」等四端內涵中得到深刻印證。因此，不論外在世界呈現狀況如何地「惡」、如何的「混亂」，對孟子來說都無法駁斥「性善論」了。

歷代儒者針對「惻隱之心」這一發端的細部解釋，較爲淺顯且又點出核心內涵的說法，可舉錢緒山先生（王陽明弟子）精要談論，他曾說：

> 「今人乍見孺子入井，皆有怵惕惻隱之心」，怵惕惻隱是謂善矣。然未見孺子之前，皆加講求之功，預有此善以爲之則耶？抑虛靈觸發，其機自不容已耶？……。赤子將匍匐入井，自聖人與塗人，並而視之，其所謂怵惕惻隱者，聖人不能加而塗人未嘗減也。但塗人擬議於乍見之後，已洊入於納交要譽之私矣。然則塗人之學聖人也，果憂怵惕惻隱之不足耶？抑去其蔽，以還乍見之初心也。[2]

> 看到小孩將要跌入井中，我們都會產生驚恐不忍的「心」，而這種「惻隱之心」就是「善」。然而，還沒看到小孩跌入井中的我們，要去強調這項事實、道理，來準備這樣子的「善」來實踐嗎？難道這種突然的道德開顯、發動，其細微、微妙之處無法自我掌控嗎？……。小孩將跌入井中，從聖人到一般人一起來觀察的話，所謂的「惻隱之心」在聖人身上與一般人身上都是一樣的。但一般人看到這種狀況之後，事實上已經多次考量那些結交朋友、聲譽等方面的內容了。因此一般人學聖人，難道是煩惱沒有這種「惻隱之心」嗎？還是去學習去除私欲，以回到那本來無雜的道德初心呢？

上述引文重點，在於論述「人」的道德感發是一樣的，不管是聖人還是一般人都有同樣的「惻隱之心」這種「善端」的開展事實，我們不必針對這種「善端」來學習，也不是強調「善端這個道理」，也不必預想這種「善端」的開顯是否不確定、不穩固。而是應該去注意，一般人（我們）在道德發端之後，無法維持這樣的「初心」而無私欲地自然實踐、盡可能的延伸而已。**因此一般人所要學習的，不是學習如何發出「惻隱之心」，而是學習「惻隱之心『之後的自我』」如何保持與擴充**。因此，許多不行善、違背道德內涵、甚至爲惡的事實，在孟子與傳統儒者的視角之下都將不違背「性善」內涵。也就是說，所有的「惡」這一類的事情，是自我思慮選擇之後，才自願去違背此初心的開顯。

因此，「如何維持本來的初心（本心）」將相當重要了。之前已經多次提過，孟子曾強調所謂的「意志決定」，就是決定自我不去選擇惡，也不去選擇滿足私欲來影響自我之善（本心）。而這種強制自我的方式，在「性善論」思維系統下仍是需要的，孟子雖點出人都有「性善」的「內存」，卻不代表「性善」的「完成」。換句話說，我們知道我們「性善」，（考驗）才正要開始而已！據此，孟子也認爲人是需要有這種動態的、操作之「心」來作爲輔助，如此搭配，「性善論」將更加完整了。而這種涉及「心」的「操作」，簡單的說就是「專心一致」地保存、開顯本有的「善」；他說：

> 孟子曰：「無或（惑，疑惑責怪）乎王（指齊王）之不智也！**雖有天下易生之物也，一日暴之，十日寒之，未有能生者也**。吾見亦罕矣（指孟子見齊王的機會很少了），吾退而寒之者（摧殘齊王而導致其本心而流失的人，此指涉小人、奸臣）至矣，吾如有萌焉何哉（要我怎麼幫助齊王萌生善心呢）？今夫弈之爲數（技術、算計），小數也（小智巧）。**不專心致志，則不得也**。弈秋（古之善弈者），通國之善弈者也。使弈秋誨二人弈；其一人專心致志，惟弈秋之爲聽；一人雖聽之，一心以爲有鴻鵠（大雁）將至，思援弓繳（以繩繫箭而射之）而射之；雖與之俱學，弗若之矣。**爲是其智弗若與？曰：非然也**。」

《孟子．告子上9》。孟子說：「不要疑惑齊王是否是不智（這裡的「不智」主要是說明「學習善」跟所謂的「才智」無關）的人了。雖然有天下容易生長的東西，但你只一天曝晒它卻有十天讓它受寒，也無法生長了。我見齊王的機會很少了，我一旦不見齊王，小人們都來了，這樣要我如何幫助齊王萌發善心呢？今天又以下棋來說，下棋是一種小技巧；但若不能專心一致，還是無法學好。奕秋是全國最精於下棋的人，請他教導兩個人下棋，其中一人專心聽奕秋的教導，另一個人雖然聽，但心裡面卻想著有大雁要飛來，想要射下牠；同樣都是學習，但卻比不上人家。是因為他才智不夠嗎？當然不是。」

上述則表達孟子對「心」的兩方面論述；「本心」或是「善端」雖然內存，但保存與否端看個人了。而保存與否的關鍵也在於「自我之心」，也就是上文所說的「專心致志」，而此種「專心致志」則屬動態操作的「心」（選擇、決定）。但不管「操作意義」的「心」還是「本心自然開顯」，保有的方法在於不讓「本心」受到傷害，這是你自己可以決定要不要保有的。除了上述的「專心致志」，孟子使用許多譬喻、舉例的方式來陳述他的思想要旨；我將於下小節舉出各種孟子論述「心性」的模式。

㈡孟子論「心性」的理論脈絡——類比、譬喻、舉例與論辯

孟子「論性」是他的學說要點，主要呈現「性善」之外，更想要把「性善」的合理成分說出。上小節已經從「心」的角度來說孟子如何論「四端之心」與「本心」，且聯繫於「性善論」之談論。雖然從邏輯證成考量上來說，孟子的論述並非成功；但從人的內在體驗與價值認定上，個人認為孟子的說法仍是合理的，而且是值得學習與認同的。面對與體驗孟子的「性善論」時，可自然知曉儒家哲學的思維特色中，並不是提出嚴謹的邏輯思辨作為教學方向，而是充滿了道德層面的實踐性與體驗性內涵來作為導引。就「性善論」來說，孟子曾反對用「結

果」來論述「性」這一根源：

> 孟子曰：「天下之言性也，則故（根據經驗上的已然跡象推之）而已矣；故者，以利（順，指自然之勢）爲本（基礎）。所惡於智者，爲其鑿（穿鑿附會）也。如智者若禹之行水（治水）也，則無惡於智矣，**禹之行水也，行其所無事也（指沿著水的自然之勢來加以引導至低窪處）**。如智者亦行其所無事（論述「性」的時候應像大禹那樣順著水流下的自然趨勢，而不穿鑿附會），則智亦大矣……。」

《孟子．離婁下26》。孟子說：「天下的人在談論『性』的時候，可從經驗上的結果來推論，可以順著自然之勢這種細部觀察來作爲論述基礎。而我之所以會厭惡那些巧論之『智者』，是因爲他們穿鑿附會的多。如果那些『智者』像大禹治水那樣順著水的趨向來導引，來述說人性，我就不會厭惡他們了。大禹治水的時候，用水的趨向性來導引水流而不是反轉遏阻。如果是『眞的智者』論述人性，就應該抓住這種自然導引的方式來論述，這樣的『智』就是重大的了……。」

上述，或許孟子是在強調自身「性善論」的合理性，但重點在於，他認爲人有行道德之趨向，也就是「有四端之心」而欲行善的事實，因此認爲只要加以「順勢導引」，即可如大禹治水那樣的「行其所無事」。也就是說，內存「性善」的我們本自具足行善的所有條件，不需要再加什麼內容進去了。但一般人「論性」的時候卻不從這個先天內存的「善端」來觀察，這是孟子反對的主因。據此來說，孟子的觀察視角，雖然也屬於「經驗上」的，但更重視深刻的內在體驗，而且他觀察的細節絕非以「結果上的善惡」來判斷人的內存基礎，而是「四端之心」之「發」的那種「自然產生」之情況。

既然孟子承認「性善」內存，因此關乎「仁義」這種道德核心語辭，孟子提出所謂的「仁義內在之說」。也就是說，「仁義」不僅僅是從經驗上觀察到的事實結果而已，其實在「一開始」早已內聚於心，應外則順勢發展出「各種仁義的行爲」而後被人觀察到；他說：

孟季子問公都子曰：「何以謂義內（義是在內的）也？」曰：「行吾敬（我實踐的時候是從內心發出的敬），故謂之內也。」「鄉人長於伯兄（長兄）一歲，則誰敬？」曰：「敬兄。」「酌（斟酒）則誰先？」曰：「先酌鄉人。」「所敬在此（內心所敬是兄長），所長在彼（依照符合禮儀的義來說斟酒是先給同鄉之人）；果在外，非由內也。」公都子不能答，以告孟子。孟子曰：「『敬叔父乎？敬弟乎？』彼將曰：『敬叔父。』曰：『弟爲尸（尸主；主持祭祖時，雖弟卻象徵爲神，故敬之），則誰敬？』彼將曰：『敬弟。』子曰：『惡在其敬叔父也（爲什麼你剛剛說要敬叔父）？』彼將曰：『在位（尸位）故也。』子亦曰：『在位故也（先給鄉人斟酒，是因爲他在客位的緣故）。』庸（平常）敬在兄，斯須（須臾，只暫時）之敬在鄉人。」季子聞之，曰：「敬叔則敬，敬弟則敬；果在外非由內也。」公都子曰：「冬日則飲湯，夏日飲水。然則飲食亦在外也？」

《孟子．告子上5》。孟季子問公都子說：「什麼是『義是在內』的呢？」公都子說：「我實踐『敬』的這一項行為，是從我內心發出來的，因此說是『內』。」孟季子說：「同鄉之人若長於長兄一歲，你會尊敬誰呢？」公都子說：「尊敬長兄。」孟季子說：「如果替他們斟酒的話，你會先斟酒給誰？」公都子說：「先斟酒給同鄉。」孟季子說：「內心尊敬的是長兄，但若按照禮制義理來說，斟酒會先尊重同鄉，因此『義』是外在決定的，不是在『內』啊！」公都子無法回答，把這對話告訴孟子。孟子說：「你可以問他：『平常時日是尊敬叔父呢？還是尊敬弟弟呢？』他將會說：『尊敬叔父。』你再問他：『弟弟做祭祀尸主之時，是敬那一個？』他會說：『尊敬弟弟。』那就問他：『為何剛才會要敬叔父呢？』他會回答：『因為弟弟是在尸位啊！』那麼你就可以說：『先斟酒給同鄉長者，是因為他在客位啊！』平常的恭敬是在兄長上表現，暫時的恭敬是表現在同鄉。」孟季子後來聽到孟子所說的，說：「尊敬叔父就尊敬叔父，尊敬弟弟就尊敬弟弟，可見『尊敬』是因人而轉移的，內心無法做決定因此『義』是在『外』，而非『內』來決定。」公都子說：「冬天喝熱水，夏天喝冷水；若按照你說的，難道飲食選擇的決定也都是在『外』嗎？」

上述，一開始孟季子認為「義」這種道德內容並非來自「內在」，因為有不同的情況需要做不同的「義」之對象，因此「義」會受到來自於「外在」情況而有所改變。事實上，孟季子的說法並非完全錯誤，只是跟孟子的思考核心不同。孟季子只是簡單說出「義」所行的方向與表現，會受到狀況、對象不同而有所「改變」，因此認為「義」的「表現方式」是「外在決定」

的。但孟子談的內涵則更加深入；他認爲「義」雖然會因爲外在狀況或是對象而有改變之可能，但究底來說，根本上的「恭敬」……等這些行爲而符合「義」的狀況時，都是「來自於」我們自身「內在所發」才會出現，至於行爲會有所不同，也是爲了符合狀況所需而自然不同。而後，公都子理解孟子的意思之後，也用了比喻來說明「義內」就猶如我們喝水一樣，會因爲情況不同而有所改變，例如夏天想喝涼的，冬天想喝熱的；但促使我們要喝熱或涼，當然來自我們「內心」，「外在」僅是次要的條件而已。

上述內涵簡單來說，孟子認爲「仁義」這類的事情，必然是先「發自於內而行之於外」的，且不管「外」的變化如何，「仁義」必然先發於「內」才是孟子所認同的實踐模式；甚至這種「仁義內在」不僅僅是「發自於內」的意思而已，也有「本自內存」的意思，此即回應他自身所說的「四端之心」與「性善內存」的那種談論。他曾補充說：

孟子曰：「**求則得之，舍則失之；是求有益於得也，求在我者也**（所求的內容本來的自我就擁有，此指仁義之相關內容）。求之有道，得之有命；是求無益於得也（這種「求」是無益於獲得之保證），求在外者也（因爲是求自身沒有的東西，當然不保證能擁有）。」

《孟子．盡心上3》。孟子說：「『求』就能得到，『捨棄』就會失去的那種內涵，是說明『求』就能夠有益於『得』的內涵，而且是在自身上求己的內涵。至於自身的外在種種，雖然有『求』的方法，但能不能得到卻有『命』的成分在其中；這些是『求』也無益於『得』的內涵，是因爲所『求』的內容是在己身之外的。」

上述孟子如此有自信地認爲這種善的德性（仁義）與開顯將可以輕易獲取，只要「你願意的話」就可以「求則得之」，而且重點在於「求在我者」，亦即在「自身本來就有」的一種「自求」的過程，此類似孔子「我欲仁斯仁至矣」的論說。另一方面，若對比於「求外」的那種「求」，也就是追求「自身本來沒有」的外在事物，當然有所謂的「求的方法」，但是否能得到就得看「命」（非人爲能掌控、不確定因素）了。而這種「自有」的道德內容，孟子曾補充說這是不用學習思考就內存的，他說：

孟子曰：「人之所不學而能者，其良能也；所不慮而知者，其良知也。孩提（二三歲之間）之童，無不知愛其親也；及其長也，無不知敬其兄也。親親，仁也；敬長，義也。無他，達之天下也（天下通達普遍都有的，指仁義內在，性善內存是人人都有的）。」

《孟子．盡心上15》。孟子說：「人之所以不必學就『能』，是因爲有內在之『良能』；之所以不思慮就能『知』，是因爲有內在之『良知』。小孩子都愛他的父母；長大後，都知道尊敬他的兄長。親愛他的父母，是『仁』；尊敬兄長，是『義』。這沒有別的緣故，因爲這樣的仁義內存是人人都有的。」

上述要注意孟子談論的脈絡以及語境；若以邏輯思辨的方式來考察孟子的談論，可說「未必然」，但與其說孟子要「證明」他的理論，不如說他試圖提出一項難以否認的事實。他認爲，有某種「不必學」就能夠做到的能力，叫做「良能」；又有不需要思慮就能知道的能力，叫做

「良知」。孩童愛父母（仁）、長大知道尊敬兄長（義），而這些「仁義」的表現都是通達天下皆然的。

孟子的說法或許稍嫌「理想」，但在一般的狀況下來說，孟子主要是提點我們關於「仁義」內在（良知良能），可以從我們自然地愛父母、知道尊敬兄長這些事實得到體驗與印證。回到之前孟子談論「四端」時，都表達出說孟子強調這種「愛與敬」的「生出之當下」來自自我而不依賴其他，也不是透過學習或思考才有，在這樣的脈絡下說「不學不慮」。因此，孟子的說法並不是完美的證明，他提出的是一種合理的解釋或是觀察，下則亦然：

> 孟子曰：「**富歲子弟多賴（懈也），凶歲子弟多暴：非天降才爾殊（如此）也，其所以陷溺其心者然也**。今夫麰（大麥），播種而耰（覆種）之，其地同，樹之時又同，浡（蓬勃）然而生，至於日至（夏至）之時，皆熟矣；雖有不同，則地有肥磽（地堅硬貧瘠），雨露之養，人事之不齊（人爲的耕種勤勞程度不一）也。**故凡同類者，舉（皆）相似也，何獨至於人（此指對人性的看法）而疑之！聖人與我同類者**。故龍子（古代賢人）曰：『不知足（不知道腳的大小）而爲屨（草鞋），我知其不爲蕢（此指雖然不知道腳的大小做草鞋，但不至於會做成草筐）也！』屨之相似，天下之足同（形狀皆相似）也。口之於味，有同耆（嗜）也，易牙先得我口之所耆者也；如使口之於味也，其性與人殊，若犬馬之與我不同類也，則天下何耆皆從易牙之於味也？至於味，天下期於易牙，是天下之口相似也。惟耳亦然。至於聲，天下期於師曠（晉平公樂師，善音樂），是天下之耳相似也。惟目亦然，至於子都（古

之美男子），天下莫不知其姣（美也）也；不知子都之姣者，無目者也。故曰：口之於味也，有同耆焉；耳之於聲也，有同聽焉；目之於色也，有同美焉。**至於心，獨無所同然乎？心之所同然者，何也？謂理也，義也；聖人先得我心之所同然耳！**故理義之悅我心，猶芻豢之悅我口。」

《孟子．告子上7》。孟子說：「豐收年時候的人多是怠惰懶逸的，歉收荒年時候的人大多殘暴。這不是天生的才能不同所導致，而是環境因素導致自我將內心陷溺其中而變壞的。現在用麥來做例子：播種蓋土之後，所種的地方相同，種的時間也一樣；蓬勃生長至夏至時，都成熟了。雖然收成的多少不一樣，但那是土地有肥沃有貧瘠，以及雨露滋潤有著不同，而且人為耕種的勤勞度不一樣的緣故啊！所以凡是同類的，皆相似，為什麼對於人性的看法會有所懷疑呢？聖人跟我們也是同類的啊！所以龍子曾說：『雖然不知道腳的大小就去做草鞋，但我知道他絕對不會做出草筐！』草鞋長得都相似，因為天下人的腳都相同啊！而我們的口對於滋味，有同樣的嗜好傾向，易牙是先得到我們口味嗜好的那種人；如果口對於滋味，我們自己的天性喜好跟他人都不一樣，就像跟犬、馬那樣的不一樣，那麼天下人為何都喜歡易牙烹煮的滋味呢？滋味，天下人期待吃到易牙煮的東西，是因為天下人的口味有相似之傾向。耳朵也是如此，我們對於聲音，天下人都期待聽到師曠所奏的音樂，這是天下人耳朵喜好相似。眼睛也是如此，對於子都，天下人沒有不知道他的俊美，不知道子都俊美，簡直是沒眼睛的人。所以說，口對於滋味，有同樣的嗜好；耳對於聲音，有同樣的嗜好；眼睛對於美色，有同樣的嗜好。至於心，難道就獨獨沒有相同的地方嗎？心所共同嗜好者是什麼？是『理』、『義』而已；而聖人是先得到我們內心的共同認同（義理）而實踐給我們理解而已。而這種『理』、『義』之愉悅我們的內心，就好像牛羊犬豬之類的食物愉悅我們的口一樣。」

上述孟子以簡單的類比方式來慢慢推衍，以敘述「心之所同然」這一事實。首先他指出，豐收、歉收之年，百姓分別多呈現懶逸與暴戾；但孟子說「多」而不說「必」，則代表人有拒絕成爲「懶與暴」的能力內存，此乃孟子所注重的「意志方面」的自我決定力，或是因本心之發而自然不流於「懶與暴」。另一方面，對「人性」的看法，要從細節來觀察而不能僅觀察最後的「結果」，就猶如同樣耕田的人，因爲耕田的各種條件不同、耕田的努力程度不同，有不同的「結果展現」是很正常的。「人性」也是如此，對於同等俱足的「性善」所做出的努力維持、擴充……等，同樣因人而異，因此有不同的結果。

此外，孟子更以人的嚮往與價值認同來比喻，述說人對於某些對象的趨向與愛好是相通的；例如喜歡看美好的東西、吃好吃的東西……等，而「心」是否也有同樣喜好的呢？孟子認爲是有的，此乃道德方面的「理」、「義」。人都希望有「理」、「義」及其展現，就猶如希望有美好的社會環境、人有好的人格、身處於好的國家、國家有好的國君……等等。這些都是「心之所同然」的內容，而聖人作爲先導，展現出值得追求、嚮往的美好讓我們學習之。這種理想價值的偏好，孟子認爲是人心皆同的。

上述強調「義理」（道德）認同是大家的共通點，加上孟子承認「人人皆性善」，發展善行或勸勉正向實踐，將是一種「順向導引」而非「逆轉本性」了，因此他曾與告子論辯說：

告子曰：「性，猶杞（ㄑㄧˇ）柳（落葉灌木，樹枝柔，曲折加工後可作爲桮棬）也；義，猶桮棬（ㄅㄟ ㄑㄩㄢ）（用支條編城杯盤塗漆加工成爲杯皿）也；**以人性爲仁義，猶以杞柳爲桮棬。**」孟子曰：「**子能**

順杞柳之性，而以爲桮棬乎？將戕賊（殘害）杞柳，而後以爲桮棬也？將戕賊杞柳而以爲桮棬，則亦將戕賊人以爲仁義與？率天下之人而禍仁義者，必子之言夫！」

《孟子．告子上1》。告子說：「性，就像杞柳一樣；義，就像桮棬一樣。要從人的性去實踐仁義這類事情，就像把杞柳做成桮棬一樣。」孟子說：「你能夠順著杞柳的本性來做桮棬，還是殘害杞柳的本性來做桮棬呢？如果要殘害杞柳才能做桮棬，那麼也要殘害人的本性才能去實踐仁義嗎？這種率領天下人去禍害仁義的說法，就像你這種言論了。」

上述，告子認爲「性」的材質猶如杞柳，質地柔韌可陶冶、改造之，因此「行仁義」猶如可作爲杯盂這種器皿。但孟子則認爲，把「性」與「仁義」的關係比喻成這樣是不對的，因爲性善內存、仁義內在，對於仁義的發展並不是「扭曲」或「改造」本性才會有，而是「順著本性仁義」就可以自然發展的。若是要扭曲自己的本性，那就是殘害自己的本性仁義了。

孟子的批評似乎過度了，因爲告子僅是從陶冶、改變本性這方向來講，而且告子對「性」的主張本來就與孟子不同。但孟子的意思也不難理解；他認爲「性」與「仁義」根本就是同一內容，根本不需要有所謂的「扭轉」、「陶冶」、「淬鍊」這種類似「反轉本性」的過程，因此批評告子的言說是違反「性」的內容。即使我們無法自然的從「性善」開顯來實踐道德，而得透過「意志決定」克制許多欲望之後決定去實踐道德；但以孟子的視角來說，這也不是「殘害自我的本性」，僅是純粹地克服己身的過度私欲而已。重點是，孟子認爲人可以從「性善內存」而自然開顯四端並實踐之，這不需要有什麼「扭轉」過程，從「惻隱之心」這細微處就可體驗人有這種內在，進而順向落實之，何須「扭轉本性」呢？

「性善論」的立場孟子不但嚴守，下引文則以某種「趨向」、「傾向」來說明「性善」，他與告子論辯時又說：

> 告子曰：「性，猶湍水也；決諸東方則東流，決諸西方則西流。人性之無分於善不善也，猶水之無分於東西也。」孟子曰：「水信（誠也，實也）無分於東西，無分於上下乎？**人性之善也，猶水之就下也；人無有不善，水無有不下**。今夫水，搏（擊）而躍之，可使過顙ㄙㄤˇ（額）；激（阻遏）而行之，可使在山。是豈水之性哉，其勢（外在力量）則然也。人之可使為不善，其性亦猶是也。」

《孟子．告子上2》。告子說：「人性，就像急流的水一樣，疏導向東方就向東流，疏導向西方就向西流。人性是沒有善或是不善的差別的，就向水本來不分東、西一樣。」孟子說：「水流的動向確實沒有必然向東與向西的分別，但沒有分上下嗎？人性是『善』的狀況，就猶如『水必然向下流』這個現象一樣。據此來說，人沒有不是性善的，就像水沒有不往下流的這個事實一樣。今天把搏擊水使它激起，是可以高過人的額頭；阻塞它，可以流向山坡；但這難道是水本來的樣態嗎？是外在力量導致的緣故。因為外力而讓人做出具體的壞事，對於『人性善卻為惡』來說，就類似這樣。」

上述，告子認爲「性」像「水」一樣，流動發展的方向不確定，因此人有不同的善惡發展。而孟子同樣把「性」比喻成「水」，但指出「水往下流」的這一個特性就好像「性是善」一樣的必然。雖然透過外力可造成水不往下流，猶如外在因素讓人失去了本來的「性是善」一樣，本來的性善狀態卻不是後來所呈現的那樣（善），是後來的許多原因所導致的。當然，孟子的論證並非完全正確，因爲他是先「預設性善」才用此種類比來說明；但究底來說，孟子之所以承認「性善」是來自於「四端之心」的相關論述，諸如此類的譬喻方式，僅是一種補充說明而已；又如：

> 雖有天下易生之物也，一日暴之，十日寒之，未有能生者也。

《孟子．告子上》。雖然有天下容易生長的東西，但你只一天曝晒它卻有十天讓它受寒，也無法生長了。

此引文之前亦有提過；即便有天下最容易生長的東西，如果只有一天去曝晒它，卻有十天讓它處於陰寒，還是無法生長的。這也是從比喻上來說「性善」是需要好好的培養而不要殘害它，雖可以得到一些類比上的成功，卻也突顯孟子思維上的主觀立場。若再深入探析，針對「性」本身的定位與內容，孟子同樣嚴守性善論立場，又與告子爭論而說：

告子曰：「**生之謂性**。」孟子曰：「生之謂性也，猶白之謂白與？」曰：「然。」「白羽之白也，猶白雪之白；白雪之白，猶白玉之白與？」曰：「然。」「然則犬之性，猶牛之性；牛之性，猶人之性與？」

《孟子．告子上3》。告子說：「與生俱來的就叫做『性』。」孟子說：「與生俱來的就叫做『性』，是否就如凡是生來具有『白』色的性質的就叫做『白』那樣的狀態嗎？」告子說：「是的。」孟子說：「白色的羽毛的白，猶如白雪的白；而白雪的白，猶如白玉的白嗎？」告子說：「是的。」孟子說：「這樣的話，狗的性就猶如牛的性；而牛的性，就猶如人的性？」

上述，孟子故意挖陷阱給告子跳，想不到告子眞的跳進去了。告子說「與生俱來的叫做性」，而孟子所說的「凡與生俱來的叫做性，是不是如同與生俱來有白色的特質就叫做白」、「白羽毛的白如同雪白、白玉」？而告子都回答「是」。這樣的話，孟子反問「性在牛上、狗上」都叫做「性」，而「牛性」跟「人性」一樣嗎？

上述，孟子自身的主要述說用意，在於點出「人性」與其他動物之「性」有所不同，而給予了兩層次的陷阱給告子。第一，可從外在輕易觀察到的「特性」如「生之謂性猶白之謂白」，告子居然回答「是」。但孟子「論性」的「性」明顯不是外在可輕易觀察的性質（例如孟子舉的「顏色」），而是內存的「性」，因此告子把「與生俱來的性」視如白色的「白」，就與孟子論「性」的層次不同了，因爲「白」是外在顯而易見的東西，而孟子的「性」卻是一個未能清楚認知的內涵（雖然孟子認爲是「善」），僅能透過道德發端來體證而逆推之。第二，「白」這個特性是一種外在特質，許多物品、甚至衆物之間、人皆有此類特質；這是一種「諸物共同」之表現特質（例如每個物品都可有「顏色」這一外在特質），絕非孟子所說的「性善」之「人之所以異於禽獸者幾希」那種「人獨有」的內容。因此，孟子則故意說：「如果『白』的特性不管在何處、何物身上其內容都一樣的話，那麼『性』在牛、馬、人身上不就都一樣了？」

孟子並不是眞的駁倒告子，而是說告子的主張無法呈現「人性」獨特的「性善」、與其他動物明顯不一樣的內涵，告子把「性」僅用「與生俱來」來泛泛的談，雖然並不是錯誤，但過於含混且忽略人與禽獸「與生俱來的內在之差別」。另外，若延伸之前曾談論過的「仁義內在」的問題，孟子也曾與告子論辯過：

告子曰：「**食色**（愛吃好吃的東西，喜歡美好的事物與人），**性也。仁，內也，非外也；義，外也，非內也。**」孟子曰：「何以謂仁內義外也？」曰：「彼長（年長）而我長（尊敬）之，非有長於我也（並不是我本來就想尊重他而尊重他），猶彼白而我白之（就好像一個東西是白色我才稱它是白色一樣），從其白於外也，故謂之外也。」曰：「**異**（「**年長**」與「**白**」是不同層次的內容）；**於白馬之白也，無以異於白人之白也**。不識長馬之長也（尊重年老之馬），無以異於長人之長與？且謂長者義乎（你說的所謂「義」是出於年長的人呢）？長之者義乎（還是出於尊敬老者的人自身呢）？」曰：「吾弟則愛之，秦人之弟則不愛也，是以我爲悅者也（這種仁愛是完全以我內心的喜愛來取決的），故謂之內。長楚人之長，亦長吾之長，是以長爲悅者也（是以對方的年長這種外在條件來取決的），故謂之外也。」曰：「耆（嗜，喜愛）秦人之炙（烤肉），無以異於耆吾炙。夫物則亦有然者也，然則耆炙亦有外與？」

《孟子．告子上4》。告子說：「愛吃好吃的東西，喜歡美色，這是人的天性。而『仁』是內在的，是從我內心發出的而非來自外在；各種『義』則是從外在學習來的，並非來自於內在自我。」孟子說：「爲何你要說『仁內義外』呢？」告子說：「由於對方年長於我，因此我尊重他爲長輩，但這並非是我本來就想尊重他；就猶如一個東西是白色，而我稱它是白色，白色是它的外在，因此我說例如尊重這種『義』是來自於外在的。」孟子說：「『長』與『白』的內涵層次是不同的。照你這樣說，白馬的白不就跟白人的白沒有不同？而這樣說的話，不知道尊重年老的馬與尊重年老的人，是不是也沒有不同呢？而且你說的『義』，是出自於對方是長輩的緣故，還是出自於我尊重他年長呢？」告子說：「自己的弟弟，我就親愛他，秦國人的弟弟我就不愛他，可見這種仁愛是以我內心來決定的，因此說是『內』。而尊敬楚國人的長輩，也尊敬自己國家的長輩，這是依靠外在年齡條件來取決的，因此我說是『外』。」孟子說：「喜歡吃秦國人做的烤肉，跟我自己做的烤肉沒什麼不同，各種事物都有類似這情況，難道吃烤肉的喜好也來自外在決定嗎？」

上述，告子認爲「仁愛」的起源是來自於「內心」，而「義理」這種內容則來自於外在所決定的。外在有許多對象、各種情況讓我們取決是否要這樣做，例如尊敬年長的人，「年長」是外在條件，因此認爲「義理」這種事情是來自於「外」。但孟子認爲，不論外在的條件與對象爲何，「義」究底來說還是來自於「內心」的。我們去尊重、喜愛某些對象時，雖然「外在」諸條件會影響我們的作爲，但從根源來說，還是起源於「自身的發心」，或是發心後兼含判斷與價值認定。猶如喜歡吃烤肉，不論是他國的烤肉還是自己做的烤肉，這種「喜愛的發心」還是來自於「自己」。同樣的，不論尊重人或馬、本國的老者還是他國的老者，都來自於同樣內在的「義」之「心」所導引。

或許孟子刻意忽略「外在」的影響？事實上孟子只是強調，不論「外在」狀況如何，「仁義」這種行爲之所以有意義，必然是「發於內才行之於外」。外在各種條件雖可能影響「義」的判斷與作爲，但孟子不是要談論「『義』是否因外在而判斷或作爲與否」，而是強調「眞正『義』的起源來自於內心」。

上述是孟子堅持「性善論」與「仁義內在」爲前提的各種談論與論辯，頗有教育意義與勸勉效果。不論「性善」在理論上是否得到證成，或是否成功說服他人，但個人認爲，在嘗試理解孟子的述說用意下，我們將難去說自身無行善之能力、沒有實踐根源、沒有道德的自覺吧？

第二節　「天性命」等抽象問題

「天性命」問題頗爲複雜且抽象，且不同人各有其詮釋與延伸發展。在中國遠古以來的思想中，「天」概念是複雜的，而且有多種表述「天」之詞；例如《詩經》中有以「皇天」[3]、「昊天」[4]、「旻天」[5]、「上帝」[6]……等來稱呼「天」，也有把「天」的「意志」加以突顯的，且看上下文句來體驗。例如《詩經》〈大雅．召旻〉：「旻天疾威，天篤降喪……。天降罪罟……。」或《詩經》〈大雅．桑柔〉：「倬彼昊天，寧不我矜？」此內涵則把「天」視爲有某種意識性的「人格天」。當然不僅於《詩經》，《尙書》[7]、《周易》[8]……等多古書論及「天」的用法相當複雜，在孔子之前關於「天」的論述，至少可涉及「意志性的天」、「神格性的天」、「自然性的天」，且各種內涵可能互有穿插，且看強調何種層面爲主。

另外，若以「性」、「命」來說，也有多重意義與使用；當然，此書無法談論這麼多種複雜用法，也不需要把談論重點放在此類。此節論及的「天性命」當然扣緊在孟子思想內部來談。上述僅是表達，抽象內涵的「天性命」在中國傳統思想中有著涵意之變化使用，且得視上下文而定。在孟子重視自我主體意識之決定、強調實踐道德，「天性命」在他的思想中是如何「使用」的？我之所以用「使用」一詞，是因爲傳統上談論「天性命」的諸多論述中，不一定是孟子所滿意的；或說，不一定孟子全面接受的；因此，孟子即便使用「天性命」這些字詞，將有他自身的特色。因此此節的方向在於，孟子使用「天性命」內涵的主要用意與方向是什麼？孟子既然強調「人」的自我主宰性與決定力，面對傳統文化中所涉及的抽象、宗教性、鬼神內涵又是如何應對的？

當然，在古代中國社會對於「天地鬼神」之崇敬是明顯存在的。這一方面來自對未知領域所產生的敬畏，甚至產生某種恐懼心理。若簡化來說，這種「未知領域」（或說：未能詳細或清晰地確知）的「天」、「命」、「鬼神」……等，我將暫時簡化為「非人為可（確定）掌控」之內涵。另一方面，傳統社會的宗教性質濃厚，時常涉及這種抽象領域，且對「天地」、「鬼神」的談論時有分開來說，也有合起來說的。例如墨家對「天志」、「明鬼」與「非命」的談論可說是一大特色，建立某種「義」的貫徹。[9]但在中國老傳統中，宗教儀式與祭祀、祭祖……等內涵，均脫離不了這種「未知領域」、「非人為可掌控」的深遠影響。而孟子之前的孔子，也曾對「天」、「性」、「命」、「天命」這些內涵做出些許描述，但孔子不是給予這些內涵「明確的定義」以及建構嚴謹的系統來宣說。此節在導引讀者直接理解孟子的談論，盡可能不用後來儒學的豐富詮釋來加以解讀。

我想先稍微談一下，孟子論述有關「抽象層面」（或說「超越性」）時的「內在考量」。個人認為孟子對「天」、「命」等涉及形上議題的談論，如同孔子，並非把學說重點放在此處。當然，後儒對孟子的「天性命」問題的延伸談論甚多，也將孟子偶爾論說的形上意義之「天性命」問題與其他經典結合來談論、一併體會，並且有一定程度的個人詮釋在其中（例如宋、明儒者之程頤、程顥、朱熹、陸象山、王陽明……等著名儒者）。然則，若回到孟子學說內容的比重來看，此「天性命」三者關聯的談論相當少，可見孟子的教化點應不是專注在此處，而如同孔子一樣的關切人倫日用爲主。然而，此方面（形上層面）思想雖然與道德實踐等論述來說相對較少，仍代表一定的思維價值與學說上的輔助。有關「天」的談論，個人認爲在理解孟子的思想時，也應嘗試理解之。首先，先看孟子從「政治上」說的：

> 孟子曰：「**天時（上天之時，延伸爲得其時，較抽象）不如地利（地勢形勢之利，較爲具體），地利不如人和（民心人心之和，最具體可靠）**。三里之城，七里之郭（外城），環而攻之而不勝；夫環而攻之，必有得天時者矣（包圍攻打曠日持久，必有得天時的機會）；然而不勝者，是天時不如地利也。城非不高也，池非不深也，兵革（盔甲）非不堅利也，米粟非不多也；委（棄）而去之，是地利不如人和也。故曰：域（界線，此爲限制之意）民不以（不僅僅依靠）封疆之界，固國（鞏固國土）不以山谿之險，威天下不以兵革之利；**得道者多助，失道者寡助**；寡助之至（極至），親戚畔之；多助之至，天下順之。以天下之所順，攻親戚之所畔；故君子有不戰，戰必勝矣。」

《孟子．公孫丑下1》。孟子說：「得到天時不如得到地勢之利，有地利不如有人心之和。三里之城，外面圍繞著七里的外城，這樣的城池包圍起來攻打卻無法取勝。但既然是把此城包圍了，只要持續攻打持久奮戰，必然可以得到『天時』的時候了。若這樣還是無法取勝，那就是因爲『天時』比不上『地利』了。城牆並非不高，護城河並非不深，兵器盔甲並非不堅固鋒利，糧食也不是不多；但守城的人卻放棄城池而逃早，這是因爲『地利』比不上『人和』啊！因此說：限制人民，不能僅僅依靠封鎖邊疆國界；要鞏固國土，不能僅僅依靠高山天險；要威震天下，不能僅僅依靠兵器盔甲的堅固鋒利。能夠得正道且施行的國君，所得到的幫助就多；失去正道且施行劣政的國君，所得到的幫助就少。而幫助少到極致，連親戚都會背叛他了。得到幫助多到極致，天下人都會歸順他了。用天下歸順的情勢力量，去攻打衆叛親離的國君；這就是君子必勝的方法；因此有君子德行的國君不戰則已，一旦發動戰爭將是必勝。」

上述孟子的談論雖涉及「天時」這種抽象觀念，但從上下文可知，此處的「天時」是偏向經驗層面的考察下所說的「時機」，此種常識性意義並非難以理解。因此某詞（例如「天時」這一詞）涉及「天」這個字時，不一定就表示孟子在專論或重視形上層面的意義或建構。

當然，若回到《孟子》文本再次觀察，孟子使用較抽象層面之概念時，也不一定認爲這種涉及形上層面的內涵都不實用，例如「天」、「命」……等相關意義時常被孟子導引至道德內涵來一併談論，此部分後文將詳述。至於也屬抽象概念的「神」這一字，也被孟子使用來形述某種境地：

> 夫君子所過者化，所存者神，上下與天地同流……。
>
> 《孟子．盡心上13》。有德的君子，所過之處皆能教化他者，所存之心神妙莫測，他的內心與作爲，可以跟天地同流而不相違礙……。

可欲之謂善，有諸己之謂信，充實之爲美，充實而光輝之謂大，大而化之之謂聖，聖而不可知之之謂神……。

《孟子．盡心下25》。可以推己之所欲而至他人，叫做「善」；紮實的內存仁義叫做「信」；充實自我內存的仁義叫做「美」；充實且又發揚光大的，叫做「大」；發揚光大且教化於萬民者，叫做「聖」；而達到「聖」的程度，其作爲如同天地不可測度那樣神妙的，叫做「神」。

上述兩引文乃孟子強調人（有德者、聖人）有著某種崇高境界及其影響力，而且是難以說明清楚的，並以「神」來形容之。但務必注意的是，孟子此處的「神」是用來「形述」一種崇高性而非強調「神」的精確定義，也非「鬼神」（是否存有）之相關概念。孟子希望我們如君子、如聖王那樣的俱備道德，並且實踐、延伸之，在達到這種「超越性」或說「崇高境界」的內涵之前，所需要的準備工作仍是可觸及的道德實踐、求己……等方面。而這種從基礎累積、紮實的實踐，才是孟子的論述基點。

若說，孟子扣緊道德內涵，且延伸至較爲「抽象難解」之「天性命」，則當屬下文：

孟子曰：「盡其心者，知其性也；知其性，則知天矣。存其心，養其性，所以事天也。殀壽不貳，修身以俟之，所以立命也。」（《孟子．盡心上1》）

上述是孟子論「天、性、命」的著名論述；要理解上段「天、性、命」的內涵，則需先觀察他對「天」、「性」、「命」的諸多陳述內容，因此上述原典暫不加以白話解釋，而在後文的詳述之後，再來詮釋上段之語。

首先，關於「性」的涵義在之前曾談論「性善」內容時應可理解之，上述的「性」則屬「性善」之指涉。至於「天」的內容頗爲複雜而難以直接下定義，且文後又牽扯「命」這一複雜意思。因此，個人建議的理解步驟則是：先採取理解有關「天」與「命」、「性與命」的諸多內容之後（須注意的是，孟子並無論直接論述「天命」二字連用，僅有引用《詩經》時曾提及「天命靡常」這一觀念），再來理解孟子的「天與性」的關係；將分兩個小節試說如下。

一、從「命」中體會孟子的道德勸說

首先來觀察孟子論「命」的多方面意義，而我所要談論的「命」，並不是單純的具體「命令」意義（例如孟子曾提及「父母之命」），而是針對較抽象、不確定意義方面的「命」來談，例如說：

> 孟子曰：「莫非命也（人所應對的所有對象都有「命」的成分在其中），順受其正（而我們應該順著內在之仁義以選擇「正命」）。是故，知命（此指知曉上述的「正命」）者，不立

乎巖牆之下。**盡其道而死者，正命也**。桎梏（犯罪）死者，非正命也。」

《孟子．盡心上2》。孟子說：「所應對的所有事物都涉及『命』（不能掌握）的成分，而（君子）應選擇順著內在仁義所建立出的『正命』。因此，知道如何確立『正命』的人，不會站在即將倒塌的危牆下面。能夠盡己之力從事於正道而後死的，才是所謂的『正命』。因爲犯罪而死的，就不是所謂的『正命』了。」

上述的「莫非命也」，一開始或許會以爲孟子是所謂「宿命論」者，但「宿命論」立場明顯與孟子強調「道德自覺」、「性善開顯」這種重視自我主體的實踐能力、強調人有自我決定力的述說主軸相違背。因此，必須從上述的「盡其道而死」是「正命」來理解整段的意思。一開始孟子說，人的所面對的諸現象都可受到「命」（不確定因素，非人爲能掌控的成分）之影響，或說都有著不能掌握的內涵，但我們只要順著、自然接受自身的「仁義」去選擇「命」中之「正」來實踐、完成即可。於此可知，孟子點出有所謂的「正向之命」（即文末的「正命」），且補充另一重點則是；了解如何去落實自己「正命」的人，是不會故意選擇不好的處境（不站在危牆下面）來危害自我。而所謂「正命」，簡單的說是盡力修養自身、落實仁義……等，至「盡其道」而不移，至於因犯罪而死，則非「正命」。

因此上述引文的「命」至少有兩層面意思。一是一般人認爲的、孟子也不否認的，人往往會受到「命運」或「非人爲掌握」這些抽象因素所影響，因此孟子在這個視角下來說「莫非命也」。但馬上接續的論說重點則是，他強調人可以自我保護、自我選擇好的應對之路，也就是「在不確定的命運中『自我選擇』自己的正命、使命」。即便過程中會受到「不確定因素」的那種「命」、「運氣」……等內涵影響，但若能盡自我之力完成道德使命，就是所謂的「正命」。據此而言，在不能確定的「命運」中確立自我之「使命」才是孟子所要說的重點。

凡有關「不確定因素」這類的「命運」涵義，即便被孟子提到或承認之時，他往往轉向並帶出道德意義；例如：

孟子曰：「求則得之，舍則失之；是求有益於得也，求在我者也。**求之有道，得之有命；是求無益於得也，求在外者也。**」

《孟子．盡心上3》。孟子說：「『求』就能得到，『捨棄』就會失去的那種內涵，是說明『求』就能夠有益於『得』的內涵，而且是在自身上求的內涵。至於自身的外在種種，雖然有『求』的方法，但能不能得到卻有『命』的成分在其中；這些是『求』也無益於『得』的內涵，是因爲所『求』的內容是在己身之外的。」

上述的「得之有命」是表達對外在種種名利、地位、富貴……等的追求，必然有某種「不確定因素」、「非人爲可掌控」的狀況，例如我們求官、求職……等，其中的成敗都有著「不確定」或說「運氣」、「命運」成分在，可知孟子承認「非人爲所能控制」的內涵確實存在。但孟子馬上指出，有一種我們能完全能掌握的，那就是「求己」。據此，則又轉向道德自我要求的層面了，孟子認爲這足以對應種種的「無法掌握之情境」。

除了上述「非人爲掌握」之「命」的承認之外，孟子又曾以「天」、「命」二字來簡單說明：

> 舜、禹、益相去久遠，其子之賢不肖，皆天也，非人之所能爲也。**莫之爲而爲者，天也；莫之致而至者，命也**。

《孟子．萬章上6》。舜、禹、益三人年代相差很遠，他們的子弟賢能與否，是天意，並不是人爲（舜、禹、益三人的作爲）可以決定他的後代是否賢能。不是人爲卻產生的，是天意；不是自身努力而自然到來的，這是命運。

上述的「天」與「命」兩者的內容是差不多的；一個是強調「莫之爲」這種非人爲所能改變的，一個是強調「莫之致」這種非人爲而導致的。順此意義來說，人對於「天」或「命」必然有著一定程度的「無法掌握」之「不確定」。**但從上述三則原典結合來看，即使我們所面臨的「天」或「命」有著不確定、無法掌握的內涵，孟子總是導引我們去掌握能掌握的，以面對不能掌握的**。

據此而言，孟子面對「非人爲可掌握」的「天」或是「命」，從而強調自我決定力與主宰力，且導向道德實踐與使命來作為因應時，面對一般人容易出口的「天注定」、「命運如此」……則提出非常深刻的反省；他曾說：

孟子曰：「口之於味也，目之於色也，耳之於聲也，鼻之於臭也，四肢之於安佚也：**性也，有命焉，君子不謂性也**。仁之於父子也，義之於君臣也，禮之於賓主也，智之於賢者也，聖人之於天道也：**命也，有性焉，君子不謂命也**。」

《孟子．盡心下24》。孟子說：「嘴巴喜好美味，眼睛喜好美色，耳朵喜歡聽美好的音樂，鼻喜歡聞香氣，四肢喜好安逸：這些喜好雖然是天性，但能不能滿足這些喜好是不確定的、是受命運影響的，因此君子不把這種天性的滿足視為『性』。父子之間的仁愛，君臣之間的情義，賓主之間以禮相待，賢者展現智慧，聖人現世於天道中：這些一般人認為是不確定的、受命運影響的；但其中若依照本來的性善去實踐就能夠達到的，君子不把這些內容視為『命』。」

上述引文是孟子論「性與命」最重要的核心概念之一。首先他舉出人的基本口、目、耳、鼻等感官天性喜歡安逸美好，而這種感官喜好與安逸雖然是出於「必然有之天性傾向」，但是否能眞達到這種感官愉快、滿足，則是我們「不能確定的」。感官需求雖出自於「天性」，但要滿足則有「非人為所能掌握」的「命」於其中（例如我們可能需要許多錢才能滿足這些感官），因此君子不把這種追求滿足當作是「必然的天性」來看待、視為本應如此而盲目追求。孟子藉此說促發人對於「感官天性」的面對態度，非僅以「順從」、「滿足」這一視角來說。另一方面，孟子認為追求本存之「性善」不需要靠運氣、也不會受到「命」左右，只要「自我」決定、要求、保存、維持，即可得之而落實於人倫日用。一般人認為父子的仁愛關係、君臣有義……這種「良善狀態或結果」，看似需要依靠「運氣」這種不確定因素方能擁有時，孟子反而認為，這種成果看似受到「不確定因素」的「命」（例如說某人「命好」、「運氣好」而有「孝順的兒子」）所影響，事實上關鍵在於實踐本來之「性善」即可達成之，其他因素（例如「命」）並無法必然影響此「良善狀態或結果」，因此，君子不把這種美好的狀態看做是「命」（好像是靠運氣的、注定的）。

由上述諸引文可逐漸明朗孟子的態度了。因此，前文曾提及「命」可以指涉「使命」意義，也不令人意外，例如：

《詩》云：「**周雖舊邦，其命維新。**」（《詩經》〈大雅．文王〉之句）文王之謂也。子（您，此指滕文公）力行之，亦以新子之國。

《孟子．滕文公上3》。《詩》說：「『周』雖然是舊國，但其使命是革新。」這是在說明文王革新之使命。你如果盡力去做，也可以用這種方法革新你的國家。

孟子曰：「愛人不親反其仁，治人不治反其智，禮人不答反其敬。行有不得者，皆反求諸己；其身正，而天下歸之。《詩》云：『永言（言，語助詞）配命，自求多福。』」

《孟子．離婁上4》。孟子說：「愛護他人卻無法得到親近，我就反省自我是否出於仁愛之心出發；治理他人無法得到效果，我就反省自我是否方法錯誤；對他人以禮相待卻得不到回應，我就反省自我內心是否出於恭敬。所有的外在行爲若是得不到應有的回應，我都回頭來反省自我；若是如此，自身端正而天下人皆可歸服。就如《詩》上所說：『永久地配合天命，要自我負責的尋求幸福。』」

上述第一引文孟子強調「周」雖然是舊國，但所承受的「使命」或「天命」是「革新」；也就是對文王這種有德者，附加了造福人民的「使命」（相對於殷紂來說）。而後引文的「永言配命」的「命」，則強調自身的道德性使命（立命）以及實踐意義。因此，孟子談的「命」除了有不確定因素之外，更有道德性的使命意涵。

從上述種種可知，孟子即便承認所謂的「命」（不確定因素、非人爲所能掌控），但更強調自求「性善」並付諸實踐，來獲取良善成果，提醒一般人不可凡事皆視爲「命」所決定。此外，孟子也順此脈絡，提及「使命義」的「命」而說出重要的「立命」之意，強調我們有「自我意志要求」而可自立、可往道德方向來實踐。但不論是何種「命」的涵義，孟子總是在談論之後導回「自我可決定、努力」於道德層面來加以勸勉。於此可知，孟子的人生實踐路線，是一種「全然的自我要求、自我責任」，即便他承認「天」或「命」等不確定因素，但總是回歸人倫日用之事的實際作爲、有責任的作爲，而確立自我之「正命」了。

二、「人」與「天」的連結

孟子談論「天」的內涵就如同上小節談論「命」的模式類似，盡可能的把抽象層面的「天」談論到道德內涵。當然孟子也有純粹說明「天賜予」的這種形上生成的觀點，但僅是簡單的論及，並非著重「天」的形上意義來詳細闡述；孟子總是著重「天」賜予人的種種內涵後，人應如何應對整個現實面的問題。以下先談論幾個原文以作概念導引：

此天之所與我者……。

《孟子．告子上15》。這是天賜予給我的……。

形色，天性也……。

《孟子．盡心上38》。形體四肢與感官等傾向，是天性使然。

上述兩引文，主要是描述孟子對於我們的一些「基本能力」的來源說是「天賜予」的事實。其實這種說法很一般，就像我們說：「老天爺給我四肢」、「老天爺降下甘霖」……這類的形述一樣，這是一種單純對「能力來源」或「事實來源」的一種逆推。此外，心理方面的基本欲望，雖然孟子沒有明顯地說是「天賜予」，但也承認這種現象是「很自然」的：

欲貴者，人之同心也……。

《孟子．告子上17》。想要尊貴，是人共同的內心欲望……。

不論是上述的「人自然會有欲望」或是前述「天賜予」的內容在己身，對孟子而言，極為正常且自然。但，他馬上再提點「我們還有另一方向之能力」，而且與道德密切相關：

曰：「鈞（同，均）是人也，或從其大體，或從其小體，何也？」曰：「耳目之官不思，而蔽於物；物交物，則引之而已矣。**心之官則思，思則得之，不思則不得也。此天之所與我者，先立乎其大者，則其小者不能奪也**：此為大人而已矣。

《孟子．告子上15》。公都子問說：「為何同樣是人，有人會順著他的思考去做，有的只會順著他的感官欲望去做？」孟子說：「『耳』、『目』這類感官是不能思考的，因此容易被外物蒙蔽而影響；當與外在交涉時，則容易被牽引了！而『心』這個感官是會思考的，思考就能得到自我的性善內涵以排除物欲，不去思考就無法得到。『耳』、『目』、『心』都是天所賜予給我們的，若我們先把『大體』（心）確立好，那麼其他的感官就無法奪取我們的本心了，這就是成爲『大人』的緣故。」

上述，孟子點出我們有「天賜予我們的能力」，其實就是點出「思考」、「選擇」、「決定」這種自主內涵。也就是說，我們無法否認我們有這種能力；既然有，那麼爲何要「選擇放縱」而不「選擇節制」？這都是自我「心」之決定而已。既然「天」給予你這種能力，你爲何不去使用？或是總是使用它呢？

此外，「天賜予」的能力，也有正向的，且孟子視爲珍寶並以「爵」稱之；他說：

孟子曰：「有天爵（天給予的爵位，指上天給予的使命而人自然承受之爵位）者，有人爵（人爲給予的爵位）者。仁義忠信，樂善不倦，此天爵也。公卿大夫，此人爵也。古之人修其天爵，而人爵從之（此指修養自身的天爵而後人爵自然而有）。今之人修其天爵，以要（求取）人爵；既得人爵，而棄其天爵，則惑之甚者也，終亦必亡而已矣。」

《孟子．告子上16》。孟子說：「有天然授予的爵位，有後天人爲給予的爵位。『仁義忠信』這類行爲樂於從事而不厭倦，這就是達成天然的爵位。古人修養自身的天然爵位，而人爲的爵位即自然而生；現在的人雖修養自身的天然爵位，但爲得是取得人爲的爵位。而取得人爲的爵位之後，便把天然的爵位捨棄了；這眞是太過糊塗了！最後必導致人爲的爵位也丟失。」

其實上述的「天爵」就是孟子所說的「性善內存」這項珍寶。我們若好好的修養、保養它，世俗間的爵位自然到來。據此，簡單總括孟子對於「天」所賜給我們的內容，或說「我們自然會有」的內涵則是：

天賜予1：生理、感官（自然會有後續的需求）。

天賜予2：道德內存、心的判斷思考決定力。

自然有3：心理欲望。

因此，當上述1、2、3兩方面都屬「天賜予」或「自然而有」的內涵時，孟子當然認爲「選擇基本的滿足」而有節制、節度……等，才是正確的；也就是從2來對應1、3。因此，1與3並不能馬上可說是「負面」的、「惡」的，而且孟子也沒有直接說這些是「惡」，而是在於某種過度、執著、踰越孟子所重視的道德價值才需反省或對峙。奠基於此思維下，他曾補充說：

孟子曰：「形色（形色等天生之感官傾向），天性也。惟聖人然後可以踐形（眞正適當應對此種形色之天性內容）。」

《孟子．盡心上38》。孟子說：「形體四肢與感官等傾向，是天性；但只有聖人可以適當的應對之且落實得當。」

上述的「形色」，則如同之前引文中所談及的「感官方面之天性」；孟子認爲「形色」這方面的追求與喜好，雖然來自於天生的傾向，但也只有聖人可以適度地展現、落實好這種「形色天性」，其實就是合乎「義理」的意思。我們不妨從「有所爲有所不爲」的這種「自律」或是「節制」這類觀點來理解之。當某人面對自我的生理欲望時，一旦有某些思考、選擇以至於可以節制自我時，是否才能適當的應對本有的感官方面之「天性」呢？孟子說「惟聖人可以踐形」，則是強調有著道德這一穩定基礎後去做「各種事情」（當然可包含生理、心理欲望），方能得當、合乎義理。此述說模式類似孔子所講的「爲仁者，能好人，能惡人。」這種「自我基礎建立」之後的對外應對、判斷方能無誤。

理解孟子對「天」、「命」等相關意義的談論之後，再回到一開始「天性命」問題時，則可較清晰的理解他所要說的用意了：

> 孟子曰：「**盡其心者，知其性也；知其性，則知天矣。存其心，養其性，所以事天也。**殀壽不貳，修身以俟之，所以立命也。」

《孟子．盡心上1》。孟子說：「能夠盡力發顯我們的『本心』，就能夠體驗而知道我們是『性善內存』的；知道我們『性善內存』，就可以體驗而知道這是『天』所賜予我們的。保存著我們的『本心』，涵養我們本有的『性善』，這就是侍奉『天』的最好方式。不論生命長短，都修養自身以等待自身所應遵循的使命到來，這就是『確立天命』的最好方式。」

當我們窮盡自我「本心」的時候，就會眞的體會到自我「性善」的確內存。知道「性善」內存則可知道此種性善內存來自於天所賦予。對於「天賜予」我們此種性善的能力，該如何應對之呢？就是要持續保存我們的「本心」、培養「性善」的延續與擴充，才不負上天給予我們這種能力，而這就是侍奉、回饋「天」的最好的方法。不論生命長短，都不斷地這樣修養自我以面對所有不確定的人生內容，這才是孟子認定的「立命」之方法。這樣的談論模式，「天性命」問題是否又被孟子導引至道德內涵了呢？

總括來說，孟子談論「天性命」的內容時，即便承認當中的「不確定因素」（天或命），但還是強調人生旅途中只要有著道德性作爲，便不難應對、安處，而達到安身立命之理想。有此定位之後，孟子認定君子的作爲與使命則是：

孟子曰：「萬物（君子所關切的事物）皆備於我矣（具備在我身）。反身而誠（反省自身的作爲以至於無自欺之「誠」），樂莫大焉。強恕而行（勉力於恕道而實踐），求仁莫近焉。」

《孟子・盡心上4》。孟子說：「對萬物的所有關懷，都可具備在我身。若自我反省內心皆是無私之『誠』，哪有比此情境更快樂了！砥礪自我去勉力實踐恕道，求『仁』的方法沒有比這方法更近的了。」

在自我定位清楚之後，將自然有著安身立命後的紮實作為，並且可以延伸至其他。例如上述的「關懷其他」進而說「萬物皆具備我身」，點出君子關懷點，可以達到「我皆關懷之」的高尚使命與情操。在達到此程度之前，實踐中的細部內涵，則自然地與反省、修己、推己及人……等道德內涵相緊連，從自我的基礎點開始，到完成自我理想，都將是一種道德實踐了。論述至此，孟子的思想系統已大致完備，下章則接續論述，在這樣實踐旅途的細部中，孟子提供了哪些方法來反覆導引我們呢？

第四章　孟子論述如何「達成」與「不動心」之進路

在了解孟子對於「四端」、「性善」這類較爲細膩與抽象的論述之後，若回歸儒者應有實踐之時，所面對的將是「如何達成」這一難題。孟子針對成君子、聖賢這種艱辛路途，曾提出幾個方向給我們參考。當然孟子的說法「看似簡單」，這是一種「方法上的簡要說明」，並不是說「達成」、「持續穩定地達成」是很簡單的事。若從孟子思維下，對「人」與「人的實踐」（任何正面的實踐）稍作分析，暫時可以先用下述簡單的列舉來理解：

Z　　　A　　　B　　　C

性善 → 當下生出四端之心 → 欲行 → 具體實踐

上述，乃個人表達孟子思維路線下的實踐情況或說「各個過程」，但並不一定必然要如此分段，而且各個分段也不一定如此鮮明。也就是說，從Z到C，可能感覺上僅是一階段而已，因爲可能有人從Z至C的過程相當純熟。但，也可能處於B階段（意志操作後的決定）的時間相當少，也可能跳過B階段直接從A自然的至C；又或者，上述的階段可再細分爲許多更細微的階段。但我之所以使用上述四階段來談，是因爲Z、A、B、C都是孟子皆曾論述的，而且都是「實踐時的我們」需注意的要點。而我需要再次說明的是，孟子並沒有刻意區分上述的Z至C，我只是在此書使用上述簡化的方式，方便讀者理解一項道德實踐過程中的幾個重點階段而已。

其次，孟子已經確認人皆「性善」，也就是上述A階段的根源Z。既然「人人皆有性善」是他的基礎論點，因此孟子剩下來的工作，在於說明對此「性善」如何保持，以及在實踐上的如何擴充達成。孟子論述「如何達成」時，採取許多譬喻與類比，且在許多篇章強調出幾個重要關鍵字詞，例如之前曾談過的「求」（求則得之，捨則失之）、「操」（操則存，捨則亡）；以及接下來要談論的「持」（持其志）這種有關自我意志的強調。此外，還配合「思」、「慮」……關聯於「判斷」之強調，以及「存」、「一」……等整體性的強調。但要特別說明的是，上述說法並非「割裂」說，只是爲了方便讀者理解，強調出可從哪些面向來理解這些字詞。在《孟子》文獻中，有時一字的意義可能蘊涵許多涵義，且看上下文義來體會之，這種現象在上一章處理有關「命」的時候就可理解。

最後，此章第二節將介紹孟子論「不動心」的相關內容，以及此「不動心」究竟帶來何種重要的修養論述與應注意之細節。此「不動心」之說，得自於公孫丑詢問孟子而有，於此再次感謝公孫丑詢問此問題，讓後世儒者能有機會對此內涵產生重要的體會，並帶出相當實用的修養進路。此「不動心」可說是孟子獨有的重要修養進路，並與「集義」、「浩然之氣」等內涵密切相關，兼論了功夫與境界。

第一節 「性善」之內涵及其擴充

從儒家的實踐道路來說，在於如何成就君子、聖賢……之人格；有此人格之後，自然可對社會國家做出眞實貢獻，展現儒家關懷。當孟子以「性善的完成」作爲目標時，孟子並不會認爲這是一件容易的事情，因爲，即便我們是「性善」，「實踐時」所遭受的考驗仍是相當清楚的。若以個人的比喻來說則是：「能考一百分的學生，如何維持自己在一百分呢？」這當然不容易，但我們應該很清楚如何是維持一百分的正向方法。若當我們懈怠、偶有失誤，孟子並不會認這是無法挽回的錯誤，反而認爲這是相當正常的事情。孟子承認，我們實踐時需要時常被鼓勵、被教導方法、被提醒，重點是不能「自我放棄」，徹底了解我們是可以「考一百分」的，而且情願地去努力。有這樣的正向堅持與價值理想、並且做出努力的人，即便沒有一百分（維持性善之開顯到完備），在孟子的思維下已經是往聖賢之路邁進的人了。

若簡單論說孟子關切「實踐」時的關鍵，就是面對我們的「欲望」問題，而此「欲望」在這邊當然是偏向「負面」來談，也就是「私欲」方面，他曾說：

孟子曰：「養心莫善於寡欲；其爲人也寡欲，雖有不存焉者寡矣。其爲人也多欲，雖有存焉者寡矣。」

《孟子．盡心下35》。「涵養、保有那本然的道德初心，沒有比減低欲望來的更好了；若有人欲望低，而那『本心』卻不存在的，是少數吧！而有人欲望很多，卻能夠保存『本心』的，應該很少吧！」

針對一個實踐者A，當A面對「自我欲望」且加以省思之時，即可清楚了解這些「自我欲望」對於「性善的達成」將可能有哪些阻礙。孟子並不反對人去滿足情感、物質……等欲望，重點是這類欲望極可能讓我們無法節制，且容易凌駕於道德。因此孟子的提點，簡單的說則是：對於培養本心開顯的方式，就是降低我們的欲望，在純樸自我中滿足基本的、有節制的、適度的欲望即可。這種說法或許過於理想，但孟子則提出一連串的說法，並且把這種「理想」的達成要件與能力，說到讓你無法否認「你是『可以』這樣做的」！因此，下小節的標題既然定爲「人人都有的內涵與擴充」，我將再次整理孟子所談論的重點來敘述。

一、人人都有的內涵與擴充

此小節爲方便敘述孟子的談論，將再次用前面曾提到的四階段來說明，並針對各個階段的可能內涵來詳述：

Z		A		B		C
性善	↓	當下生出四端之心	↓	欲行	↓	具體實踐

Z：代表「性善內存」或說「仁義本內在於身」

A：代表「道德（心）之開顯」

B：代表幾個可能：例如B1「意志決定」、B2「思考能力」、B3「選擇」……等

C：代表「我們有行爲能力（四肢）來實踐」

之前所談論的孟子思想，多以上述的Z、A與B1爲主，至於C則是一般的行爲能力，也就是我們有「四肢」這些外在且具體實踐能力，去實踐應有的行爲。而上述的B2與B3則有關於「心」之內涵，即便之前的引文曾出現過，但並沒有把談論重點著重在「思考」與「選擇」這面向上，故在此小節稍作補充。

如同之前曾引述的，孟子希望人去思考、反省我們「自己本有的尊貴」，並且去深思「外在尊貴」的不穩固性：

> 孟子曰：「欲貴者，人之同心也。人人有貴於己者，弗思耳。人之所貴者，非良貴也。趙孟之所貴，趙孟能賤之……。」

《孟子．告子上17》。孟子說：「想要尊貴，是人共同的內心欲望；但，人人都有一項最珍貴的內涵（性善）存在自身，只是不去思考它確實存在而已。而他人所能給予的尊貴，並不是本然的尊貴。趙孟這種卿大夫所賜予你尊貴，同時也能收回而使你低下……。」

上述之文頗有說服力，若把「道德本有」視為「尊貴」，孟子顯然認為這種尊貴本來就是具備、存在在你身上的，何不多思考它的存在與重要性呢？這種思考、反省能力本就具備我身，至於外在層面的榮華富貴是否能獲得，往往充滿不確定，而且不可自身掌握，甚至多受到「他者」之控制、不是「自我就可以決定」這種尊貴之達成與穩定持有。

延伸說，對於「思考」所帶來的「選擇」，或說「選擇」時的「思考」，孟子總是不斷提醒我們「自己決定」的重要性，而且這種「思考」與「選擇」的相互運用，帶來的是道德性質的方向：

公都子問曰：「鈞（均；同也）是人也，或為大人（此指「有德之人」），或為小人，何也？」孟子曰：「從其大體（心思理義）為大人，從其小體（感官情欲）為小人。」曰：「**鈞是人也，或從其大體，或從其小體，何也？**」曰：「**耳目之官不思，而蔽於物；物交物，則引之而已矣。心之官則思，思則得之，不思則不得也；此天之所與我者。先立乎其大者，則其小者不能奪也**；此為大人而已矣。」

《孟子．告子上15》。公都子問說：「同樣都是人，爲何有的成爲『大人』有的成爲『小人』呢？」孟子說：「順從他的內心思考之理義，就可以成爲『大人』了；只順從他感官情欲的，當然成爲『小人』。」公都子問說：「爲何都是人，有人會順從他的內心理義，有人會順從感官欲望？」孟子說：「耳目這類感官是無法思考的，無法思考就會被外物蒙蔽；當與外物交流互動時，就會被引誘了。『心』這個感官是會思考的，若真的思考就能得到理義，不思當然無法得到；而耳目心這些感官都是天賜與給我們的。若我們先把『心』的這一思考理義前提確立，那麼耳目這些感官所延伸的欲望就無法奪取我們的『心』了；這樣就能成爲大人。」

同樣都是人，既然都有感官欲望且同時具備思考能力，爲何往往成爲「小人」？孟子點出，許多人不去「思考」，或是不去「思考他做出的選擇」。此外，每一個「思考選擇決定之後」所帶來的延伸效應與影響，是相當龐大的。因此，孟子希望透過我們的「心」來決定、來確立「較重要的志向」爲何，當有這種反思時，感官欲望這類的影響，將無法（每次都）奪取我們的「心」，進而丟失最基本的價值（道德）。

孟子是否把事情看得太容易了？事實上孟子只是「簡潔的」、「重點的」說出關鍵位於何處，至於這種基本價值認定（道德）完全是自決（自我決定）的。孟子只是希望，既然成爲君子聖賢的能力、所有內在行善條件都早已具備於己，而且排斥、抵禦負面滋擾的能力、克服逆境的能力也具備我身，若「不去深思」我們有這個能力、「不去深思」我們的選擇所帶來的影響，那，我們還算是完整的人嗎？豈不與動物一樣了嗎？相對來說，我們應該選擇、保持的那種「道德自我」。更何況，若仔細反省，我們眞的不曉得如何保有（道德自我）嗎？眞的不知道如何愛護（道德自我）嗎？孟子曾說：

> 孟子曰：「拱（兩手可圍）把（單手可握）之桐梓，人苟欲生之，皆知所以養之者。至於身，而不知所以養之者；豈愛身不若桐梓哉？**弗思甚也**！」

《孟子．告子上13》。孟子說：「兩手可圍、單手可握的桐樹梓樹，人若想要它生長，都知道如何養育照顧它。至於我們自身，卻不知道如何養育愛護；難道自身不如桐樹、梓樹嗎？只是我們不用心去深思反省而已！」

上述孟子的說法，或許尚無法解決細部問題，因爲孟子仍在一個大方向繞。但是在儒家（或說孟子）的思想中，對於道德自我的培養本來就不是講求細部規則、講解細部方法。孟子的意思反而是，若你「眞有那麼重視」，你就會知道如何好好照顧本來的「道德自我」。例如，對於照顧樹木，我們若有心的話，就會盡全力去找出妥善的培育方法，而對於「道德自我」的培養維持，難道也不是如此而已嗎？此說，可與上一則引文的「先立乎其大者，則其小者不能奪也。」的涵義相互配合深思了。

從上述種種來說，儒家（孟子）對於道德養育的述說模式，其中關鍵前提將不言而喻了。

那就是我們自己是否「深思自我之志向與決定」，是否認為「道德自我」是最重要的價值。這是一項價值基礎，若真的想保有它，我們將可以尋找出好的方法出來。當然，孟子也不是只宣說這種前提而已，他也提供許多方法來讓後人學習。但基本上，孟子以「心」的「自決」與「自覺」作為論述之前提時，關於所謂的「方法」這類細節，相對來說僅是一種輔助了。明代大儒王陽明就是紮實地繼承這種講法，他說：

> 愛問：「至善只求諸心，恐於天下事理有不能盡。」先生曰：「心即理也。天下又有心外之事，心外之理乎？」愛曰：「如事父之孝，事君之忠，交友之信，治民之仁，其間有許多理在，恐亦不可不察。」先生歎曰：「此說之蔽久矣，豈一語所能悟？今姑就所問者言之：且如事父，不成去父上求個孝的理？事君，不成去君求個忠的理？交友治民，不成去友上、民上求個信與仁的理？都只在此心，心即理也。**此心無私欲之蔽，即是天理**，不須外面添一分。以此純乎天理之心，發之事父便是孝，發之事君便是忠，發之交友治民便是信與仁。**只在此心去人欲、存天理上用功便是**。」[1]

徐愛問說：「要達到最好的『善』只在『心』上說的話，恐怕天下中的事物道理無法盡說吧？」王陽明說：「天下哪有獨立於『心』之外的事情呢？哪有獨立於『心』之外的道理呢？」徐愛說：「例如奉養父親這種『孝順』，侍奉君上這種『忠誠』，結交朋友這種『信義』，治理天下萬民的『仁政』；這些當中，有許多『理論』、『道理』在，恐怕不能不細察吧？」陽明嘆氣說：「這種說法蒙蔽大家很久了，哪能夠我說幾句話就馬上就讓人醒悟呢？現在暫且用你的的說法來說。去奉養父親的時候，我們難道是從奉養父親這個內涵中先求一個『孝順的道理』嗎？去侍奉君上，難道是去侍奉君上這個內涵中先求一個『忠心的道理』嗎？交朋友、治理群眾，難道是在交友、治民上先求一個『信與仁的道理』嗎？事實上關鍵都只是在『此心』而已，『此心就是理』。因為，若我們的『心』若沒有自私自利欲望等蒙蔽，就如同於『天理』了，不需要外在任何添加分毫的。用這種純粹無私而合乎天理之心，發動於奉養父親就是『孝』了，發動於侍奉君上就是『忠』了，發動於交友治民就是『信與仁』了。對於各種道德行為，都是在『心』上存乎天理而去除私欲這方面用功就是了。」

上述王陽明的談論重點，基本上就是孟子認為「人若有那個發心」，將自然地找尋適切的方法來學習、來實踐、來保有，而自然落實出道德行為出來。當然，人在許多情境或逆境時，極容易放棄自我之道德本心，此該如何面對呢？對孟子而言，這反而是讓你更學會如何保有的關鍵時刻；下小節即述。

二、逆境中的培養模式

既然道德本有，且實踐的能力也是本來就有，思考能力也是如此；而且，任何時刻的我們，都是如此具備著的。即便在逆境、惡劣的環境中，「道德自我」從來沒有不存在過，只是我們自己不想要去面對、很難去堅持而受蒙蔽而已。據此，在孟子的思路之下，所謂的「逆境」並不是一個人可以去爲惡、喪失道德自我的「好理由」；反而在這種「逆境」下，人往往可以培養出異於他人的堅持與穩固。他說：

孟子曰：「人之有德慧術知者，恆存乎疢疾（災患）。獨孤臣孽子，其操心也危，其慮患也深，故達。」

《孟子．盡心上18》。孟子說：「人有德行、智慧、治術、判斷才智這些內涵，往往都是從災患中成長出來的。唯有那被疏離的大臣、失寵的庶子，他們的內心戒慎恐懼、考慮未來的意識比他人深遠，因此反而能通達。」

上述，孟子訴諸於經驗上的觀察，其說雖「並非必然」，但仍可理解孟子述說的用意。人在逆境中往往可以培養出某種能力，思慮上也因爲逆境的壓迫而讓自己更有憂患意識、考慮的更加長遠。順此方向來觀察，孟子更延伸舉例說：

孟子曰：「舜發於畎畝之中，傅說舉於版築之間，膠鬲舉於魚鹽之中，管夷吾舉於士，孫叔敖舉於海，百里奚舉於市。故天將降大任於斯人也，必先苦其心志，勞其筋骨，餓其體膚，空乏其身，行拂亂其所為，所以動心忍性，曾（增加）益其所不能。人恆過，然後能改；困於心，衡（橫塞使其困鎖）於慮，而後作（突破振作）；徵（徵驗）於色，發於聲，而後喻（知道）。入則無法家拂士，出則無敵國外患者，國恆亡。然後知生於憂患，而死於安樂也。」

《孟子．告子下15》。孟子說：「舜是在田野中被堯舉薦而成為天子的，傅說原本是築牆工人而被殷武丁舉為相，膠鬲原本是販賣魚鹽而被推薦舉用的，管仲原本是獄官而被舉用，孫叔敖原本在海邊而被舉用為相，百里奚在市場中被發掘舉用。據此來說，上天要把重大任務交給某個人時，都會先勞苦他的心志，勞累他的筋骨，飢餓他的身體，困乏他的身家，擾亂他使他所作所為都不順遂，這是為了激動他的心志、堅忍他的性情，使他增益本來所欠缺的能力。人時常有錯誤，然後才能改正；困窘於內心、橫塞他的思慮，之後才能奮發振作；考察他人的臉色與聲音，才能通曉他人的眞偽。一個國家，國內若沒有治法大臣與輔政的賢士，國外若沒有敵國外患，這個國家通常會滅亡。據此可知，在憂患的情境中才可生存，在安樂的情境中則會敗亡。」

上述孟子舉出多位先聖先賢或名人之經歷，多有「逆境」或「不順遂」之考驗過程。其中有一細微關鍵論說，此即「曾益其所不能」這一內涵。孟子既然認為人有著「道德內在」以及擁有其他自決、思考、實行之條件，為何還要說「增加他本來所『欠缺』的能力」呢？此反而證明，孟子不是凡事都以「理想的性善」來論述一切的。因為，即便認為人都有行善的能力，不代表人都可以在面對逆境時保持本有的自決與自覺，以現代的話語來說，孟子則點出如同「抗壓」或「堅持」的能力。當然，這種對抗逆境壓力「之後」的展現，必須符合孟子主張的價值方爲是。而這種應對（逆境與壓力）能力，本來就需要經驗上的紮實累積與眞實洗鍊，絕非輕易可獲得，也絕非天生即有。因此，孟子的意思是，人生存在世上面對的種種逆境所「培養出來的能力」，並不是所謂的「道德能力」（性善、自決……），因爲這種你本來就有；增加出來的是一種「堅持自我而『穩固』道德的能力」，這種意志上與選擇上的磨練與考驗，在文中的「動心忍性」即可見之，這種「能力」當然不是「原初自我」就能夠擁有，也不是一再強調「性善」就能夠去應對得當的。

當然，孟子也不是說「逆境」或是「外在環境」不會影響人、使人變壞；而是，即便環境惡劣、不適合人自然地發展道德時，人總可以堅持自我，進而發展出「本來有的能力」以及「增加本來欠缺的能力」吧？從另一面來說，孟子也不會「刻意」讓人去處於逆境之中，他採取兩面皆說的方式來提醒我們。此即，在逆境時則點出「自我之堅持」；另一方面，若我們「能選擇」某種「環境」時，提醒我們必須要「愼選」以避免自己受到危害。他曾說：

> 孟子謂戴不勝（宋國大臣）曰：「子欲子之王之善與？我明告子。有楚大夫於此，欲其子之齊語也；則使齊人傅（教也）諸？使楚人傅諸？」曰：「使齊人傅之。」曰：「一齊人傅之，眾楚人咻（喧擾）之；雖日撻（打）而求其齊也（逼他說齊國話），不可得矣。引而置之莊嶽（齊國首都繁華地區）之間，數年；雖日撻而求其楚，亦不可得矣。子謂薛居州（宋

臣），善士也，使之居於王所。在於王所者，長幼卑尊，皆薛居州也，王誰與爲不善？在王所者，長幼卑尊，皆非薛居州也，王誰與爲善？一薛居州，獨如宋王何？」

《孟子．滕文公下6》。孟子對戴不勝說：「您想要您的王向善嗎？我明白的告訴您好了。比如說有一個楚國大夫在此，想要他的兒子學習說齊國話；您會請齊國人教他，還是楚國人教他呢？」戴不勝說：「請齊國人教他。」孟子說：「一個齊國人教導他，許多楚國人用楚國話喧擾干擾他，即便天天打他逼他說齊國話，也不可達成了。若把他安置在齊國首都最繁華的地方，過了幾年，即便天天打他逼他說楚國話，也不可達成了。你說薛居州是個善士，讓他居於王的處所左右。如果王身邊的人，不論長幼尊卑都是像薛居州這種人，王要和誰去做壞事呢？如果王身邊的人，不論長幼尊卑都不是薛居州這種好人，王又和誰去做好事呢？只有一個薛居州，可以把宋王如何呢？」

上述，孟子提醒「環境」（影響）的重要性，當然包含了「抽象環境」（人、風氣、思潮……等）的內容。一個人身處的環境對於自我的學習成效，是可能有著很大的關聯，因此，環境的選擇與環境的塑造（若可以的話）對一般人來說算是相當重要。此面向，與更早之前論述「逆境」反而能產生向能力的培養機會，是否有矛盾的呢？當然沒有！因爲人總不能「故意」選擇對自己有害的環境來學習吧？我們需要刻意如此冒險嗎？眞有如此自信嗎？孟子知道人（一般人）受到環境影響的可能性極大，因此提醒我們注意環境的影響來愼選之。但，另一方面孟子也強調過，當我們無法選擇、且面對的是最惡劣的「逆境」時，仍點出我們有「道德自我」且透過堅持、自決來應對。

人處於逆境中應如何？孟子所談論的應對模式即如上述，內涵充滿他時常提醒的「自決」這一要點，其中存在著多種「思考」、「選擇」……等細部成分，並且一定程度把這些說法奠基在「道德自我」這項明確要點，也就是說，我們面對所有情境時，是有籌碼、有資格、極可能應對得當的。

「道德實踐如何達成」若從更細部的內容來說，孟子曾論述「必有事焉而勿正，心勿忘，勿助長……。」此為著名的「不動心」談論所帶出的功夫，其影響深遠，意義重大，將於下節詳述。

第二節　「不動心」所談論出的相關修養進路

「不動心」這一詞實有歧義，在解釋「孟子的『不動心』」之前，讀者們應可知此內涵必定與「心」有所關聯。此節標題又涉及「修養進路」，則必然關乎儒家所重視的「道德修養」層面，自然地與「心」緊連。從孔子開始，即對「內在修養」這個面向頗爲重視，原憲曾經問孔子一個重要的問題，記載是：

「克、伐、怨、欲，不行焉，可以爲『仁』矣？」子曰：「**可以爲難矣，仁則吾不知也。**」

《論語・憲問》。「『好勝』、『自誇』、『怨恨』、『貪欲』不作的話，是否就是『仁』呢？」孔子回答說：「可以作到這樣是很難的，但是不是『仁』，我就不知道了。」

上述，原憲詢問四種行爲（好勝、自誇、怨恨、貪欲）克制而不做的話，是否可以是「仁」了呢？而孔子卻回答說：「可以作到這樣是很難的，但是不是『仁』就不知道了。」於此可見，若僅從外在上來觀察某人有克制……等行爲之表現，而缺乏內在層面的確定，是無法成爲「仁」的充分條件。

何以故？從某A的「外在」行爲克制或不做來觀察，說「不必然是仁」則比較好理解，因爲A僅是「外在」的行爲，他的「內心」如何就不曉得了。但「怨」、「欲」這種內容是直接涉及內心層面，當「不作爲」時，爲何仍無法成爲孔子肯定的「仁」呢？此當然涉及「內在層面」中更細微的層面，也就是類似「動機」之問題。試想，一個人對於上述那四種行爲的克制或是不實行，若僅是爲了讓他人稱讚、表現自己很厲害、認爲這樣就是最好……等，此種「動機」如何成爲孔子認同的「仁」呢？孔子又曾說：

古之學者爲己，今之學者爲人。

《論語．憲問》。古之學者，其所學所爲是爲了修養自我；而現在的學者，所學所行是爲了讓他人知曉。

上述可知，孔子推崇古代學者爲了自身修養、自我要求、自我完成這種態度，並且稱讚之。而當時（孔子當時）的學者，往往是爲了受人誇耀、稱讚，甚至是爲了勝過他人而學習。諸如此類的反省，都涉及一種內在「動機」或是「目的」考量；也就是說，儒者在面對所有的實踐內容時，都會要問自己一件事：「我是『爲何』而（不）做？我究竟『發什麼心』而（不）做？」

據此來說，儒者不直接以「外在作爲」肯定某人之外，對於一個人的「內心」要求或期許則不言而喻了。在儒家的思維世界中，永遠會問（不管有沒有眞的問出來）「他人」與「自己」這一類的問題：「到底是什麼動機下來做的？」「爲了什麼目的而做的？」「做某事的時候是否無私？」……等。也就是說，道德實踐中有一個關鍵思考方向，可用來評價某一行爲是否是儒家所肯定的道德，那就是「內心」層面的「無私」之類，及其展現出來的外在實踐。但這種涉及「無私」之態度，根本無法從外在上來明確判斷之，因此孔子回答原憲說「不知」，相當合理。又或許，原憲所問的，是一個外在普遍之標準，而非「明確指涉『某個人』不做這四件事情」。如果「某人」是孔子所了解、熟悉的人，或許孔子可以做出肯定評價（例如原憲問的是顏回、舜、禹這類的人）。但是原憲所問的問題中，並沒有這個前提，只是要孔子單純從「這四件事情不做是否是『仁』」來做評斷，孔子當然可以回答「我不知道」。

從孔子的話語中可發現，孔子並沒有「否定」而只是「無法肯定」。假如換一個問題來問孔子：「『舜』不做這四件事情……，是『仁』嗎？」孔子應該會回答「是」，甚至說出「之所以是」並不是因爲僅有那「外在四件事情不做」而讓他如此判斷。

上述種種，實點出儒者對「內在」層面（心）的考量總是居於首位，而這也符合我們對道德行爲上的直覺判斷之一。據此，內在層面（例如內心無私）如何穩定持續、如何修養之，便相當重要了。上述原憲與孔子的對話中，孔子不是全然貶低原憲所說之價值，甚至說「可以爲難矣」；事實上確實如此，先不論該人的動機與目的爲何，能不做「好勝、自誇、怨恨、貪欲」這四方面，果眞是「難事」了。

這種關乎「修養」的內涵若回到孟子思想來看時，不論是「克制」還是「自然」禁絕此四類事情，在孟子思想中也有相當明確的具體工夫來操作，此即著名「不動心」之培養模式，且涉及兩個方向的「不動心」之談論，以下則分段詳述之。

一、「不動心」的多種型態

孟子論「不動心」相當著名且重要，影響後世儒者甚大；造成影響的思維內容，包含孟子論述時提及的「浩然之氣」、「集義」、「持志」……等重要語辭，以及「知言」一語。宋明哲學家常視孟子此段言論爲一極重要之儒家思維，兼涉工夫操作與境界描述。此「不動心」之問題，實起於公孫丑對孟子的疑問：

公孫丑問曰：「夫子加（居）齊之卿相（相爲百官之長，此意指高官），得行道焉，雖由此霸王（稱霸諸侯）不異矣（也不是什麼奇怪的事情）。如此，則動心否乎？」孟子曰：「否。我四十不動心。」曰：「若是，則夫子過孟賁（古之勇士，衛國人；據說水行時不避蛟龍，陸行時不避虎兕）遠矣？」曰：「是不難，告子先我不動心。」

《孟子．公孫丑上2》。公孫丑問說：「若老師您身居齊國卿相之位階，能夠推行您要的大道，即便齊國因此稱霸諸侯也不是什麼奇怪的事情；若眞有那一天，老師您會『動心』嗎？」孟子說：「不會的！我四十歲就『不動心』了。」公孫丑說：「若如此，那老師您早已超越孟賁這種勇士了！」孟子說：「這種

『不動心』並不難，告子早就比我還早達到了！」

上述，公孫丑問孟子若位居高位，而協助國君稱霸天下之後，其內心不知是否會動搖而失去該有之「心」呢？孟子則回答他早就「不動心」了，何來動搖之有？而後公孫丑稱讚孟子如此「勇敢」，遠比古代勇者孟賁更早達到「不動心」。但須注意的是，公孫丑以爲孟子說的「不動心」是偏向「勇敢」這類層面而已，因此公孫丑用古代勇者孟賁來類比孟子的「不動心」。而孟子也順著公孫丑的思維，說公孫丑所推舉的「孟賁此類勇者的不動心」只是偏向「勇敢」與「個人意志」上的克制與操持而已，而此種程度、內容的「不動心」，孟子說「不難」，甚至告子比孟子自己還要早就達到了！

於此可知，孟子一開始所說他四十歲達到的「不動心」，跟公孫丑所說的將大不相同；而談論到「不動心」或許讀者們會出現一些常識上的認知，例如把「不動心」理解爲「心不動」或是「心絲毫不動」……這類意思；而「心不動」或者說「心絲毫不動」實爲「歧義」。因爲，我們一方面可說此心「從來不動」或「使其不動」；但仍有另一方面的意思，此即孟子的想法：「『心』位於某狀態之後就『不動搖』了」。因此孟子的「不動心」並不是「從來沒動」的那種「絲毫不動」。承續之前的引文，公孫丑問孟子是否會「動心」，應該是詢問孟子之「心」是否能堅持初衷。但公孫丑卻以「勇敢」之類的內心狀態，來詮釋孟子「不動心」的內涵。然而，孟子仍順著公孫丑的意思，並清楚解釋「公孫丑認爲的不動心」（勇）的相關內容；記載云：

曰：「不動心有道乎？」曰：「有。北宮黝（齊國勇者）之養勇也：不膚撓（又作橈，屈也；此指肌膚被刺卻不彎曲收揷），不目逃（此指目見刺卻不閉目）；思以一毫挫（辱也）於人，若撻（以棍棒毆打）之於市朝；不受於（不肯受辱於）褐（毛布）寬博（寬大衣服；此泛指賤者之服），亦不受於萬乘之君。視刺萬乘之君，若刺褐夫，無嚴（不畏懼）諸侯；惡聲至，必反之。孟施舍（古人名，亦勇者）之所養勇也，曰：『視不勝猶勝也（看待失敗猶如勝利，意指奮勇殺敵而不計較勝敗；有此勇敢，即便敗亦是勝）；量敵而後進（如果去估量敵人的強弱數量才前進），慮勝而後會（考慮勝負與否才交戰），是畏三軍者也（是畏懼敵人眾多而已）。舍（我）豈能爲必勝哉，能無懼而已矣！』孟施舍似曾子（類似曾子的三省無身、反求諸己），北宮黝似子夏（類似子夏的篤守堅持）；夫二子之勇，未知其孰賢（高明）；然而孟施舍守約也（掌握要領）。昔者曾子謂子襄（曾子弟子）曰：『子好勇乎？吾嘗聞大勇於夫子（曾子的老師，即孔子）矣：「自反而不縮（縮，直，此指義理；意指自我反省後有不合義理之處），雖褐寬博，吾不惴焉（使其驚懼）。自反而縮（合乎義理），雖千萬人吾往矣。」』孟施舍之守氣（孟施舍所掌握的要領，只是掌握到培養勇氣方面而已），又不如曾子之守約（掌握到培養勇的要領）也。」

《孟子．公孫丑上2》。公孫丑問說：「達到『不動心』有方法嗎？」孟子說：「有的！北宮黝培養勇氣的方法：縱使有人刺他一刀也不收揷，眼睛見刺也毫不閉目。他的想法是，就算是一根寒毛被他人糟蹋，就猶如在市集上被當眾毆打一樣嚴重；因此，他不肯受辱於底層民眾，也不受辱於萬乘之君。就他而

> 言，殺一個萬乘之君與殺死一個底層民眾一樣；他不畏懼任何諸侯，若有任何惡言，他必當反應回去。而孟施舍培養勇敢的方法則是，正如他說的：『我打仗的時候從不去考慮勝負的可能，就只是想著打仗而已；若考量敵人的數量而後才進攻，事實上內心是畏懼強敵眾多。而我孟施舍怎可能一定取勝呢？我只能讓自己無懼而已！』孟施舍的方法，跟曾子有點像；北宮黝的方法，跟子夏有點像。而孟施舍與北宮黝兩人的勇敢，我也不知道誰高明；但我認為孟施舍比較能掌握要領。以前曾子跟他的弟子子襄說：『你好勇嗎？我以前聽我的老師孔子說過：「自我反省後，若有不合乎義理之處，即使對方是底層貧民，我難道內心不害怕嗎？自我反省之後，若是合乎義理，雖然對方有成千上萬人，我也是前進的！」』對比來說，孟施舍所掌握到堅守勇氣的培養方法是還是較偏向外在形式，不如曾子那樣更掌握（自反有無合乎義理）要領！」

上述之文，其實孟子已經反應出對公孫丑認定「勇敢」為一種「不動心」並不是最好的。引文中諸多的關鍵語辭中得先解釋清楚的是：「守氣」乃指掌握外在表現形式，而「守約」則是掌握某種內在要領。因此，不同程度的人有不同層面的「守氣與守約」，此一併解釋如下：

1. 北宮黝（守氣）「不如」孟施舍（守約）

北宮黝的「守氣」是偏向自我意志來要求「不閉目」、表現出「不害怕」的這類模式；受辱就打回去、罵回去……等，類似一般而言的莽夫而較為「意氣用事」。因此這種「守氣」只是一種堅守於「外在」的表現，僅是讓他人覺得你是什麼都不怕、什麼都不管。

孟施舍相對於北宮黝來說，則較能掌握內在要領，因此孟子說他「守約」。此「要領」內涵被孟子點出之後，表示孟子不認同北宮黝類似「意氣用事」所表現出來的「勇」而強使內心堅定，而稍微認同孟施舍的「守約」。此即，孟施舍不去多想「會傷害自己、會喪失勇氣的內容」，例如，他打仗時不先考慮勝敗、也不考慮對手的多寡，他反思出一個「無懼的心理」而呈現之，因此，相對於北宮黝來說，孟施舍是「較能」掌握要領的（守約），不像北宮黝那樣單純的意氣用事而已。

2.孟施舍（守氣）「似」、「不如」曾子（守約）

若是把標準提高，就孟施舍與曾子兩人比較的話，孟施舍僅能處於「守氣」外在形式的程度而已。因爲曾子所提及的勇敢，涉及「求諸己」這種「深刻地自我反省義理」之後所呈現的「勇」。由此可見，孟子認同的「勇敢」實質內容與要領，在他引述曾子談論時所涉及的「義理」這個面向。以「義理」作爲內在前提時，孟施舍相對於這點（義理考量），僅處於次一等的「守氣」（外在形式）而已。

也就是說，孟施舍雖然有「自我要求」、「求諸己」（自反），讓自己的心理呈現無懼，不是北宮黝那樣的意氣用事。但是，眞正「無懼而勇敢」的實質內涵應如曾子引述孔子所說的：「當你自我反省時，都合乎『義理』，即使要面對千萬敵手，仍然無懼前往。」的這種「勇敢」。據此可知，孟子所認同的「勇」，內涵必有所謂的「義理」成分，因此孟施舍僅是「類似」曾子，卻不如曾子掌握要領。

3. 北宮黝（守氣）「似」、「不如」子夏（意志堅守）

至於北宮黝這種採取「意志堅守」，孟子認為也僅「類似」子夏而已。孟子的意思是，單純的「意志堅守」若缺乏如上述的「義理」內涵，根本無法有如子夏那樣。據此可推知，孟子認為子夏至少多出更好的實質內涵，也就是「義理」；子夏以「意志堅守」著名，而北宮黝僅是「類似子夏」而已。此可看出子夏的「自我堅持」與曾子的「求諸己」兩種風格雖然不同，但都分別高於北宮黝的「自我堅持」與孟施舍的「求諸己」。此證明，子夏與曾子分別掌握更重要的某種實質內涵。

上述是孟子解釋「不動心培養的要領」所做的鋪陳，於此可稍微看出「不動心」的兩種方向了。一是「孟子肯定的不動心」，另一是「單純意志上的自我堅持而達到的不動心」。而其中的重大差異在於「是否有某種實質內涵」而已，此就是孟子文後所要詳述的「義理」層面。而此種差距，則在孟子談論自身的「不動心」與告子「不動心」的差別時，則完全顯露出來了。

4. 告子的不動心

論告子的「不動心」之前，有些許補充供讀者們參考。此即告子的「不動心」的培養方式是出自於「孟子之口」，且於其他文獻中均找不到有關告子的「不動心」究竟是如何。據此，個人在相信孟子所言的前提之下，來認知告子的「不動心」是屬何種樣態。另外，歷代註解家對告子「不動心」的培養方式有許多不同的註解，例如趙岐、朱熹、張栻……等人的談論就不盡相同。[2]於此處，我將盡力以最通順的白話來做導讀：

曰：「敢問夫子之不動心，與告子之不動心，可得聞與？」「告子曰：『不得於言（對於道理不能理解），勿求於心（就不要要求自心去實踐落實）；不得於心（不符合此心所能接納的道理），勿求於氣（就不要落實於自身且表露於外在氣質）。』不得於心，勿求於氣，可；不得於言，勿求於心，不可。夫志，氣之帥也（氣的統帥）；氣，體之充也（充塞體內體外的氣質）。夫志至焉，氣次焉（氣質的影響也隨即而到）。故曰：『持（把握）其志，無暴其氣（不要亂了內外之氣）。』既曰：『志至焉，氣次焉。』又曰：『持其志，無暴其氣』者，何也？」曰：「志壹則動氣（志專一的時候就連帶影響氣的展現），氣壹則動志也（而氣展現若能專一也能影響志向）。今有蹶者趨者（飛奔疾走），是氣也（氣，此意指外在的展現），而反動其心（反而影響內心）。」

《孟子．公孫丑上2》。公孫丑說：「請問老師您的『不動心』與告子的『不動心』的差別，可以說給我聽嗎？」孟子說：「告子說：『對於道理不能夠理解的時候，就不要要求自己去落實他；而該道理不能符合內心所接納，就不要落實於自身且表露於外在之氣質。』當某道理不符合我們的本心所接納而不去做，是可以的；當對某道理不能理解就不求內心去落實，是不可以的。志，是氣的統帥；氣，是充滿體內而發露於外的。心志確定到哪，氣質也就隨之而來。所以我『不動心』的主要內涵是：『要把握住心志，而不亂了內外之氣。』」公孫丑說：「既然『心志確定後，氣才隨伴而至』，為什麼還要說『堅持心志之後，還要留意氣不亂呢？』」孟子說：「心志專一的時候，會連帶影響氣的展現；然而，氣的展現也會影響我們的心志。例如今天有某人飛奔疾走，是一種外在的『氣』之展現；而這種外在展現，事實上是會影響『內心』的。」

上述，在孟子正式論述他自身的「不動心」內容之前，先說出告子的「不動心」以及「不動心」的一個重要內涵——「氣」。[3]須先理解的是，此處的「氣」是一種抽象的、充塞形體內外的「氣質」，但又可泛指「外在行爲之表象」，是某種抽象性質的「氣息展現」且可被人體會到或觀察到。例如，一個人的「語氣不好」、「行爲急躁」、「飛奔疾走」……等表現出來的「氣息展現」即是。

而告子得到「不動心」的方法有二。一是：「對於道理不能理解，就不要要求自心去實踐落實。」二是：「不符合本心所能接納的道理，就不要落實於自身且表露於外在氣質。」後者的主張是可以的，孟子也同意之；但孟子認爲前者有問題。因爲，我們不能因「道理」無法理解，就放棄不追求、不去落實。而告子反而選擇一個輕鬆愉快的方式——「乾脆不管、不去理解進而不去落實」，來達到他所要的「不動心」。

據此，可知曉告子選擇一種「較不理會的態度」以不影響自我的「內心」狀態，來達到所謂的「不動」。這樣的「不動心」，就有點類似意氣用事、硬把捉住此「心」而使其「不動」。之前孟子說北宮黝僅從自我意志上來強迫自己勇敢，亦屬類似的「某種意志操作」之程度而已。

更重要的是，孟子點出對於「不動心」的追求，事實上是一種把握自我「心志」的功夫，而其中最重要的核心內涵就是「志」（心之所向）。當「志」確定之後，外在層面（氣）將因此自然發露而一併呈現之。例如，我立志做個有道德的人，心之所向為「成君子」、「成聖賢」。而這樣的「志」之導引，當然可帶出應有作為與其氣息之展現。但孟子提醒我們，「志」雖然是「氣」的統帥與主導，但外在層面的「氣」是有可能擾動本來的「志」，因此要「持其志而無暴其氣」。若從日常生活來理解，我們可以舉例說：當我們內心堅定要保持「善心」（持志）來實踐應有的「孝順」之時，一旦堅定之後，外在的「氣質」與種種發露將是安定、和諧的……等。但，若是我們在孝順時候的某一刻，因某種突發事件而產生「急躁」、「手忙腳亂」……時，此外在的「氣質」將會影響我們本來所要保持的「善心」（也許內心會緊張、不耐煩、不安……等）。

從上所述，孟子的「不動心」的初步理解，則在於有關「心志」的安定問題以及與「氣」的連帶關係，且排除「僅靠意志上強迫操作的不動」的「不動心」。至於孟子的「不動心」實質內涵與特點，將於下小節詳述。

二、孟子的不動心

孟子的「不動心」是一種從內而外的「集義」與「定志」之學，在培養的時候有時得靠意志操作，有時則不必。因爲「僅靠意志操作」到「不動心」並不是「眞正孟子承認的不動心」。據此，孟子補充說他的「不動心」自然帶出的「浩然之氣」，是一種從內而外的「義理」之展現而表現在氣息或氣質上，而且這種「義」從內心發起之後，就「不動搖」了。因此，孟子的「不動心」可以說是「心」起於「義」之後就「不動了」，也就是此心不往「非義」的方向「動搖」。公孫丑接續又問：

「敢問夫子惡乎長（夫子的不動心有何長處呢）？」曰：「**我知言**（知道何謂正道之言、道理）、我善養吾浩然之氣。」「敢問何謂浩然之氣？」曰：「**難言也。其爲氣也**（若是以「氣」來形述的話），**至大**（廣大）**至剛**（剛強）**；以直養**（正當的方法培養）**而無害**（不加殘害）**，則塞于天地之間。其爲氣也，配義與道；無是**（此，指義與道）**，餒**（委靡）**矣。是集義所生者，非義襲而取之**（此指浩然之氣）**也**。行有不慊（足）於心（內心，此指本心），則餒矣。我故曰：『告子未嘗知義』；以其外之也。**必有事**（內心必然地存有一件事，指從事「集義」）**焉而勿正**（不要預期）**，心勿忘，勿助長也**。無若宋人然：宋人有閔（憫，憂）其苗之不長而揠（拔）之者；芒芒然（疲倦的樣子）歸，謂其人曰：『今日病

（疲倦勞累）矣，予助苗長矣。』其子趨而往視之，苗則槁矣。天下之不助苗長者寡矣。以爲無益（此指養氣、求本方面之事）而舍之者，不耘苗者也。助之長者，揠苗者也；非徒無益，而又害之。」

《孟子．公孫丑上2》。「請問老師您的『不動心』的特點是？」孟子說：「『不動心』讓我可『知言』與利於培養『浩然之氣』。」公孫丑問：「什麼是『浩然之氣』呢？」孟子說：「這很難形述清楚；用『氣』這個層面來說的話，它是至大至剛的，用正直之心來培養而不加殘害我們的內在，這種『氣』自然能夠充塞於天地之間。用『氣』這個層面來說的話，它是我們內在配合著『義與道』才能散發出來的；不如此，就會萎靡。也就是說，這種『浩然之氣』是內在配合著『義與道』而自然生出的，不是外在、表面去落實『義與道』這類事情，就能產生『浩然之氣』的。也就是說，當我們實踐『義與道』時的內心若有不足或是不純，此『浩然之氣』就會萎靡。從內在、內心層面而生起的『義與道』才是正確的，據此，我才說告子是不懂『義』的，因爲他執著於『義』是透過外在學習而後有的。而維持這種『內在』而符合『道義』的方式則是：我們的內心必然存有著一件事情，但是不要去預期，也不要忘卻，更不要助長它。內在道義之心的生起是自然的，不要像那個宋國人那樣：宋國有個人因爲煩惱他種的幼苗不生長，就把這些苗拔高，然後疲累的回家了。他告訴他的家人說：『今天眞是累啊！我幫助禾苗長大了。』他兒子去看，發現禾苗已經乾枯了。現在的人，不像宋人那樣去幫助禾苗長大的，是很少了。而那些不知道培養『浩然之氣』、重視內在道義的重要性而加以捨棄的，就好比連除草都不做的人。而知道內在道義重要的，卻急著幫它長大，就好比拔苗的宋人，這不但沒有益處，反而有害了。」

上述，孟子說明他的「不動心」有兩個延伸內涵；一個是「知言」（稍後會詳述），另一是「浩然之氣」。[4]這兩個內涵是達到所謂「不動心」時自然具備、可展現的良好狀態，其中的「浩然之氣」就是一種廣大剛強的氣息，是透過個人修養、維持本心內存而成就的氣質發顯，如果培養得當，則可「充塞天地之間」。若展現在氣息上被觀察或感覺到，是此「心」配著「義」、行正路的自然結果。相反的，如果內心不配合仁義走正道，此種「浩然之氣」將自然委靡了。因此孟子做小結說：「這種『氣』，是發於仁義之心而行仁義、持續而自然產生的，不是去做表面仁義的事情就能得到。」（是集義所生者，非義襲而取之也。）配合孟子的「由仁義行」這一重要思想來看，「浩然之氣」亦可說是「由仁義行」的實踐而後發露在個人的氣質上。因此孟子說「告子不知道『義』」，實因告子侷限在「義」的外在展現以及「外在環境」對「義」的影響，而不知曉「義」在根源上，實來自於「內心」的。

此種「不動心」所論及的「浩然之氣」，孟子用「義」與「集義」的方式來說明，已經相當清楚明確了。至於培養的具體方法，孟子提出一項重要的工夫：「必有事焉而勿正，心勿忘，勿助長也。」此意思是，因為「集義」是完全發自內在而行之於外，必然涉及「內心」這重要層面。欲將內存的「心」達到「集義」狀態而「不動搖」，孟子則提醒我們：「就好像內心必然地從事『集義』這件事，但我們不刻意預期；不能忘記它、也不能刻意助長它。」[5]因為「不動心」是「內在集義」的自然結果，因此不必預期，也不能「刻意」或是僅靠「意志操作」，否則猶如告子的「不動心」模式了。另一方面，我們也不能忘記此「集義」的重要性，否則無入手之處。總之，道德實踐（集義）過程中，需有一種自我的「提撕警覺」；若過放則長之，若過長則忘之，此乃達到「不動心」而自生「浩然之氣」的方法。

至於「知言」的內涵則較爲簡潔，則如下述：

「何謂知言？」曰：「詖辭（偏執一端之詞）知其所蔽，淫（放蕩）辭知其所陷，邪辭知其所離，遁辭（逃避之詞）知其所窮（困屈）。生於其心，害於其政；發於其政，害於其事。聖人復起，必從吾言矣。」

《孟子・公孫丑上2》。公孫丑問說：「什麼是『知言』呢？」孟子說：「聽到偏執於一端的言詞，就自然知道他蒙蔽於何處；聽到放蕩的言詞，就自然知道他陷於何處；聽到邪亂的言詞，就自然知道他離正道於何處；聽到逃避言詞，就自然知道他困屈於何處。因爲這些『蒙蔽』、『陷溺』、『離正』、『困屈』等問題都是內心導致，因此這樣的狀況若有，將危害到政治教化；若出現在政治教化上，將危害到所有事。聖人所再興起，一定會贊同我所說的。」

上述，孟子將「知言」的內容點出，其意涵乃「『知曉』論說某言詞之人的內在層面」之「問題所在」。例如，當聽到別人的言詞有所偏頗，就知道他的內心必有遮蔽；聽到狂放自恣的言詞，就知道他的內心必然有所陷溺；聽到邪妄不正當的言詞，就知道他的內心必有叛離正道；聽到支吾其詞、避重就輕的言論狀況，就知道他的內心有所失而窮於應對。因此孟子的論述重點在於「外在言詞時的內在問題」；而「知言」之說，其實是一種「從言語上觀察一個人，即知他的內在問題」，而且孟子有一定的把握。延伸來說，這四種不當的言詞必然發於內心，若在政治、教化層面來說，有此「不正當的內心」必然影響政教上的推行而產生危害。「知言」是對他人言語的觀察與判斷，有此智慧而見微知著；有這種自信前提，是先有著「不動心」的境界才可達到。既然「不動心」是內在集義、外在實踐後的自然結果，附帶有「浩然之氣」與「知言」兩種長處，個人認為也非突兀了。

總括來說，「不動心」並不是很難理解的內涵，也不是離於日常生活，而實與孟子「由仁義行」這一思想主軸相關，強調人可以從「義」發心行事而「不動搖」，而且專在「心上來說」。此種「集義的不動心」提出之後，對比於一般人或告子、北宮黝……等人僅重視「意志上」的自我強制，忽略從「內心」發露的自然「集義」來說「不動」，可見其高低了。

據上述種種歸結，孟子認同的「不動心」涵義將相當明朗。「不動心」並非「心絲毫不動」的意思，而是「心皆起於義、合於義」這種狀態的「不動搖」。至於達到「不動心」是如何呢？除了有所謂「浩然之氣」與「知言」之外，更可從孟子表達出一定的自信與風格來輔助理解之。當孟子有這種自信時，即便面對他人的誤解或是負面評價時，均可從他平常「集義」的落實中，發現孟子的回應總是充滿道德內涵之提醒。於此，以一故事說明孟子總是以「內存義理」行事，即便他人不能夠理解孟子：

孟子將朝王。王使人來曰：「寡人如（將）就見者（指夫子；孟子）也，有寒疾，不可以風（受風）；朝將視朝（如果夫子上朝，王將勉強抱病登朝接見），不識（知）可使寡人得見乎？」對曰：「不幸而有疾，不能造（到）朝。」明日，出弔於東郭氏。公孫丑曰：「昔者（此指昨天）辭以病，今日弔，或者不可乎？」曰：「昔者疾，今日愈（痊癒了），如之何不弔？」王使人問疾，醫來。孟仲子（孟子的堂兄弟）對曰：「昔者有王命，有采薪之憂（臣對君告病之謙辭），不能造朝。今病小愈，趨造（趕往）於朝，我不識能至否乎？」使數人要於路（在路上攔住孟子），曰：「請必無歸（不要回家）而造於朝。」不得已而之景丑氏（齊國大夫）宿焉。景子曰：「內則父子，外則君臣，人之大倫也。父子主恩（相處以親情恩情爲內在連繫），君臣主敬；丑見王之敬子也，未見所以敬王也。」曰：「惡，是何言也！齊人無以仁義與王言者，豈以仁義爲不美也？其心曰：『是何足與言仁義也。』云爾，則不敬莫大乎是。我非堯舜之道，不敢以陳於王前。故齊人莫如我敬王也。」景子曰：「否，非此之謂也。《禮》曰：『父召無諾（父親有事召喚，不能用「諾」來回應），君命召不俟駕（國君有事召喚，不能等駕好車才出門應命）。』固將朝也（本來是要上朝的），聞王命而遂不果，宜（殆；恐怕）與夫禮若不相似然。」曰：「豈謂是與（我哪是說這個方向）？曾子曰：『晉、楚之富，不可及也；彼以（憑藉）其富，我以吾仁；彼以其爵（尊貴），我以吾義；吾何慊（不滿足）乎哉！』夫豈不義而曾子言之（這難道不對嗎，不然曾子爲何如此說）？是或一道也（這或許是有其道理的）。天下有達尊（共同尊重者）三：爵（爵位）一，齒（年長）一，德（道德仁義）一。朝廷莫如爵，鄉黨莫如齒，輔世長民（輔助世道、長育人民）莫如德。惡得有其一，以慢（輕慢）其二哉？故將大有爲之君，必有不召之臣（一定有不隨意召喚的大臣）；欲有謀焉，則就之。其尊德樂道，不如是，不足與有爲也（不值得跟此種國君一同做事了）。故湯之於依尹，學焉而後臣之；故不勞而王。桓公之於管仲，學焉而後臣之；故不勞而霸。今天下地醜（類）德齊（等），莫能相尚（相過，此指勝國他國）；無他，**好臣所教（喜好任命他可以教令的人做臣子），而不好臣其所受教（而不喜歡任用他可以從之受教的人當臣子）**。湯之於伊尹，桓公之於管仲，則不敢召。管仲且猶不可召，而況不爲管仲者乎！」

《孟子．公孫丑下2》。孟子將要去朝見齊宣王，齊宣王派人來傳話於孟子說：「我本來想親自來見夫子的，但因爲受風寒而不能吹風，因此無法來了。如果夫子願意來上朝，我將抱病登朝，不知道這樣能夠見到夫子你嗎？」孟子說：「不幸啊！我也生病了，不能親往上朝。」隔天，孟子出去東郭氏家裡弔喪，公孫丑勸孟子說：「昨天齊王派人來召見老師您，您用生病推辭，今天卻出去弔喪，這樣不妥吧？」孟子說：「昨天生病，今天好了，爲何不能去弔喪呢？」而後，齊宣王派人來問候孟子，並且帶了醫生來。孟子的堂兄弟孟仲子對派來的人說：「昨天王來召見，因爲生病而無法上朝，今天他的病好轉了，就趕緊去上朝了，我不曉得他是否到了沒？」於是孟仲子派人去路上攔截孟子說：「千萬不要回家啊！先到朝上去一趟吧！」孟子不願意上朝也無法回家，因此到景丑氏家中留宿。景子知道孟子這情況之後，說：「在家中，父子關係最重要；在外，君臣關係最爲重要；這是人倫大道。父子相處，以恩情爲核心；君臣相處，以恭敬爲核心。我看到王對你很恭敬，但沒看到你敬重王的地方！」孟子說：「喔！這是什麼話！齊國中，從來沒有人用『仁義』這內涵跟齊王談論的，難道他們認爲『仁義』不好嗎？不是的，是因爲他們心裡想：『跟這種人，何必跟他談仁義大道呢？』這類想法，不尊敬王的沒有比這樣更大的了。不是堯、舜那種聖王之道，我是不會拿來跟齊王說的；所以說，在齊國沒有像我這樣尊重齊王的了！」景子說：「不，我不是說這個方向。《禮》說：『父親有事情要召喚，不能用「諾」這種口語來回應。國君召見，不能等待馬車駕好才去。』您本來是要上朝，聽到王命卻不上朝，這跟禮不符合吧？」孟子說：「我哪裡是在講這種方向的呢？以前曾子說：『晉國、楚國的財富，他國無法比得上；他們藉著財富，我憑藉我的仁義，我還有什麼不滿足的呢？』這種話難道不對而曾子卻要刻意說嗎？一定有其道理的啊！天下有三種共同受人尊重的內涵：一是爵位，二是年長者，三是道德。在朝廷中，最受重視的是爵位；在鄉里中，最重視年長者；在輔助世道最重視道德。怎麼可以因爲其中一個（此指爵位），而輕忽另外兩者呢？因此眞正有爲的君王，一定有那種不能隨意召喚的臣子，有事情想要與他商量，一定會到他那邊去。一個國君尊重道德、樂於道義，如果不這樣呈現，就不値得跟這種國君共事了。因此商湯王對於伊尹，先向他學習，然後才任命他爲臣，因此不用親自勞苦卻王天下。齊桓公對於管仲，也是先向他學習，然後任命他爲臣，也因此不用親自勞苦卻稱霸諸侯。現在天下各國的土地大小相似，道德水平差不多，沒有能勝過他國的情境。這沒有別的緣故，因爲我從這些國君喜歡任用可以教導、命令的人當作臣子，不喜歡任用他可以從中受教的人當作臣子，就知道了。而商湯王對於伊尹，齊桓公對於管仲，還都不會任意召喚。像管仲這種人都還有不能被任意召喚的狀況，何況是不想當管仲這種人的呢！」

上述故事的大意是，景子認爲孟子不夠禮貌，對齊宣王不夠尊敬。一開始孟子點出，他算是齊國境內最尊敬王的了，因爲沒有人像他那樣，跟齊宣王談論「道德仁義」，其他人根本看不起齊宣王，認爲不值得跟他講這種崇高內涵。可見孟子回答的巧妙處；他從對一個人的期待與期許，來說「尊敬」是可以從這種方向來思考的。但是，景子仍然強調，「禮」不是儒者所堅持的嗎？對於齊宣王那樣的禮遇，怎能夠「失禮」而不見齊王呢？

孟子第一次的說明無法讓景子聽懂，因爲他還是執著在「禮」這種表面上的互動。因此，孟子只好接著說，就算是「禮」也得整體來評估。一個君王若「眞的能懂禮」，就知道「臣下」也有那種不能隨意召喚的狀況。從孟子對國君的道德要求或期許來說，當一個國君總是喜歡任用那種可以隨意召喚、命令的人，而不希望受教於臣下、保留某種尊敬的態度，則可知這種國君的標準了。更何況，管仲這種人都受到這種「不能隨意召喚」的禮遇與尊重，何況孟子自己，是不屑於做管仲的那種人呢！

因此，孟子的自信來源爲何？從道德上來說，他問心無愧而呈現一定的堅持；從歷史人物所彰顯的事實來說，君主對有德者本就應給予一定的尊重；從君臣關係來說，作爲臣下的孟子也總是盡力的提醒君王。此外，當孟子不是用「稱霸諸侯」作爲首要價値，而是希望提倡仁政、道德教化所有人民，且自身不執著於名利富貴時，還有其他外在內涵可以動搖孟子的行事嗎？即便景子從儒家共同承認的「禮」這一方面來說孟子的不妥，我們卻也可以從孟子的回答得知他的用意，以及孟子是用哪一種發心與用意，產生其自信來回應「禮」的。

第五章　從倫理學看《孟子》

孟子所談論的「四端」與「操存」、「持志」等內容，或多或少涉及內在心理與意志之成分。心理學普遍承認的「衝突」（conflict）與「抑制」（repression）這些心理狀況，在孟子的思想中也算談論過。當然，此章並不是要任意使用心理學的專詞或其專業內容來框架孟子的學說。而是，從孟子所說的一些內容來加以反省、且進一步延伸到我們日常生活的心理觀察上來對照時，個人認為此方向的談論，應可合乎且貼近我們的體認。

在西方學者反省孟子之學時，曾有從類似道德心理視角切入來觀察的。例如早期Richards教授一方面注意到孟子並不是要「證明四端」、「分析四端」，而是以「四端」所帶來的「倫理判斷」來說明我們應該自我實踐這些行為。因此，孟子並不是要試圖闡發「四端內在的構造」，而是孟子知道我們本來就可以接受這些德行內存，因此孟子最重要的目的是鼓勵、促發人們這種四端能力而流入四端的開展。[1]

我想說的是，儒家傳統上對於「心理」或「道德心理」的談論事實上有的，從細部分析上來說，可以發現孟子重視人的「某些心理」或是「某些情感」。當然，孟子所說的內容不像當代「心理分析」或是「分析心理」等眾多學科那樣複雜且細緻。我想說的是，在解讀、體驗孟子思想之時，若透過一定的道德心理內容來陳述時，相信有著不錯的解讀效果，對於體驗傳統儒家的內涵時，或許是一項可行的體驗模式。

第一節 《孟子》中的「道德心理」

中國傳統對於「道德」的談論非常多，一開始也非僅屬於儒家而已。在孔子標榜行爲的自決與「仁」這一內在心理之後，延伸至人倫日用、配合古人「五倫」等內來實踐時，被我們以「道德」來理解之、稱呼之。這當然是儒家式的內涵，而我們也對此「道德」有著一定的「常識意義之認知」；例如，我們要「尊師重道」、要「孝順父母」……等。

對於這種「道德屬性」之談論，即便在西方傳統中亦是重要內涵之一。西方古代的倫理學中，涉及「善」、「幸福」等追求，以及追求時所需具備的條件反省（例如「品格」）；而「德性」（virtues）的概念由此而出。在亞里斯多德的倫理學中，便區分「知識德性」與「品格德性」，且強調人必須透過良好的教育來養成之。之後，透過神學方面的渲染、中世紀之過渡，以及後來啓蒙運動之後，逐漸對這種「德性」的談論更細膩化了。例如談論「道德」是否是一種「義務」、「法則」、「是否能普遍」等問題。David Hume加入「情感」作爲主軸考量來談論道德問題；後又有康德對「道德與義務」的詳細分析與論說。至當代，更多對道德問題的反思有著更加細膩的發展；包含G. E. Moore中曾對「善」這個內容加以反省、是否可明確定義之問題加以討論，也有A. J. Ayer針對「道德判斷」基於「情感」而非「事實」的反省，指出倫理概念並非眞實存在的概念而屬「擬似」（pseudo-concept）概念。[2]更有直接談論「意志的意識」是否存在的現象學談論。以及針對「自由意志」與「神經科學」（neursocience）之間的關聯談論。

上述僅是稍微的簡述，當代對此倫理學之相關議題談論甚多甚細；然此書並非探究西方倫理學之相關發展，也不是想使用西方語辭來框架孟子的學說。而是，我想透過一些西方善於分析概念的方法，來形述孟子學說中的細微之處實貼近我們的某些「心理狀況」。據此，我先使用一般語言來談論孟子論述的「道德實踐」，於此暫時簡化如下述：

A		B		C
道德實踐前	→	實踐時	→	實踐後

上述A、B、C三個階段，在一般對於道德行爲的認知與體會之下，將要求A至C都必須符合「道德考量」才能算是我們對於（儒家）道德觀點的要求。細部解釋來說，A可屬「動機」考量，例如「你發什麼心去做某件事？」、「你是否無私的付出？」B可以涉及「行爲時的心態」考量，例如「你孝順『時』，內心恭敬的嗎？」、「你問候師長『時』，內心是誠懇的嗎？」之類。C可屬於「行爲後的成果」或「行爲後的成果及其心理」之考量，例如：「你有沒有達成『道德結果』或『良善的結果』？」或者是問你：「你成功之後的『內心』，是驕傲自大的，還是謙虛的？是否很感恩？」若暫時簡化來說；若重視A者，則屬所謂「動機論」；重視C之成果效益者（是否爲最大多數的人謀取最大利益）則屬所謂的「效益主義」（utilitarianism）傾向。然而，我們發覺對一件道德實踐要求時常常希望是A、B、C兼顧，且涉及

「內在層面」的要求。例如實踐之前要有良好的發心（例如無私），實踐時要有良好的態度（例如恭敬、誠懇），實踐後也要有良好的態度（例如謙虛、不居功）、或者涉及效益（例如要有效果）。

孟子對於有關上述的談論時，A、B、C的談論皆涉及，且特別重視A、B兩階段，以及C階段時的「成果後的心理」這一層面，而較不專注在所謂的「成果」；當然我們不能說孟子是從來不考量「結果」或是「效益」的，我只是要說孟子特別重視的部分不在所謂的「效果」。此外，孟子對於A階段的形述，則以「四端之心」的「發」來說。此意義帶來的是，在道德實踐之前，我們可能先處於某種「自然的善之發露」，例如看見小孩將掉入井中，而我們自然生出「惻隱之心」去救他而不去思考什麼；此微細的內心階段與後來的具體行爲，則尚未構成所謂的「動機」，因爲你可能什麼都還沒來得及想。而另一方面，道德實踐之前是「『可以』考量『動機』」的，一個「良善的動機」在「具體實踐前」是可以自己操作的；例如我克制私欲來無私的幫助他人，這也屬於「道德實踐之前」的一種階段狀態。據上述兩方面分析之後可知，A階段至少有兩個方向內容，一是「反省或考量自我之動機」是否純正，另一是「在思考操作自我動機之前」，我有著「善面向」之自然流露。

上述僅是簡要說明我採取的分析策略，如此類推，應可知A、B、C三階段各自內容並非僅是「單一的內涵」，可能是複雜的。在上述的三階段中，其實孟子都曾談論他的強調處與主張；例如對A階段的反思談論出「性善」，對B階段則談論出「意志」與「發心」，C階段則談論「意志持續」與其他的道德修養之建議。於此，我想暫時使用兩個語辭來陳述孟子的道德觀點。此兩語辭的內容都被孟子談論過，一是涉及「人禽之別」之複雜問題，孟子依此來說明「人之所以爲人」的價值或意義之所在，於此書暫且以「人」（person）來稱之。[3]另一方面則是從上述「人」之相關談論中，找尋更爲細膩的論述，那就是孟子論述「人之所以爲人」之時、談論道德實踐時，所呈現的「道德內在心理」。

「道德心理（實踐前、實踐時、實踐後之心）」這方向之探詢與舉例，是此章用來理解孟子論述道德的主要方法。當然，「人（人之所以爲人）」在傳統上解讀孟子的「性善」或是「四端」已論述甚多，因此不再贅述了。因此本章聚焦於「道德心理」的些許談論，僅是一項嘗試或參考，並非宣稱這個方向的理解才是對的。且需再次強調的是，我僅是透過這個方向來表達孟子思想的深意，爲的是貼近我們日常生活的體驗內容。

一、「道德實踐」三階段的細微觀察

談到「道德實踐」的三階段，若從一般常識的體驗中，則有所謂上述的A（實踐前）、B（實踐時）、C（實踐後）三階段，在孟子的論述「道德實踐」時，他曾完整的陳述這三個階段，依此來分類述說如下。

(一) A階段，道德實踐之前

我們在某個道德實踐後，將可以觀察到（自身）的「道德實踐結果」，更可以依此「結果」自我反省出許多重要的「心理層面」，例如，我完成「尊師」之後，我的內心狀態是如何?而且，可以逆推「此『尊師』實踐之前」的自我心理狀態。孟子對行爲者的觀察與描述，除了提醒許多道德實踐「之後」的狀況，還特別點出「實踐之前」的「內在心理」出來，此反思提供一項實踐時的基礎點醒。孟子曾經使用這樣的反思模式去勸諫國君實行「仁政」；例如，孟子說出「古代有『仁政』這一事實結果」被我們觀察到，而這樣「『仁』的道德成果」，所需達成的初始要件在於所謂「仁心」。有趣的是，孟子認爲這種「仁心」我們早就具備了；也就是說，我們在「實踐『仁X』之前」，人早已具備某種心理符合「仁」的內心；孟子說：

> 孟子曰：「人皆有不忍人之心。**先王有不忍人之心，斯有不忍人之政矣**。以不忍人之心，行不忍人之政，治天下可運之掌上……」。

《孟子．公孫丑上6》。孟子說：「人都有不忍他人痛苦的心。古代先王就是有這種『不忍人之心』，因此才有『不忍他人痛苦』的『仁政』。用這種『不忍人之心』，實行『不忍人之政』，治理天下就猶如把它放在手上那樣的容易了……。」

上述的引文在之前曾經出現過，實爲孟子論述「惻隱之心」的導引論述。在此處引述之用意，在強調孟子觀察出「不忍他人痛苦的心」這一內心心理；而這種心理素質，將可（自然）驅使自我去落實或完成「道德」的種種該爲之事。對於孟子所欽佩的先王、實行仁政的那種先王，他從「道德實踐之前」的這一項內涵點出一關鍵處（心理），也因爲此關鍵才有後續的人爲制度（仁政）出來。而這種「不忍的心理」，有人沒有嗎？當然無法一一檢閱，但孟子認爲這是「人人皆有此心理」以及此心「本有」。

有此基礎之後，我們就可以回顧道德行爲是否有孟子談論的那種實踐前的「心理」？若不從聖人那種超高境界，而以一般人狀況來說，在「學習實踐道德」或是「學習成爲聖賢」的過程時，孟子同樣觀察出這類心理；他曾舉例說：

> 孟子曰：「人皆有所不忍，達之於其所忍，仁也。人皆有所不爲，達之於其所爲，義也……。」

《孟子．盡心下31》。孟子說：「人都有不忍心的時候，若是把這種心理延伸到他本來忍心做的事情上，這就是『仁』。人都有不願意去做某事的時候，若把這種不願意去做的心理延伸到本來願意做的事情上，這就是『義』。」

孟子的意思是，我們都有「不忍心」的時候，而這種心理非常重要且確實存在。我們既然有

「不忍心」的這種心理素質，何不延伸它呢？例如，我們本來是「忍心」去占位子而不禮讓老人，但我們明明有「不忍心」這種內在，為何不延伸到本來「忍心去占位不禮讓老人」這類事情上呢？同理，我們都有「不願意」做某事的決斷力，為何不把這種內在決斷力延伸到「該做的事情上呢」？

上述可知，孟子在道德實踐之前，觀察到某個心理素質相當重要，尤其是上述的第一項（「不忍心」的事實與延伸的決定力），而且確實存在！這種內在心理被孟子點出之後，不僅僅是一種自我催眠而已，更是一種自我肯定，而關鍵仍在於「擴充」。對照日常生活，或許我們在道德實踐之前，早已體認這種道德內在心理確實內存，只是無法穩定發揮。我們某時刻無法行道德時，也因為孟子的提醒，將再次喚醒我們本有的這種心理，或說服自己喚醒這種確實存在過的心理。

(二) B階段，道德實踐時

當某人處於實踐道德的階段時，除了之前談論過的「意志決定」、「自我選擇」是一大重點之外，對於此實踐過程的自我，孟子的更提醒「如何穩定」與「持續良善內心」的實踐。更加重要的是，這樣的「良善之發心」才能讓這一項道德行為產生意義。而此「良善之發心」在「道德實踐時」可說位於關鍵，一方面給予道德內涵最重要的精髓；另一方面，也因為實踐時內含此精隨，而讓（道德）行為有意義（或說讓孟子承認這是道德行為），他曾經說：

孟子曰：「食而弗愛，豕交之也；愛而不敬，獸畜之也。恭敬者，幣之未將者也。恭敬而無實，君子不可虛拘。」

《孟子．盡心上37》。孟子說：「只給他吃而不愛護他，是把對方當成豬那樣對待；只愛護他而不尊重他，是把他當成畜養牛馬那樣看待。恭敬尊重這種內在心理，是幣帛之類的貴重物品還沒奉獻以前就有的。只有恭敬的外表卻無紮實的內在心理，君子是不會被這種虛僞的外在所限制的。」

上述，某些道德行爲例如「恭敬」，其實孟子重視的是內在心理；而且孟子認爲，許多內在心理並非起於「外在」或是「外在利益」的影響才有，而可以是一種單純的「內心恭敬」而自然呈現於外的「恭敬」。人對於道德行爲之種種，若訴諸直覺判斷來說，本來就相當重視這種「內在心理」。

若是反面例子，也就當我們不得不「放棄某些道德行爲」時，孟子也從「此作爲時」的內在心理來評價之：

齊宣王欲短喪。公孫丑曰：「爲朞（一年）之喪，猶愈於已（還勝過都不服喪）乎？」孟子曰：「是猶或紾（扭轉）其兄之臂，子謂之姑（暫且）徐徐云爾。亦教之孝弟而已矣。」王子有其母死者，其傅爲之請數月之喪。公孫丑曰：「若此者何如也？」曰：「是欲終之（他想要服滿三年卻無法做到）而不可得也，雖加一日愈於已。謂夫莫之禁而弗爲者也。」

《孟子．盡心上39》。齊宣王想要縮短喪期。公孫丑說：「改為一年的喪期，總比不服喪來的好吧？」孟子說：「照你這樣說，好比有人扭轉他哥哥的手臂，而你卻說『慢慢扭就好』，我看你教導他孝悌的道理就好了。」此時齊王的庶子生母死了，因為有嫡母在世，因此他老師幫他請求僅服數月的短喪。公孫丑問說：「若狀況是這樣又如何看待呢？」孟子說：「他是本來想要服三年之喪卻無法如願，因此能多加一天是一天也是好的。我上次所說的，是針對那種沒有阻擾的狀況卻不肯服三年之喪的。」

我們對於實踐道德，重視「實踐時」的心理素質，而在放棄之時，孟子也關心你是因什麼考量心理而不得已放棄的。據此而言，在一項道德實踐中，孟子所點出的關鍵處，除了開端處的心理素質之強調，更點出思考時、選擇時的深層心理與決斷力。

(三) C階段，道德實踐之後的保有與擴充

道德實踐之後，就一儒者的自我要求來說，其內心並不是自滿甚至是驕傲的，而是更謹慎地自省、累積、不斷求進步……等這類自我期許。此種風格在孔子之時早已出現，當弟子對孔子的言行實踐欽佩心服而稱讚孔子是「聖」，孔子則說：

> 子曰：「若『聖』與『仁』，則吾豈敢？抑為之不厭，誨人不倦，則可謂云爾已矣。」公西華曰：「正唯弟子不能學也。」

《論語．述而》。孔子說：「若說達到『聖』或是『仁』，我怎麼敢這樣說呢？只不過，在『聖』與『仁』這方面不厭倦的學習，不懈怠的教導他人，我倒可以說是如此吧！」公西華說：「夫子這種作為，正是我們的子所無法學到的！」

而孔子的得意門生顏淵也同樣說過：

顏淵曰：「願無伐善，無施勞。」

《論語．公冶長》。顏淵說：「我希望自己是：從不會去誇耀自我的（行）善，也不曾記得自己的付出。」

上述表達出儒者對自我實踐道德時，應屬某種自然、義務方向的強調，而點出自身行符合「道德」時，將不以自滿的心態來對應，也不會去誇耀、記住自己的付出。對孟子處於道德實踐或言行如一的觀察中，弟子對孟子的稱讚亦有：

「……然則夫子既聖矣乎？」曰：「惡！是何言也！昔者子貢問於孔子曰：『夫子聖矣乎？』孔子曰：『聖則吾不能，我學不厭而教不倦也。』子貢曰：『學不厭，智也，教不倦，仁也。仁且智，夫子既聖矣。』夫聖，孔子不居；是何言也！」

《孟子．公孫丑上2》。「夫子應該已經是聖人了吧？」孟子說：「喔！這是什麼話！以前子貢問孔子說：『老師您是聖人了吧？』孔子說：『聖人，是我無法達到的，我只是不厭倦的學習與教導他人而已。』子貢說：『不厭倦地學習，是智；不厭倦地教導他人，是仁。仁與智都兼備，夫子已經是聖人了。』『聖』這個名號，孔子都不敢居之，你說我是，這是什麼話呢！」

上述，是一儒者的言行受到觀察而被肯定之後，所帶來的稱許內涵。然則，對儒者而言，並不以「較高道德層次」的自我居之。因爲對儒者而言，「道德實踐」是無止境的路途，即便在某個或某些「道德實踐」後獲得他人認同、支持、尊重，儒者並不會因此而自滿，隨即而來的態度反而是一種謙虛、自省、戒慎恐懼，而試圖往更高境界的道路前進；曾被弟子們佩服的孔子或是孟子，都曾展現這種後續的穩定心理。

基本上，儒家所呈現的人格風範之一可說是，「道德實踐之後」並非代表「道德的完成」或是多麼了不起的成就，僅是一種盡己之能，並且自然帶出謙和謹慎的態度來持續著。這當然涉及內在心理，而且只有你自己清楚。

除了考量實踐「後」的內在心理，孟子進一步點出有這種「道德實踐」的我們，所延伸的對象應可擴大。始終保持良善之心的實踐自不待言，然有此基礎後的我們，孟子則加深提醒之後的「關懷」面向。這當然是從「內心上說」而且與具體實踐相配合，他特舉堯、舜等人的故事，除了強調聖賢訂出制度的重要性之外，更將此種行為突顯「關懷」這一層面：

禹、稷（后稷）當平世（有道之世），三過其門而不入；孔子賢之。顏子當亂世，居於陋巷，一簞食，一瓢飲，人不堪其憂，顏子不改樂；孔子賢之。孟子曰：「禹、稷、顏回同道。禹思天下有溺者，由己溺之也；稷思天下有飢者，由己飢之也；是以如是其急也。禹、稷、顏子，易地則皆然……。」

《孟子．離婁下29》。夏禹和后稷都曾經歷有道之世；但在那時天下曾洪水氾濫，夏禹三次經過家門卻沒有時間進入探望，而被孔子稱讚。顏回生存在亂世，居住在狹窄的巷內，吃粗飯、喝小瓢水，別人都無法承受的憂苦而顏回卻自能得其樂，而被孔子稱讚。孟子說：「夏禹、后稷和顏回的內在原則都是一樣的。夏禹認為天下人有溺水的苦難，就猶如是自己使他們溺水一樣；而后稷看見天下人若有挨餓的，就猶如是自己使他們挨餓一樣；也因此展現出如此急促地關懷、救助百姓。夏禹、后稷、顏回三個人，若身分地位相互交換，都會依照這樣的心態來做事而展現出相同的行為。

上文可知孟子的強調點，在於某種責任感或是同理心的體會，並展現相關的後續關懷。至於之前曾提及孟子與農家追隨者陳相的對話中，孟子除了反駁「執著於親事親為才是賢君」之外，也說明了聖賢的關懷層面是：

當堯之時，天下猶未平；洪水橫流，氾濫於天下……。當是時也，禹八年於外，三過其門而不入；雖欲耕，得乎？后稷（農官）教民稼穡（播種與收穀），樹藝（種植）五穀，五穀熟而民人育。人之有道也（人之爲道）；飽食煖衣，逸居而無教，則近於禽獸；**聖人有憂之**，使契爲司徒（官名，掌禮教導民），教以人倫：父子有親，君臣有義，夫婦有別，長幼有序，朋友有信。放勳（堯之號；堯、舜、禹之名號分別爲：放勳、重華、文命）曰：「勞之（慰勞勞苦之人），來之（接納歸附的人），匡之（匡正需要改進的人），直之（曲正行爲乖誕之人），輔之（輔助人民心志），翼之（使他們奉行禮制教化），使自得之（從上面多種教化導引讓人民自得其性而成長），又從而振德（又依上述自得的基礎發展德行）之。」**聖人之憂民如此，而暇耕乎？**

《孟子．滕文公上4》。堯的時代，天下還沒有安定的時候，洪水溢出河道而氾濫於天下……。那個時候，禹在外治水長達八年，三次經過家門而無時間進入；如此忙碌的狀況想親自耕作，可能嗎？水患治理之後，后稷教導人民耕作的方法，種植五穀；五穀成熟而人民獲得養育。那時一般人民的作爲，吃飽了、穿暖了、安逸了卻仍未獲得教化；這樣的狀況則跟禽獸相近了。聖人因此憂心，命契擔任司徒，教導人民人倫大道，讓父子有親愛之情，君臣有情義，夫妻之間各有分工職別，長幼有其次序，朋友之間講求誠信。堯曾經說：「勞苦的要慰勞他們，來歸附的人要接納他們，需要改進的人要匡正他們，行爲偏頗的要曲直他們，輔導人民的心志，使他們奉行禮制教化，使他們透過這些教化而自我成長；且依此路線來提振他們發展德行。」古代聖王如此憂民，如何有空閒去耕作呢？

上述可知，孟子對於聖賢訂定制度的過程，在於「憂民」這項關懷，也就是替人民著想一個長遠穩定之路的思維狀況下，做出一些利民的制度出來。據此來說，孟子不執著於聖人必須什麼事情都「親事親為」之外，更突顯一項關懷時的關鍵內在，此即「憂民」之心理。若針對一般人（非聖賢）來說，當你肯學習做君子、往聖賢之路邁進時，其呈現的關懷向度與步驟，孟子是這樣建議的：

孟子曰：「君子之於物也，愛之而弗仁；於民也，仁之而弗親。親親而仁民，仁民而愛物。」

《孟子．盡心上45》。孟子說：「君子對於物，是愛惜它而不以對待人的那種『仁』來應對；對民眾，是以『仁』來對待而不像對待親人那樣的直接或自然。君子的擴充模式是，親愛自己的親人，然後仁愛眾民，之後，在推及到物的層面。」

上述，孟子認為人的關懷對象是有次序的，而且也有細微差別。當然，若從整體來說，「對物有仁」當然也是可以說的，此時我們把「仁」的涵義廣度散殊於萬物，與孟子的想法並不衝突。孟子上述之說，僅是強調三種對象關懷時的細微差異。孟子認為，若無意外的話，實不能苟同於最基本的親愛親人未做，卻對「物」實行仁愛。對於親人，我們有著親愛之情而落實之，若有餘力則自然地對他人有著仁愛之關懷，據此次序，也能對物延伸愛惜之心理。這當然不是說，一個人在「親愛親人」的時候就不可以「關懷他人」、「愛惜眾物」。對孟子來說，這僅是對他者「關懷」上的次序性的建議而已。非必然地將我們的關懷內涵，硬說成如此嚴格地劃分出三個對象與次序。

歸結上述種種，孟子整個道德實踐的模式，將可順勢用下列兩個方向來做小結了：

1. **省察**

道德實踐前的心理（是否出於道德發端）

道德實踐時的心理（是否無私）

道德實踐後的心理（是否安心或是無負面心理）

2. **延伸**

道德實踐前的心理（是否可體會性善內存、仁義內存己身）

道德實踐時的心理（是否持續地無私，如何使自己無私）

道德實踐後的心理（是否有其他擴充空間，呈現更廣大的關懷）

上述的省察與延伸，事實上可說出更細膩之處，或做更詳細的分類。但就一儒者而言，有上述兩方向的自我要求，事實上就已「足夠」了。此類談論頗爲「易簡」，但實踐起來頗爲困難，從人倫日用時時落實完好，並不是一件容易的事情。而若以實例來揣摩，則將於下小節來表述。

二、對「道德」評判的心理層面

既然理解孟子所強調的道德心理，自然帶出著濃厚的自省與延伸功課，且涉及日常生活中的所有可能事件。種種道德實踐緊扣內在心理，我們又該如何評判某件事情是「道德」的？孟子（或說每個人）無法證明某A的內在心理是無私的，這只有當事人自己清楚；但，無法證明是一回事，點出此內在的重要性是另一回事。孟子曾經評論賢者伊尹的作爲是正面的，而且點出內在心理的重要性：

孟子曰：「有伊尹之志則可，無伊尹之志則篡也。」

《孟子．盡心上31》。孟子說：「有如同伊尹那樣的心志就可以，若沒有因尹那樣的內在發心與用意，就算是篡位了。」

暫且先不論孟子是如何證明伊尹的內心狀況，但孟子畢竟考察古書、了解伊尹的種種作為之後，才下這種判斷。這種判斷，也曾在孔子稱讚「殷有三仁焉」時展現過，然則，當儒家談論「某人的行為是否是道德的」而給予其正面評價時，當然涉「道德判斷」的問題。須注意的是，儒家關心的要點不在於「如何『證明』他人的心志或心理狀況」，而是透過這些評斷過程來點出「『你自己』要有什麼心志、心理」才是對的。

反過來說，且回到此小節主題之「道德評判」來說，此判斷必然涉及某人之內在心理，因此「外表所呈現的事實」，對儒家或孟子而言便不是判斷的唯一標準。若用簡單的生活例子則如：

一個貧苦窮人A面對已成為植物人的親人，**掙扎**是否拔掉他的維生系統（呼吸器）……。是否要安樂死？

上述的例子，「掙扎」是一個很耐人尋味、值得深入探究的內涵。但若先以「考量時的內心」這一視角下來說，儒者至少會「先」考慮兩個方向之問題：

1. 我「為什麼要」拔掉呼吸管？「動機」內容是有著因為我自己偷懶、不耐煩而不想照顧？或是僅是不忍心家人受苦而忍痛拔管？
2. 我「為什麼不」拔掉呼吸管？「動機」內容是否有著怕別人說我不孝因此硬撐？或是認為

孝順是應該的，等待奇蹟與希望是對的？

根據上述，我們應該會相當重視「內在層面」，此涉及內在動機或是心態，或是內在於心中的目的考量；據此，當我們面對許多可以被稱讚爲道德的「外在行爲」時，將可能會有以下涉及「內心」層面的考量於其中：

某A「捐錢」，其內心是……

a：是爲了炫耀與滿足自我的權威。

b：是爲了博取名聲。

c：是爲了避稅。

d：是不忍貧窮的人受苦。

e：捐錢毫時無所求，做過之後就忘記了。

f：……。

上述的舉例，「捐錢」若是爲一種善行的話，若加入「內心層面」來加以考量，是否會造成不同的評價呢？是否a、b、c在許多人眼中根本不是道德的行爲，甚至給予負面評價？此外，上述的「捐錢」這一行爲，可以隨意代入可被稱讚的行爲，例如「準時」、「守法」、「助人」……等，都可產生不同的「內在可能性」來加以思辨之。此方面內容將帶出，我們對

「合乎道德與否」的判斷時，有一種層面是訴諸類似直覺式的判斷（例如：本來就應該考慮內心）；若從儒家哲學所強調的道德實踐來看，本就重視內在層面——「心」的狀態，簡單的說就是「無私與否」的問題。

此外，談到「道德」如何認定，我們通常會有一種類似下定義或是述說某種定義方向，也自然地繚繞在內在心理；此即是——「較高的標準」，也就是一種對人要求或期許的較高標準。不管是自我要求還是對他人的要求，只要涉入「道德」這一範疇，我們給予的標準往往超過一般標準（例如法律的規範、不能犯明顯的錯誤這種一般標準）。若把這種高標準回到「自我要求」這個層面，孟子當然是贊成的，例如他強調的「道德自決」、「自我反省」就是一大重點。但，這不代表孟子思想可用「意志操作」或「自律道德」來全然框架之。我只是說出，孟子對於人落實道德時，提點某種自律性要求是明顯存在的。

若談到道德如何認定或判斷，或許可一提Dean Pettit與Joshua Knobe兩位教授曾寫一篇族群心理狀態對於道德判斷的文章來做導引，[4]其中使用一項有趣的問卷。大致上是這樣子的：兩位教授細心地設計兩個方向的小故事來詢問許多人的道德判斷：

> **harm vigentte**：公司的副總裁對董事會主席說：「我們想執行一個新計畫，此計畫將對我們有利，但是這個計畫會對環境有害。」而主席回答：「我不管任何有關傷害環境的事情，我只想盡可能增加利益，就執行吧！」新計畫執行了；當然，環境被破壞了！
>
> 問題：該主席是否有意傷害環境？

help vignette：公司的副總裁對董事會主席說：「我們想執行一個新計畫，此計畫將對我們有利，而且這個計畫會對環境有益。」而主席回答：「我不管任何有助於環境的事情，我只想盡可能增加利益，就執行吧！」新計畫執行了；當然，環境獲得幫助了！

問題：該主席是否有意幫助環境？

上述兩個問題在兩位教授的隨機問卷之下產生幾個有趣的結果，據該文章顯示，人們對於「有意傷害」的同意高於「有意幫助」；也就是說，人們對於同樣形式的作爲，因爲「有意傷害」與「有意幫助」給予不同的評斷。[5]若將「幫助環境」與「傷害環境」化約成「善」與「惡」這兩個價值評斷，那麼顯示人們對「善」、「惡」的具體行爲中，內心產生的評價標準並不是齊等的。

爲何有這種現象？是否我們較不承認「順便的善」且不容許「明知會產生惡卻順便帶來的惡」？是否我們無法接受「某人明明可以不產生惡卻讓此惡產生」，而自然給予較負面評價呢？這當然至少涉及所謂「動機」或「內在心態」的問題。一個人內心無私地想「行善事」而且做出具體行爲，我們給予他道德方面的正面評價。相對於「賺錢的時候『順便』改善環境」的這種「善」，我們認同度是相對較低的，此涉及該文中提及的sied-effect（我譯爲「附帶作用」，屬於一種「邊際效應」，因爲是「順便」帶來的效果，因此我以「附帶作用」來說明）。也就是說，我們對於一件事情的「附帶作用」發生正面意義的時候，並不一定會給予道德性之評價。但另一方面，「順便的惡」的產生，卻因爲我們知曉當事人可以「選擇避免」卻去做，因此容易給予負面評價。

上述的例子只是爲了方便導引到要談論的內容，我僅要指出，人通常有個隱含的心理機制（underlying mechanisms）來判斷一件（道德）事實，且或許涉及一些「預期心理」，認爲道德本來就「應該是如何的」、「應該高過於普通標準」的這類預設（可連結第一章的理解模式來看，以及第二章第二節曾提及的「道德直覺」）。當然，孟子並沒有討論到「心理機制」這麼細膩的問題，但在孟子思想中，有類似「非從外在、表面即可決定是否爲道德」的這種提醒，這是孟子自身對於道德判斷所關切的要點，因此點出這種「內在」而說：

> 舜明於庶物，察於人倫，由仁義行，非行仁義也。

《孟子．離婁下19》。舜這位聖王通達於衆物，明察於人倫義理；所作所爲都是從內在的仁義之心出發，而不是做那些外表看起來像是仁義的行爲。

上述說明一件事情之所以「符合仁義」，非以「外在表現或行爲」而得「由內心而發」的仁義方爲是。另方面，涉及上文曾經敘述的「預期心理」或是「對於道德內容有較高標準的這種預設」，若把這種感覺或判斷拿來對應於上位者（例如國君）的作爲，是否會有不同的尊敬與評價呢？孟子曾經舉出一著名的例子，貼近此種預設之端倪：

孟子曰：「**以力假仁者霸**，霸必有大國。**以德行仁者王**，王不待大：湯以七十里，文王以百里。**以力服人者，非心服也，力不贍也。以德服人者，中心悅而誠服也**，如七十子之服孔子也。《詩》云：『自西自東，自南自北，無思不服。』此之謂也。」

《孟子．公孫丑上3》。孟子說：「用武力而假借仁義之名是可以稱霸諸侯的，稱霸諸侯的前提是先有一個強大國家。但是，用內存道德的方式推行仁政的人，卻能夠王天下。而且，這種王天下不需要有強大的國家作爲前提。例如商湯王一開始僅有七十里地，而文王一開始也僅有百里之地。用武力降服他人的，並不是用『心』讓他人歸服的，而這代表自己的能力不夠。用『德』使人歸服的，是讓他人內心歡喜甘心誠服，就像七十弟子信服於孔子那樣。《詩》說：『自東西南北四方來歸服的，沒有不心服的。』說的就是這種情況。」

上述談論重點在於，同樣是「使用某一政策」——「仁」，但是發心不同卻有不同效果？一個是採取力量而假借仁義，一個是內心如實地落實仁義。而兩種的動機與發心、手段皆有不同，因此「受到的評價與造成的感染力」便有不同，且孟子認爲更影響了是否讓人「心悅而誠服」。於此歸結上述兩引文可點出幾個重點：

(1)孟子提出「行仁義『時』」內在動機、發心的重要性。
(2)此動機方面的「內在考量」會影響他人對此行爲感受與評價，以及此行爲所呈現的效果、影響。

(3)我們對於道德的認同、要求、期許或評價，時常從此視角出發。（但並非唯一的視角）

如果，人民對於國君實行某政策的動機、發心只是爲了自身利益（例如美名）卻又假借著「仁義」，產生非正面評價甚至產生某種較爲負面的評價時，是否是很正常的呢？若把上述的例子換成Dean Pettit與Joshua Knobe教授所舉的故事形式，且先不管「附帶作用」的好與壞，直接回到一開始的動機或內在心態來考量的話，則如：

大臣對君王說：「我們想執行一個新計畫，此計畫將對我們有國家有利，而且還可以取得仁政的美名。」而國君回答：「我不管什麼仁政不仁政，我只想盡可能增加利益，就執行吧！」新計畫執行了！

問題：該國君是否有意實行仁政？

上述是一個哲學問題，並沒有確定答案，可以討論的細節也很多，請由讀者們自行在內心中思索了！當然，我們或許不會承認國君「爲了利益而實行仁政」是「眞的有意」的實行「仁政」，因爲他是順便的，一開始動機不夠純粹。或說，我們會認爲這種狀況行「仁政」，與一開始就有純粹的良善動機去行「仁政」有著某種差別。甚至，可能會判斷這種「只考量利益的發心」根本不是所謂「仁政」。

若把這種內涵直接扣緊所謂的「道德」來另舉一個例子，所帶來的思辨效果亦然；例如：

哥哥對弟弟說：「我想對父母好，此計畫將對我們有利，而且這是所謂的『孝順』。」而弟弟回答：「我不管什麼孝順不孝順，我只想盡可能增加利益，就執行吧！」（孝順）計畫被執行了！

問題：該兄弟是否有意實孝順？

上述例子又與前一例有著些許不同，或許在我們的道德判斷上，（直覺地）不認爲「孝順」跟所謂的「計畫」可以扯上關聯。[6]

於此，我想回到《孟子》文本來談有關這種「道德判斷」涉及所謂「內在層面」而非僅是「外在表面」之課題。簡單來說，孟子希望或要求我們「發自內心的狀況來實行（各種）仁義」。但是，別忘記孟子已認定「性善內存」且是人人皆有，因此「要求」或「期許」我們有著道德作爲並非強人所難。此外，當孟子區分「不爲」（不要做）與「不能」（沒有能力做）之時，實已將所有道德責任回歸於我們自身。據此，我的解讀用意在於，某種我們可能認爲「高標準自律、高層次的自我要求」這類道德實踐，對孟子來說事實上僅是「本來就可以做」、「本來就該做」的事情。

於此可稍微理解孟子的「標準」了（請注意，孟子沒有強調制式標準）；例如，孝順是本來該做的、親民愛民實行仁政是國君本來就該做的。而這種「孝順」或者「愛民」之道德行爲，對孟子而言是依於原初發心，而不在於你做出來的是否符合「某種標準」；因爲，道德在某方面是無法接受類似「交差了事」的這種情境。當然，外在標準與行爲，可以是一項參考或是學習依據，但孟子絕不是僅滿足於這種「外在表面」而已。因此，孟子一方面沒有去規劃出「孝順」、「愛民」之制式、程度、量化至多少……，才是眞的孝順、愛民。而總是強調外在與內在的相互搭配，以及自我發心的貫徹實踐，甚至不斷的自我提高標準且自然地扣緊「本心」來做，才是孟子要的實踐路線。

當然，「內在層面」究竟爲何，只有你自己清楚、明白而他人不一定能夠知曉或確認。但儒家所談論的與重視面向，本來就是一個自我負責的世界（包含內心）。若回到人的原初基礎來看，孟子認爲道德的「行爲能力」（包含發心）不但具備於己身，做與不做的掌握者關鍵也在於自己，能夠做到何種程度的關鍵也在自己，做到之後如何延伸也在於自己。於此，可稍微用常識意義來比喻孟子的意思，此即：

把本有的性善加以實際發揮、落實於人倫日用……等多方面，好像我們有腳去走路那樣的理所當然；因此，就盡力做……。

當然，上述的「理所當然」並不是說這樣落實是「都很容易做到的」，而是說這樣落實是「可以達到的」；「可以」與「容易與否」是兩個問題。我之所以這樣導引讀者來理解孟子之說，是強調「道德」的相關內容看似「標準較高」，但在孟子思想體系中並無此「標準過高而『不能』實踐的問題」，孟子在乎「人能不能」的問題；既然人「能」，就去實踐即是。若回到此小節的「道德心理」之相關內容來說，我將以下則引文來作結，點出孟子論述日常實踐的精要之論：

孟子曰：「君子所以異於人者，以其存心（內心所存之內涵）也……。」

《孟子．離婁下28》。孟子說：「君子之所以和一般人不一樣，是因爲他們內心存有著道德（去行事）……。」

我們對於某人的（道德）實踐，總是希望他的內心是無私的、是良善的。而這樣的內在層面，將是君子與一般人行事的關鍵差別處。也就是說，道德內容在孟子思維中，「存心」當然位於關鍵，且涉及內在動機、內在心態等這些方向了。

第二節　「性善論」的延伸談論與詮釋

此節的主要談論目的，在於以孟子的「性善論」來解釋一些日常生活中可體驗到的情境或現象。此範圍限定在有關「道德」方面的體驗，而我所要談論的目的，在於使用孟子「性善論」這一立場之下，是否能解釋我們有關的「道德實踐」以及「惡」將如何面對等問題。談論道體主體（人）實踐道德內容時，實頗爲複雜且難以簡化，據此我先列舉幾個一般常見的（或說經驗上可體驗或觀察到的）「道德發端」至「行爲」的過程來做導引：

A：聽聞有關道德方面的勸導或提醒（教育）之後，當下所生出的道德心（例如：同情心、慈悲心……）而後付諸實踐。

B：聽聞道德方面勸導或提醒（教育）之後，過了一些時間（或是許久時間）在某一時刻、某一地點生出道德心（例如：惻隱之心、是非之心……）而後付諸實踐。

C：之前未有任何人勸導或提醒（教育），只是單純因爲某情境而生出道德心（例如：同情心、不忍心、愛父母……）

D：在經過我們的猶豫、掙扎、抉擇之後，而選擇道德屬性的實踐。

上述的A則表達道德內涵是可被教育下而導引出的；但請注意，此種「導引」是屬於「他人的導引」，至於是否眞的可以導致「道德發端而付諸實踐」還是端看被教育者自己。A僅是說明一項可能性，道德教育（不管是身教還是言教或是兩者皆有）是可以助於後學者對道德實踐落實。

而B則屬某一時間定點的觀察，此看似無徵兆的「道德良心發現」之過程，似乎有這某種「不確定性」。例如我們某時某刻「良心發現」，在這種「良心發現之前」的短暫時間，我們也許是在看電視、遊玩而非研讀聖賢經典，也非老師諄諄教誨後的直接影響。而此種狀況，可以說是某種「不確定（什麼時候會出現）的良心發現」，在孟子的思維中仍有一定的解釋方式。

而C似乎頗難解與不確定，因爲我們很難想像「未有任何受過教育或學習」的人可生出道德之心並且實踐之；但，此C反而是孟子所欲表述的主軸。然而，我們是否會接受「絲毫不受過教育」的人可生出類似孟子所說的「四端」（善端），尤其是「恭敬、是非、羞惡」這三種內容。有關此種「不學而能」、「不慮而知」在之前雖已談論過，但此章的探討內容將涉及有關「學」與「道德主體」（人）之間的關係，依此反省孟子所謂「不學而能」究竟是否成立；或說，在哪個層面上可成立；或又說，如何詮釋孟子這種說法的深義。

而上述D則表達思慮、抉擇能力的重要性，在孟子思想中常以「操」、「持」、「思」、「立」……這類語辭來表達，偏向「意志決定或選擇」這類意思。而此節則進一步點出這類「意志」所涉及「人之所以會猶豫、考慮」的這種心理，不管他最後選擇了什麼，其實仍可拿來反映孟子「性善內存」的思維。

上述的A、B、C、D四種模式，時常出現於我們的生活經驗中，此節則針對上述四種現象來做解釋；爲求精簡談論，我將不討論A模式，因爲A的存在事實之爭議性不大，也符合我們的經驗思維與實際經驗。至於B、C、D則需要多做說明，才能釐清當中的些許疑問。例如某時刻「突然良心發現」該如何說明解釋？「不必學」就可以有所謂的「同情心」或是「敬愛心」嗎？面對道德實踐卻呈現「掙扎猶豫」時，是否代表我們不是「性善」？此類疑問可以持續擴大，我僅是稍微列舉。之所以想要從上述的B、C、D作爲討論對象，一方面是讓讀者們理解孟子的思想是可以解釋上述諸多現象的，另一方面，更可反省此種解釋模式所帶出來的意義。

一、「四端」與「良知良能」的再分析

(一)自然反應所呈現的道德？

1.不忍與惻隱

孟子「性善論」中所談論的「四端」，其實也有著細微差別。例如「惻隱」這一端，與「羞惡」、「辭讓」、「是非」這三端有一顯著之不同。亦即，「羞惡」、「辭讓」、「是

非」這三種「心」之開顯，必然先有經驗上的學習才可能。此即，人不可能從未學習過「羞惡」（相關）觀念、「辭讓」（相關）觀念、「是非」（相關）觀念而就能呈現這些「善端」吧？據此，孟子所論述的「內存」又該如何成立？孟子所論述的「不慮而知」是否能成立？先看「惻隱」這一端的分析：

a惻隱：非意志操作，（突然）自生，自然自己產生？（仁之端）

孟子的重要補充：非所以內交於孺子之父母也，非所以要譽於鄉黨朋友也，非惡其聲而然也。

上述之說有幾個補充說明，一是，對於「道德自覺」的談論，就孟子立場來說則是一種覺受（感知感覺之承受）後之自發，或許是某種場景的刺激而後的自我發端。就「惻隱之心」來說，孟子認爲某 a「惻隱之心」之發，是一種類似本能的自然反應；因爲，a僅是純粹的「不忍、驚恐」之後「自然自發地想要幫助某個小孩」的「心」，此「心」無其他的雜思；因此後續的「不是要結交於孩子的父母」……等補充說明則相當重要了，這顯示「仁」這種「道德發端」是一種純粹的發顯，而不是意志操作或思慮、評估之後的結果。當然，若再分析其他三端，內容則有細微不同；如：

b羞惡：非意志操作，（突然）自生，自然自己產生？（義之端）

c辭讓：非意志操作，（突然）自生，自然自己產生？（禮之端）
d是非：非意志操作，（突然）自生，自然自己產生？（智之端）

上述的b、c、d內涵的體驗中，的確可在人的「自覺」中產生，據此「可」說是一種自生、突生的；例如我突然感到「羞愧」，可以不是「意志操作」來的。但是，b、c、d的內涵既然涉及所謂的後天經驗教育之內容，也就是說b、c、d內涵得來自於（些許）教化與經驗後之累積，而不像a之純粹、可從本能這個方向談論起。但，孟子把這四者視爲同層級，是否認爲「端」與後天經驗、學習毫無關係？

若按照孟子自身的解釋，**他似乎不在「強調」「後天學習」與「道德發端」的必然關係或是因果關係**。也就是說，雖然從b、c、d來看，這種「自覺能力的開顯」需要「後天學習才可能」，因爲我們無法想像從未學習過相關於「辭讓觀念」的人如何開顯「辭讓之心」，「是非」、「羞惡」也是如此。但孟子強調的是，**這種「辭讓之心」的「開顯」或「發端」並非「學習」來的，進而認爲是「本自內存」才能夠「發出」**。也就是說，在後天經驗學習之後的我們，有了「是非觀念」、有「辭讓觀念」……之後，這種「善的開顯」還是來自於「自我的自覺」。當然，孟子也知道並非所有人都可以持續、穩定的開顯，因此在工夫論述中談論了許多意志操作等輔助說明。

據此來說，不論有無涉及經驗或學習，b、c、d內容的述說仍不離孟子強調的「自覺」這一觀念。此說可配合他「不學而能不慮而知」的談論一併觀看將更顯完整，下小節即述。

2.加入經驗、學習之後的自然反應

孟子「性善」的相關論述中，較難清楚解釋的，應屬「不學而能不慮而知」這種「良知良能」之內涵。從理論上與實際觀察來說，某人「不必學」、「不必去思考」就能展現出來的道德內容相當少，尤其是「不必學」這一點，難以想像其中的合理成分。例如「原始人」或「嬰兒」或「第一位人類」，我們很難想像從未需要思考或受到教育、學習就能夠有「恭敬」的「心」。而有關孟子「良知良能」的論述，暫以下列簡示：

a'：人之所不學而能者，其良能也……。孩提之童，無不知愛其親也……。親親，仁也。

b'：所不慮而知者，其良知也……**及其長也**，無不知敬其兄也……。敬長，義也。

從之前的「四端」論述配合上述來看，（上小節）所論之a本屬「惻隱之心」之「仁端」，而上述「良能」之談論亦涉及「仁」，故以a'簡稱之；b'亦然。而可以繼續分析的是，b'所談論的「及其長也」則根本點出「學習經驗」之類的後天學習或養成，因此，孟子在b'所強調的是一種我們雖（得）有「後天經驗學習」，但展現或開顯「的時候」卻連「慮」都不需要！此可能嗎？

從內在心理與體驗層面來說，是可能的。某人在「後天學習之後」，知道什麼是「兄長」、知道什麼是「恭敬」，也能知道「尊敬兄長」的深層意義在哪。自我觀察中，我們是否在某時開顯「尊敬之心」時，是不需要「慮」的？孟子認爲確有此過程！也就是說，我曾經

「毫不考慮的」、「不經思慮」的認為「要恭敬」或直接實踐出「恭敬」……等。因此，孟子所說的「不慮」並不是一個人從出生以來「從來不需要慮」、「從來沒考慮過」，而是強調「恭敬『可以不需要慮』就能夠開顯之」。若舉日常生活的例子，孟子的強調面向則是下列情境：

> 我對老師說：「老師好。」而且內心也是恭敬的。而「我恭敬的對待老師」之時或之前，是沒有「慮」的。

上述的狀況，在日常生活中是可能發生的。而且，孟子就是抓準上述的「不慮」的細節來說我們自然地實踐道德，是自覺的展現。[7]同理，孟子在a'所強調的是一種「不必學就有」的「自然（反應）如此」；此可能嗎？從體驗面來說，是可能的。某人在某時所生成的同情與不忍，的確是他「從未學習過的內容」；同樣從日常生活來說可以是：

> 我看到某影片中的片段，自然生起同情心。這種「同情心」的自然產生或開顯，以及我對他人關愛情懷的「心」……，是我從未學習過的。

上述的「我」，明顯是受過教育、有某種一定年齡的「人」了。因此，孟子所說的「不學」並不是刻意說「從來不需學習」任何事物、知識就能夠「仁愛」，而是這種「仁愛」流露是「可以不需要學習」就能夠開顯的。

而總括a、b、c、d以及a'與b'的論述中，我想說的是，孟子論述中的共通點是——排除了「（刻意）意志操作」的滲入。也就是說，我們有一種「在意志操作之前」就能產生的道德（心）發端或流露；而這樣內涵在a、b之體認中得到自我印證，孟子也認爲適用於說明c、d。總括此種「意志發動之前」所定位出的「道德自覺」，孟子認爲可通用於a、b、c、d。而個人認爲a是最爲純粹的，相較於b、c、d開顯時所應有的「教育或學習」這一要件相對來說更少。但總括來說，孟子把這種「自覺」視爲是「我們自然本有」，且將此種「自然本有」的定位延伸至其他三端了。

(二)「善端」之後所呈現的道德

在第二章第一節曾談論過，孟子針對夷子主張「節葬」的說法提出反駁；而孟子的反駁點並不在於堅持「一定要厚葬」，而是道出身爲孝子對父母的自然回饋（掩埋其屍體、守喪）的諸多行爲，是可以滿足自我的孝親之情時，自然延伸出到「厚葬」等實際作爲是很正常的，何必刻意壓抑這種自然的親情交流呢？此細節則來自於孟子所點出的「道德自然生成」及其「自然後續之行爲」；孟子說：

「蓋上世（上古之世）嘗有不葬其親者；其親死，則舉（擡）而委（放置，此指拋棄）之於壑（山澗）。他日過之，狐狸食之，蠅蚋（蚊類）姑（語助聲詞）嘬（攢共食之）之。其顙（額）有泚（出汗貌），睨（斜視）而不視。夫泚也，非爲人泚，中心達於面目（是心中的愧疚表達在臉上）。蓋（助詞）歸，反虆梩（虆，土籠，盛土器具。梩，鍬，掘地器具）而掩之。掩之誠是也（如果這種掩埋的過程是應該的），則孝子仁人之掩其親，亦必有道矣。」

《孟子．滕文公上5》。孟子說：「在上古時代，曾經有一個不埋葬自己父母的人，他的父母死了，就把遺體拋起在山間荒野。之後他經過那裡，發現狐狸野貓吃著屍身之肉，蒼蠅蚊蚋聚集在屍體上啃食；於是他額上冒汗，眼睛不忍正面觀看。他冒汗，不是爲了別人而冒汗的，而是自覺的內心愧疚而表達在臉上的。於是他回家拿著掩埋器具把父母大體掩埋了。如果這樣的掩埋是對的，那麼後世的孝子如何去厚葬他們的父母，也是有一定的考量道理了。」

上述，孟子把一個人面對自己的父母屍體被野獸啃咬……等，將（可能）自然地產生不忍而愧疚。這種「不忍」一旦發露，將自然延伸到具體的行爲（埋葬）。當此種具體行爲可以滿足孝子的自然親情，以及安其本來之「不忍而愧疚」之心情時，何必壓抑呢？同理，若孝子認爲對父母親厚葬、守喪方能安心時，爲何要反對呢？

當所謂「禮制」（例如喪禮）形成之後，鮮少人會去設想此種制度的原始內涵，尤其是涉及心理方面的深切內涵。孟子認爲，「埋葬」這一行爲在一開始，其實是一種很自然的某種

「心」之發露，而自然產生出的延伸具體行爲。若延伸到後來產生更多面向的「種種禮制行爲」，這也是很自然的，雖然這些外在行爲對比於原初狀況看似距離遙遠。因此，面對許多人無法體會「厚葬」、「守喪」的深層涵義，孟子則回到一開始行爲的原初動力來加以說明，點出道德上的親情流露與互動，是極爲自然的。當然，若有人僅是表面上執著於厚葬、內心無這種深刻內涵時，孟子當然不會盲目認同。據此可知，孟子強調出某種「自然發露的內涵」且落實於具體行爲，被後人視爲是「善的」、「道德的」進而認同之；當此種內涵被某人實踐而被觀察到的時候，我們是否也會「認同」而甚至視爲一種價值呢？這將自然又回到之前所論述的「道德直覺」了：

至於心，獨無所同然乎？心之所同然者，何也？謂理也，義也；聖人先得我心之所同然耳！

《孟子．告子上7》。「心」難道沒有共同的喜好嗎？「心」所共同的喜好是什麼？是「理」、是「義」。聖人只是先知道我們「心」的共同喜好，而闡述「義理」的重要性讓我們體驗認知實踐啊！

而這種道德方向的價值認同，需回到自我的性善本身來反省、來貫通，關於這種體驗路線，則猶如錢穆先生所說的：

「性之」、「反之」是怎樣說的呢？譬如上舉其顙有泚的人，他非爲人泚，中心達於面目，正是他天性的流露，所以叫「性之」。旁人見其如此，恍然大悟，想到從前父死而不葬，定爲狐狸所食，蚊蚋所嘬，他以後再逢母喪，定必效法那人虆梩而掩。這是所謂「反之」。反之者，爲反之吾心而見其誠然……。聖人只是「先得吾心之所同然。」他的長處，便在把人類心裡一種潛藏的標準發現而提供給大家……。那種標準，並不是別人創立了，來強迫我去服從。捨了我的天眞，而虛僞地去模倣。那種標準，正爲其是我內心潛藏著的標準，一旦如夢方醒地給人叫醒，所以才覺可貴，所以才得爲人類公認的標準……。[8]

上述錢穆先生之說法，深刻且鮮明的解釋了孟子的用意。個人認爲，此種自然之天性流露進而產生我們所認同的「道德」，在兩千多年前已被孟子點出，而至當今社會，亦是得深刻體會與運用的內涵吧！

二、勉力中發掘、回收「自有」之「性善」

雖然上小結初步用較生活化的內容來解釋「性善」的相關意義，即便讀者們認同之，但孟子針對一般人對道德的實踐、落實，也非採取極樂觀的態度。也就是說，即便人「性善」，這也無法保證大家「行善」都是「順遂」的。然而，在種種自我勉力的過程中，人還是可以透過學習、勉力……等過程，來發掘「原來我眞有此善之內在」。也就是說，在某A被教導要「行善」或去做某件「有意義的行爲」時，一開始或許非出於A之「善端」。但是在實踐過程中，A或許可以體驗出更多內涵，從而感知自我原有這種「善端」這一面向，進而深刻體會「善原來內在於己」的這種過程。若以最簡單的例子來類比導引，則如：

例1：某老師問學生：「你大學聯考之前，苦讀……。最後考上好學校，你的收穫是否僅有『考上好學校』這一項目呢？」學生回答：「嗯，我想想……。有的！我還學會了良好規劃時間的習慣、學會負責任的態度、學會了……。」老師說：「喔！收穫可眞多啊！」

上述的例子，主要突顯某件事情的內容（例如努力準備考試）付諸實踐時，將很有可能有更多元的體會內涵；即便這種經驗與體驗是因人而異的。若不否定上述例子的可能，將接續導引至下則更細膩的例子：

例2：張三對他小孩A說，你幫媽媽拖地，我給你三顆糖。

例如上述的A在拖地之後，或許感受到地板變乾淨的好處；甚至，A拖地拖得很乾淨，進一步體會到地板乾淨帶給A的種種舒適之感覺，甚至感受到付出的過程中，「糖」並非他唯一的收穫，他或許與父母親建立起更好的良性互動，至最後可能不需要「糖」也很樂意幫忙……等。

A可能在這個「過程」中產生許多「善」方面的體認，甚至認爲這種「樂於助人的善」源自於自我初心。

若把例子類比於「道德實踐」，而且用孟子的脈絡來說則是，我們極可能在某種道德實踐的過程中，體會出此項道德行爲所帶來的多元深刻內涵。例如，某B可能在扶老人過馬路時，由於老人的衷心答謝，讓他感受到此溫馨互動的種種深意；如此，B可能體會到原來自己也有如此善良的一面，而且是可以落實的。再者，B所感受到的內在安穩與充實感，乃源自自我之初心而非有所算計、利益……等考量，只是以前被蒙蔽許久而無機會體驗之。若不否定這種體驗機會與可能，且把這種內涵對比於《孟子》文本，則如同孟子說的：

孟子曰：「堯、舜，性之也；湯、武，身之也；五霸，假之也。**久假而不歸，惡知其非有也！**」

《孟子．盡心上30》。孟子說：「堯、舜這類人的作爲，是直接從『性』開顯了『善』來行事，頗爲自然；湯、武這類人的作爲，是身體力行這種『善』，來勉勵自我行事的；五霸這類人，是假借『善』意來行事的。但，假借久了還不歸還這種『善』，怎知道其實這種『善』是他們沒有的呢！」

上述可知，孟子認爲即便我們一開始不是眞的從「四端」自然開顯來自然行善，若我們願意、肯實行，必然有機會得到、求到自身的內存之仁義（善）。也就是說，「性善」本自內存，只要自身自求、在經驗上落實善的行為，就有機會紮實地體驗到、重新拾回原初的道德自我（善）。當這種「性善」或說「仁義禮智」這種道德內涵被我們所理解時，若認同自己也能做到，當代前輩學者牟宗三先生在談論道家面對儒者所肯定的「道德」時，曾說：

> 你如何以最好的方式，來體現你所說的聖、智、仁、義呢？這是How的問題。既是How的問題，那我也可以說你是默默地肯定了聖、智、仁、義！當然可以這麼說，但它不是從實有層上、正面原則上去肯定，它的肯定是作用中的肯定……。[9]

上述牟先生的談論若轉回儒家自身，實點出道德內涵除了我們有直覺性認同之外，此種內涵並不只是呆版地在原則上認同、僅是存有上承認它的存在，而是在你親自實踐的時候，就能夠真的知曉、深刻體驗這內涵，而這就是牟先生所論述的「作用中肯定」。若有這種紮實道德認同之基礎之後，孟子希望的關懷與延伸則是：

> 孟子曰：「萬物皆備於我矣。反身而誠，樂莫大焉。**強恕而行，求仁莫近焉。**」

《孟子．盡心上4》。孟子說：「一切事物，都可具備在自己的關懷上。反身自省，若內心都是誠而無私，哪有比這種更快樂的！勉力的實行恕道（推己及人），而得到應證內存的『仁』，沒有比這方式更快的了。」

上述，表達自我肯定之後的使命感與關懷對象，並且延伸到萬事萬物去了。這種「自我肯定」，當然是肯定我有「道德自覺」這種內涵、有「道德自決」這種主宰力、有「道德直覺」這種義理認同。當然，孟子認為這三方面是同時俱足在己身的，當我們面對它者產生某種關懷與互動時，此三種能力極可能同時或者先後交叉運用。不論如何，孟子還是鼓勵我們「勉力」的進行，如此可表示，孟子並非我們「性善」就可以「放鬆」，反而提醒我們要如何維持、保存、擴充，並且在這過程中，勉勵實踐而體會到原初自我的善與仁；而這種過程，則可從前文的兩個例子去親自操習。

最後，「性善」或說「道德仁義」，究竟是否為「正確的教化思想」呢？從孟子的角度來說當然「是」，在當代所謂「進步」的社會中當然也是。儒者不會僅單從「結果」來衡量某一方法是否「正確」。孟子雖然認同於自身的堅持、承繼孔子重視道德教化的方向，但卻事與願違，國君往往不接受他的勸諫。據此，孟子曾感慨的說了一個類比狀況，其言頗令人深省：

> 孟子曰：「**仁之勝不仁也，猶水勝火；今之為仁者，猶以一杯水，救一車薪之火也；不熄，則謂之水不勝火。**此又與（助）於不仁之甚者也，亦終必亡（此仁道的喪失）而已矣！」

《孟子．告子上18》。孟子說：「『仁』能夠勝過『不仁』的這種情況，就像『水能勝過火』一樣；而現在實踐『仁』的人，就像拿一小杯水，去澆熄一整車火燒的木材；澆不熄，還被說『水不能勝過火』。這種說法，是幫助那種『不仁』之道的氣焰，最後一定會導致仁道的喪失啊！」

當代社會中，講求效率、經濟、科技……等多層面的「進步之象徵」，其內容中的「道德層面」總是被置於何處呢？道德內涵雖然無法勝過某些現實情境，但我們是否會全然拋棄它呢？我們是否在內心上認同它即便很難落實呢？若有某人把「道德仁義」視爲高尙而盡力捍衛，雖然無法對抗於某些潮流，但，上述孟子所說的「道德仁義」，是否在某些細節中被我們認爲是非常重要、也非常希望彼此皆保有著呢？

第六章　孟子與荀子人性論的初步對比與理解

其實談論《孟子》的導讀不應加入「孟荀人性論比較」這個複雜議題，但個人在大學任教之時，發現許多學生有著「『性善』與『性惡』是矛盾」的這一不嚴格見解，故於此章稍作簡短說明。此外，稍微介紹荀子的思想精要，應可讓讀者們對整個先秦儒學有較完整的理解，並且從中體驗他們的教化模式。

若有人主張「『性善』與『性惡』是矛盾」時，則必須先問「是誰主張」的「性善」與「性惡」；若說是「孟子的性善論」與「荀子的性惡論」，那麼我們必須再深入觀察他們對「性」的描述或談論，是否指涉「同一個對象或內容」，也就是「荀子所論說的『性』」與「孟子所論說的『性』」的內容是否全然一致，才能客觀地在同一平臺上做出比較。同時，孟子與荀子對「善惡」內涵的描述是否一致、範圍是否相同也需反省之。當做過這兩方向的討論與初步研究工作之後，再來評判才能較爲公允。但就個人的觀察，某些人對這兩方面的深入談論甚少，只重視「善惡」看起來是「矛盾」就馬上下論斷（甚至「善惡」是一組「不相容」概念，並非「矛盾」概念）。因此，我才會說，把「孟子的性善」與「荀子的性惡」視爲「矛盾」是不嚴格的講法。這章呈現的，將是另一種方向的「導讀」，爲的是澄清某些人對「孟荀人性論比較上的誤解」。

另外，在整個傳統思想中，若以儒學談論「性」的範圍來說，自漢代起也有多種談法，而欲回復孔孟心性論的「宋明儒者」談論「性」時，也注意到「性」字的內涵相當多元，甚至可以分層次來談，而後又整合在一起。然而，宋明儒者基本上還是尊崇著孟子的「性善」之論爲圭臬，另一方面也試圖解釋「惡」的來源，卻不接受「性惡」的觀點。這種儒家式（或說孟子式）的堅持，在傳統思維中造成不少延伸效應。此章針對孟子的「性善」與荀子的「性惡」做一初步對比與介紹，也不談論後儒對荀子「性惡」的見解與態度，將盡可能以較爲中肯的、不預設立場的方式來陳述此章。

一、述說導引

在討論「孟子的性善與荀子的性惡」是不是一組「矛盾」概念之前，我必須先指出在此本「導讀」屬性的書籍中，我無意滲入過多的哲學分析。因此稍微介紹有關「善惡概念」「如何使用」的現象與舉例之後，則回到孟子與荀子兩人自身的用法來談。之所以會先丟出「善與惡」不是「矛盾概念」的主要用意在於，一方面讓讀者們先理解「善惡」應屬於「不相容」的概念而非「矛盾」概念；另方面我想突顯某「字組」的使用範圍（或說範疇）不一樣的時候，我們不能輕易地做出「該字組是矛盾的」這種判斷。於此舉先導引1如：

A說：X是美的。
B說：X是醜的。

上述的導引1則代表A、B兩人「不相容」的立場。在概念分析中，「美與醜」兩者之間有所謂的「模糊空間」，也就是有所謂的「不美不醜」、「還可以」、「普通」、「算是美」、「好像不美」……種種可能的判斷於「美與醜之間」。至於「矛盾」概念，則屬「『美』與『不美』」這種沒有「模糊空間」之概念對舉。一般而言，我們對於「善惡」這一組看似矛盾的概念也時常「使用」之；於此見下列導引2：

A說：X是善（人）。

B說：X是惡（人）。

上述導引2的內涵，基本上我們不會對上述A、B兩人各自對「同一個人」X的判斷內容說是「矛盾的」；因爲，我們一方面知道「善惡之間」也有所謂的「模糊空間」（同上述「美醜」的概念，亦可以回想首章談論「仁」這個字的使用方式），而且X這個人可能在第三者C評價爲「不善不惡的普通人」、「還算是好人」……這類述說。另一方面，我們也知道「從不同的觀察視角」可以產生對X的不同判斷。例如，某A是觀察X的外在行爲，親眼見到他樂於助人、定期捐款做公益……等。而某B是X的心理醫師，因此恰巧知道X常常做表面善事因此心理有障礙、良心不安晚上睡不著覺而找他醫療，B確定X樂於助人只是爲了面子其實內心非常痛苦……。因此，B認爲X根本是個僞君子而說他是「惡人」。據此，我想強調的是，A與B使用「善惡」這樣的形述詞來形述某一對象時，基本上若要「比較」的話，至少對「對象X」的觀察視角必須一致才可以比較。比如說，我們「同樣觀察」X的「外在行爲」。

接下來，當我們回顧孟子與荀子使用「善惡」來形述「性」的時候，把「性」認爲是「可以用善惡來形述」時，我們必須先注意孟子與荀子是否把「『性』這個對象」的觀察落在一致的層面或同一平臺的情況。於此則如導引3：

孟子：人性善。

荀子：人性惡。

上述是人人熟知的理論，據此我們進一步追問：孟子與荀子有在同樣的視角下觀察「性」嗎？此問題將展開許多內涵，於此則再舉導引4：

A：我的**快樂**是**對**的。→你的「快樂」的內涵是？（精神上的、物質上的、道德的、情感的……）你的「對」的內涵是？（法律上的、道德上的……）

B：我的**快樂**是**錯**的。→你的「快樂」的內涵是？（精神上的、物質上的、道德的、情感的……）你的「錯」的內涵是？（道德上的、法律上的……）

上述，當某A認爲他的「快樂」是「對」的，我們可能會去追問他是在哪個層面來談「快樂」，甚至再追問他的「對」之標準或是範疇是指涉哪些？同理，B的狀況也可以如此思辨之。配合A、B來看，我們至少可以得出，要論斷A與B或是比較A與B的宣稱是否「矛盾」

之前，上述「括號」的細節至少要先處理之。

延伸來說，「對」與「錯」似乎不該有所謂的模糊空間。「不對」與「對」是矛盾概念，但「對與錯」也算是一組矛盾概念嗎？因爲沒有所謂的「是對又是錯的這種空間」，就猶如「生與死」是沒有模糊空間一樣。但，在日常生活中，我們反而可以聽到這類對話：

B說：「有錢最重要！」A對B說：「你的講法，其實不太對啦……！」

B說：「有仇必報！」A對B說：「你的說法，是對的啦，但也錯了……！」

上述的例子，反而可以證明一種現象，就是A在說出上述的話語時，一定與B「不同角度或觀察」的考量下來說的。也就是說，在不同思維平臺或是不同的考量範圍……等，我們對於某些「說法」是可以接受某種「模糊」，即便「對與錯」本身不能有模糊空間。因此，上述的例子，並不是要說「對錯」是不相容概念，而是突顯「不同思考或考量平臺下」所呈現的實際狀況。因此，上述的說法若要更詳細追究，則至少要思考一個問題點：

你的「對」或「錯」的內涵（思考範圍、設想前提……）是？

上述的「思考範圍」、「設想前提」有多種內涵，例如在數學上的「對」與「錯」是很明確的，「1+1=6」若是出「是非題」的話，當然有明顯的「對與錯」來判斷。但是，在其他範疇或是不同前提來出「是非題」時，就有不同的狀況。例如「因爲救十個人而殺一個人」若是出「是非題」，我們或許根本不想回答，因爲有可能認爲「是對又是錯」，甚至根本不想用「對錯來衡量」這個問題，也可能說出「從某視角來說是對，又從某視角來說是錯」，甚至認爲這題目太過於簡化、不去下任何判斷、認爲這不適合用「是非題」來問……等。因此，我們面對某些問題時，「思考範圍」與「設想前提」……可能大不相同，個人先暫時化約簡稱爲「思考平臺」來說。據此，回到孟子與荀子之對比層面來做導引5：

孟子：人性善。↑孟子的「性」的內涵是？思考平臺是？

荀子：人性惡。↑荀子的「性」的內涵是？思考平臺是？

當然，孟子與荀子是不同時代的人，孟子也無法與荀子直接對話。然而，荀子卻批評了孟子，甚至說「性善」是錯誤的，人應屬「性惡」。其實孟子當時，也有人不同意孟子的「性善」，例如之前曾提及的告子（主張「性無善無不善」、「生之謂性」）。但基本上，他們所論的「性」，內涵眞的都是同一個內涵嗎？甚至，他們所謂的「善惡」的內涵考量與範圍是一致的嗎？於此再做一導引6，來補足整個論述「性善」與「性惡」對比之情況：

孟子：人性善。↑孟子的「善」的內涵是？思考平臺是？

荀子：人性惡。↑荀子的「惡」的內涵是？思考平臺是？

此處必須先稍作提及：孟子所認定的「善」或是「善端」，是一種自覺（不一定靠意志操作而有，可以是一種自動、自發性的）的開顯，但這種內涵在荀子的思維裡面是不承認或從不談論的。例如，某人在某一情境的「當下生出惻隱之心」的這種自然流露「善」之狀況，荀子不觀察也不談論這種內涵。這種經驗上可觀察或是體會到的（善自然流露）狀況不存於荀子的思想中，他僅承認後天學習的善、靠意志操作後的「善」。據此來說，孟子與荀子對於「承認或認可『善』的範圍」也不同；就猶如上述導引4的考量。

此章的首要目的在於釐清「孟子的性善論」與「荀子的性惡論」之間並非矛盾，他們只是在不同思考平臺上論說各自的主張。此書欲敘述雙方「不是矛盾的」，讓讀者們了解兩人的思想核心，也帶出兩人「論性」的特色。據此，我想先談談兩人對「善惡」的初步看法，再進入「性善論與性惡論」的核心。當然，孟子的「性善論」在之前已經談論甚多，因此少許輔助談論即可。

二、問題的內容

從上小節的問題導引5與6來接續時，必須回到孟子與荀子的述說內容來一一檢閱。爲了方便讀者了解，我將使用方法上的分類來談論兩人「性論」與「善惡」的使用方向，也就是以下圖作爲主要論述點來接續下去：

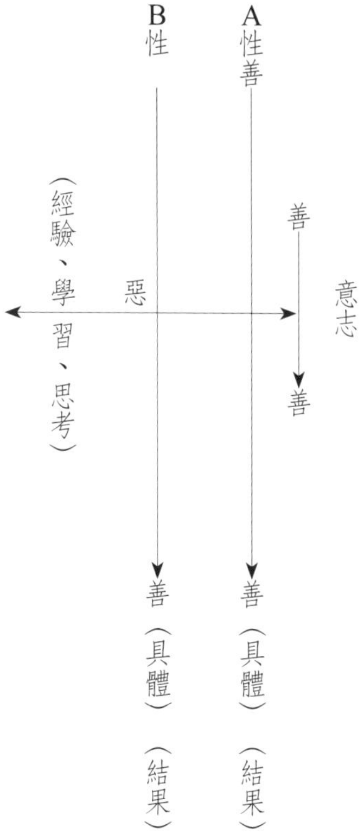

上述，孟子的性善論說乃線條A之路徑，他認爲「善」在經驗學習前即有（內存），在意志操作之前即有（內存），也就是主張「善本內存於自身」而說「性善」。當然，「善端」發露之後而成爲更具體化的過程，則如A之路線所顯示的，是一種「從性善發展出具體之善」的路徑，至於發展的過程所應注意的「惡」，則在之前諸章談論過了，此不再贅述之。上述圖示之目的在於，以簡單的方法來對比孟、荀的「性論」與「善」的路線關係。而B路線乃荀子之說，是一種「生理與心理欲望」之「本能」一開始便「存於自身」的宣說，且荀子並未馬上把這種「本能」視爲「惡」；他認爲，在未有經驗、學習或意志操作之前，人將在「順著」這種欲望下自然地產生、造成「惡」，依此整體地說「人性惡」，因此上述B路線的「惡」不緊連於「性」，而緊連於「意志操作之前」（橫軸）的用意就是在此。至於「善」，則是意志決定之後的事情，此「意志決定」之內涵，包括我們的選擇、思考、學習……等，而且是一種「扭轉自我」的決定。

據此，上圖的橫向軸則是畫分孟、荀兩人論述「善」的行程的分界點。但我在下文才會正式說明，橫軸應以右方之「意志」作為分界最為恰當，因此左方之「經驗」、「學習」、「思考」，我則用括號框起。因為，孟子的某些「善」也必須涉及「經驗」才可能發出或展現出（例如「是非之心」），但孟子始終強調「善端之開顯非來自於經驗」（詳見第五章第二節）。而荀子的談論中，「善」雖然需要學習才有，但重點仍在於「心」、「意志」之後，或說涉及思考、學習這一界線之後才產生。上圖僅是簡化兩人的談論，並給讀著一個初步參考，接下來則詳談雙方對「善惡」的使用與判斷。

㈠初步理解荀子的「性惡」與「善」

荀子對「善、惡」的談論內容中，若用較平常而非學術方式的談論，此書中我想使用的導引模式則是：先理解荀子「是如何說性惡」的、了解他的「性惡」包含那些內涵。至於孟子「如何說性善」之前諸章已談論過因此不再贅述了。若要把孟子思想與荀子的「性惡論」一起談的話，或許讀者們會比較希望了解孟子是如何面對「惡的來源」這一問題，而此問題也將於文後一併略談。

1.「性惡」非「性本惡」，是指「性」將（極可能）導致「惡」

導回荀子的「性惡」時，先不論荀子批評孟子的內容，也先不評論理論上的對錯問題，**務必先清楚的是，荀子不是說「性本身就是惡的」**。他的「性惡論」是說明人有某種本能，此種本能將（極可能）導致「惡」的產生，不是說「本能本身」就是「惡」。而荀子觀察的「本能」有兩個方面，並點出另一個關鍵處。兩個方面是：A「生理欲望」與B「心理欲望」，而一個關鍵處是C「順是」（順著本能這樣做……）。白話的來說，人擁有A與B，都是天生即有的（荀子有自己的定義方向，文後會詳述），而這種與生俱來的本能，人又會以C來行事之；一旦過度，便產生「惡」（爭奪生而辭讓亡、偏險悖亂……等）。據此來說，A+B+C的狀態與累積結果，將自然形成「惡」之狀態，荀子是在這樣的觀察下說「人性惡」的，他從來沒有把A、B與「惡」畫上等號。而C這一特質最為關鍵，因為對荀子來說，C「順是」是能透過「自我意志」來加以克制的。也就是說，人即便有A與B，但有另一重要特點（之後會談論人類另一種與生俱來的能力：心的判斷與自我決定、以及「心」的認知功能）可對峙C。此外，對於A與B我們僅能承認它們，荀子並不認為人有辦法可以徹底解除A與B的存在（也就是無法改變我們的「性」），我們只能把生理與心理欲望加以克制、有節制地做、甚至自我認知何種程度的「滿足本能」才是「對的」。若能夠成全人類A與B之需求情境之下，卻又可呈現某種「禮義法度」之下而達到所謂的「正理平治」，這就是荀子要的「善」。

當然，上述是從人類行為的整體狀態與結果上來說的，荀子並沒有否認修養、道德品行這方面的「善」。但基本上，所有的「善」對荀子而言，都是從C這一階段的克制，或說思考、深思熟慮之後的節制自我之後才可能產生。據此來說，不論是修養與品德方面所呈現的「善」，還是局勢呈現出平和穩定的「善」，都是經由深思熟慮、經驗累積、節制自我……的這種「後來」才產生的。

上述僅是方便讀者們初步了解荀子的觀察脈絡與談論傾向，以下配合著荀子自身的述說來簡單談論。先介紹荀子對「性」的說法：

不可學，不可事，而在人者，謂之性。

《荀子．性惡23》。不可透過學習而更動分毫、不可從事而參與其中，卻成就在人身上的，叫做「性」。

凡性者，天之就也，不可學，不可事。

《荀子．性惡23》。性，是「天」成就在你身上的，是不可透過學習而自然有的，也是不可透過從事，就自然有的。

不事（從事參與，此指性非後天的參與從事而成）而自然謂之性。

《荀子．正名22》。不透過後天從事、參與其中，自然就存在於自身的就叫做「性」。

上述諸文可知，荀子對「性」的談論是一種本有之天賦，而且自然就存在著的、老天給我們的、我們無法避免的本有能力。根據此方向，荀子又提出較爲具體面向而可觀察的「自然就有」之事實內容，他說：

凡人有所一同：飢而欲食，寒而欲煖，勞而欲息，好利而惡害，是人之所生而有也，是無待而然者也（無須等候即有的內容，此指天生即有，非後天養成），是禹、桀之所同也。

《荀子．榮辱4》。凡是人都有一樣的內涵：肚子餓想吃東西，寒冷希望溫暖，勞累想休息，喜好利益而厭惡禍害，這是人生來就有的，是不必等待就如此的；聖王夏禹、暴君夏桀都是一樣的。

夫貴爲天子，富有天下，是人情之所同欲也……。

《荀子．榮辱4》。想要尊貴而爲天子，富足而擁有天下，這是人情中同樣的嚮往與欲望……。

上述荀子點出「所有人」都有生理與心理欲望，而且是「無待而然」的，也就是說這種內容我們天生即有之，聖君與暴君亦是如此！上述諸引文簡單整合下可知，荀子「性」的定義雖已明顯，且涉及兩方向（生理、心理欲望）本能，然而，荀子尚未把這些「性」的相關內涵與「惡」做出連結。[1]不過，荀子也針對上述脈絡中的「兩方向本能」加了個「順是」之後，便形構出他著名的「性惡論」；他說：

> **人之性惡，其善者僞**（後天人爲）**也**。今人之性，生而有**好利**焉，**順是**，故爭奪生而辭讓亡焉；生而有疾惡（妒惡之心）焉，**順是**，故殘賊生而忠信亡焉；生而有**耳目之欲**，有（又）好聲色焉，**順是**，故淫亂生而禮義文理（節文條理）亡焉。然則從人之性，順人之情，必出於爭奪，合於犯分亂理而歸於暴。**故必將有師法之化**，禮義之道，然後出於辭讓，合於文理，而歸於治。用此觀之，人之性惡明矣，其善者僞也。

《荀子．性惡23》。人性惡，善是人爲後才有的。當前，我所觀察到的人性，與生俱來就有好利的本能；順著它，因此產生爭奪而無禮讓了。生下來就有忌妒厭惡的心理；順著它，因此殘忍賊亂就會產生而喪失忠誠誠信。生來就有耳目等感官本能，因此喜好美好的聲音與美色；順著它，將產生過度、紛亂而導致禮制節度喪失。既然這樣，放縱人的本來之性、順著此性所產生的情感喜好來做，必然產生爭奪，造成逾越名分而擾亂倫常而導向暴亂。因此，我們必然要有著老師與法制的教化，有禮義大道，然後才能產生辭讓，造成合乎節文條理之局面，而達到平治的狀態。從這樣的脈絡來看，人「性惡」這一事實是明顯的，之所以有「善」，是因爲後來的人爲學習。

上述引文可知，荀子的「人之性惡」，是對於生理與心理本能加上「順勢」且類推其合理（極可能）的狀況後，認爲將導致「爭奪」、「亂理」……而後才說「惡」的。「性惡」是描述人類本能及其放縱（順著它）這個推理脈絡下說的，不是說「本能=惡」，嚴謹的說應是「『本能』將（極可能）導致『惡』」。加上，荀子觀察到我們總是「順是」，更讓荀子認爲產生「惡」是極可能的，甚至直接以「必然」的語意來說。這樣的觀察與推論下說「性惡」，雖然有些許不嚴謹，也在其內部架構中算是合理。

至於「善」的生成，上述引文也提到是因「師法之化」這類的「後天教導」才能夠產生「合於文理而歸於治」。據此，讀者們應可以初步理解荀子對「性」的觀察視角與孟子有著極大的不同；孟子總是挑選「善的端緒」來加以陳述，而這類內涵荀子思想中從未出現。相對的，荀子總是挑選「（極）可能產生惡」的本能來說「性」。此外，荀子曾明確對「善惡」下定義且分界爲：

> 凡古今天下之所謂善者，正理平治也；所謂惡者，偏險悖亂也：是善惡之分也矣。今誠以人之性固正理平治邪，則有惡用聖王，惡用禮義哉？雖有聖王禮義，將曷加於正理平治也哉？

《荀子．性惡23》。古今天下所說的「善」，都是在講一種「正理平治」的狀態；說到「惡」，都是在講一種「偏險悖亂」的狀態。這是「善與惡」的區別。若眞的以爲人性本來就符合「正理平治」的狀態，那還需要聖王、還需要禮義嗎？雖然有聖王、有禮義，那將如何給本來就「正理平治」的狀態增益些什麼呢？

上述明顯以「外在具體之『正理平治』與『偏險悖亂』」來區分「善與惡」；其實荀子的談論並非全然合理，上述他說的「善與惡」之面向僅是「經驗上之展現結果」的內涵。而且荀子以前的人談論「善」的內容或是意義，並非只是某種標準、原則下的平治所呈現的「善」（不管道德性的還是政策性的），例如講求「善心發端」的孟子談論出有所謂的「自覺之善端」，而歸結「善」之發端乃「性」（不管荀子同不同意），分明有著另一層面的「善」在荀子之前被談論過。另一方面，「禮義」的興起雖然可說是一種「需要」，但並非代表「性善」論述下「不需禮義」來規範人民、使人民不被欲望給過度牽引。總括上述，荀子並無針對「善惡的諸定義」來持平論說，他採取經驗法則與歸結來談論「善」的形成，刻意忽略細微的「自覺之善」這一心理細微階段，更不適當地延伸說若是「人性善」（人之性故正理平治）何須「禮義」？簡短來說，荀子對「善」的定義是「正、理」這方面的安定與展現，對「善」的形成歸結爲「後天人爲」。但孟子所說的「善端」並非僅有「正理平治」這種穩定結果的描述，而更加強調細微內存於自身的「善端」；「正理平治」是透過每個人的善端開展之後的結果。從此兩方面可看出荀子與孟子論述之差別。

「性惡」是一種「結果上」觀察後的談論，既然荀子認爲人與生俱來的本能將導致「惡」，「善」是阻止、節制、導正這些「惡的可能產生」或是「惡的結果」之後才可能產生。至於荀子矯正這種「惡」而產生「善」的談論模式則爲：

> 人之性惡。故古者聖人以人之性惡，以爲偏險而不正，悖亂而不治，故爲之立君上之埶以臨

（駕臨、統治）之，明禮義以化之，起法正以治之，重刑罰以禁之；**使天下皆出於治，合於善也**。

《荀子．性惡23》。人是性惡。因此，古代聖王因爲人性惡，認爲人會產生偏險不正的狀況，也認爲人會違背事理、混亂而無法平治，因此立君主權威之勢來統治人民，彰顯禮義來教化人民，建立法治來治理人民，甚至重視刑罰來阻止人民爲非作歹；這使天下局面達到安定，符合於「善」的內容。

上述可知，荀子認爲「善」是透過君上統治、領導我們建立好的制度來規劃、節度我們的本能、阻止我們爲惡。當此種制度化、教化我們應該做什麼、怎麼做才不過度時，才可能產生「善」。

總括來說，荀子認定的「惡與善」大致如上所述，至於如何達到「善」？細部來說，首先就是對峙自我「順是」之情況。務必注意的是，「順是」對荀子來說「不是本能」，也不是「性」；因爲只要被荀子視爲「性」的這種本能、與生俱來的內在，都是無法撼動的。但「順是」對荀子而言，是可以撼動且改變的；這涉及儒家哲學內部的共同預設點——「心的思考與決定能力」，詳細說明如下小節。

2. 達到「善」的起始進路，對峙「順是」

不論受到聖王、老師、禮法制度的教導或是規範，這些都是外在、他者的導引，雖然是必要的，也是方法上的述說；但荀子不可能認爲人就猶如機器、制式化地「遵循某種規則」就說「這就是善」，這是指表面上的「善」而已。其實荀子論述「善」如何達成時，有一更重要的細部內涵，此即與孔、孟一樣地都肯定君子、聖賢這種德行崇高狀態，而且是可以達成的。荀子的思維系統中，已經無法像孟子那樣從「道德自覺」這一內心起點來「順向」論述，若遇到困難、考驗時則輔以「道德自決」來主宰、維持、擴充……即可。荀子認爲，人類除了那些極容易導致「惡」的本能之外，剩下的，就是思考、選擇、深思熟慮、經驗累積之後而得到「什麼對我們比較好」的這種「思辨」與「決定」的天賦，而這，可簡化成一個字——「心」。

也就是說，從人性的觀察與推論下，荀子認爲我們會導致爭奪、混亂、惡；那麼，我們還要「選擇」這樣嗎？當然不是，我們會「思考」、「選擇」讓我們生存下去、產生和諧社會的這種「決定」，甚至選擇出更有意義、更崇高的實踐，就猶如聖賢先示範給我們看到的種種。據此，荀子即便承認我們的「性」猶如動物那樣，卻也點出與動物的最大差別處：

人之所以爲人者何已也？曰：以其有辨（思辨能力，延伸指思考、思慮後產生的區別）**也。**飢而欲食，寒而欲煖，勞而欲息，好利而惡害，是人之所生而有也，是無待而然者也，是禹桀之所同也。然則人之所以爲人者，非特以二足而無毛也（有兩隻腳而沒有全身毛髮），以其有辨也。今夫狌狌（猩猩）形狀亦二足而無毛也，然而君子啜其羹（喝煮牠的湯），食其胾（ㄗˋ）（大塊肉）。**故人之所以爲人者，非特以其二足而無也，以其有辨也。**夫禽獸有父子，而無父子之親（親情、情感），有牝（ㄆㄧㄣˋ）牡（動物之雌雄兩性）而無男女之別（男女各司其分、禮儀之別）。故人道莫不有辨。

《荀子．非相5》。人之所以是人，爲什麼呢？因爲人有思辨的能力。肚子餓想吃東西，寒冷希望溫暖，勞累想休息，喜好利益而厭惡禍害，這是人生來就有的，是不必等待就如此的；聖王夏禹、暴君夏桀都是一樣的。但人之所以是人，並不是外表上有兩條腿、無毛這些特徵，是因爲我們有思辨能力！猩猩的外在特徵也是兩條腿、無毛，但我們卻喝牠的湯、吃牠的肉。因此我認爲，人之所以是人，並不是外表上有兩條腿、無毛這些特徵，是因爲我們有思辨能力！禽獸也有父子這種事實關係，但卻沒有像人類一樣的父子情感；有雄雌之分，卻沒有像人類一樣的男女之別。因此，在人類的範疇上，有著因思辨而產生的分辨、延伸（制度、禮法、分工……）。

上述，荀子點出我們跟動物的最大差別，在於「思辨」能力，也因此種「思辨」能力可以產生種種區別、分工……等細部內涵；因此所謂的「父子之親」、「男女之別」都因此項能力而得以開展出來。據此，延伸至「道德」或是「善」這類內容，將在人類的「思辨能力」與需求下被產生出來。在肯定人類獨有的這種思辨能力之後，荀子認爲「聖賢」就是有著比我們更細膩思考、長遠規劃、多重經驗的累積，進而制定出符合我們遵守、去實踐的禮法制度、落實出讓我們佩服嚮往的德行作爲；荀子說：

聖人積思慮，習僞故，以生禮義而起法度；然則禮義法度者，是生於聖人之僞，非故生於人之性也。若夫目好色，耳好聽，口好味，心好利，骨體膚理好愉佚，是皆生於人之情性者也；感而自然，不待事而後生之者也。夫感而不能然，必且待事而後然者，謂之生於僞。是性僞之所生，其不同之徵（特徵）也。故聖人化性而起僞，僞起而生禮義，禮義生而制法度；然則禮義法度者，是聖人之所生也。故聖人之所以同於眾其不異於眾者，性也；所以異而過眾者，僞也。

《荀子．性惡23》。聖人累積其思考與思慮，熟習於後天人爲之努力，因此產生禮義而制定法度；而這些禮義法度，是產生於聖人的後天人爲努力，並不是生於「人之性」。那種眼睛喜好美色，耳朵喜歡聽悅耳的聲音，嘴巴喜歡好味道，內心喜歡利益，身體喜歡安逸，都是生於人的情性；這些都是接觸後自然會有的，不必等待、從事學習之才會產生的內涵。而那些接觸後，還必須等待、從事學習之後才會產生的，叫做生於「僞」。這就是「性與僞」之所以產生的起因與狀態，以及它們不同之特徵。因此，聖人是「轉化」自身之「性」的表現而從事於積極的努力與人爲，從這種人爲努力下才產生禮義，禮義產生之後延伸出法度；既然如此，禮義法度這類內涵，是聖人後天努力下創造出來的。因此，聖人之所以跟大家一樣而沒有跟大家不同的，是原初的「性」；與眾人不同的，是後天的努力。

上述可知，荀子一定程度的捍衛他的「性惡」學說；強調如何在「後天努力」之後產生「好的人格」（如聖人），而「好的人格」將創造出好的方法或制度（禮義法度）。在荀子的生存年代，已經是「（之前）存在著」所謂「道德仁義」、「禮法制度」這類內容讓我們參考、學習；據此來說，荀子可以暫時先不必回答「第一個道德如何產生」這類問題。順此脈絡來說，既然認為我們有著先賢經驗下的傳承，例如「禮義」、「仁義」這類內容我們都已經能夠知曉理解，那我們為何不去選擇它、認同它呢？

細部來說，荀子以「思慮」這類詞語來論述人有著「思辨」與「決定」，且時常用「心」一個字來概括。當荀子論及人之所以選擇、認同……之時，其實是起源於「此心」的決定力與思考力；他說：

心居中虛，以治五官，夫是之謂天君。

《荀子．天論17》。心位於中央區段，可以宰制五種官能，因此就稱作「天君」。

心者，形之君（主導、主宰者）**也，而神明之主也，出令而無所受令。**自禁（約束）也，自使（驅使）也，自奪（裁奪）也，自取（求取）也，自行（行動）也，自止（休止）也。

《荀子．解蔽21》。心，是形體的主導，是精神靈明之主宰，只發出命令而不接受命令。自我約束，自我驅使，自我裁奪，自我求取，自我行動，自我休止。

上述可知，「心」是主宰，可掌握、控制其他五官。即便我們有生理欲望，但我們有「心」這一主宰意識來掌控、抉擇、思考，就有辦法不「順是」而僅是滿足於感官本能，甚至追求欲望而逾越節度。而第二引文中，荀子強調「心只發出命令」而不接受命令，這是一種「自決」上的強調；因此行爲的自我約束、節制、克制、禁止……等，都是從我們自己的「心」決定後發出的。依此類推，我們若有著「道德上」的認同，也是自我（心）決定要去追尋、去重視它的；荀子曾補充說：

人之所欲，生甚矣（想要生存的這種欲望是最難超過的）；人之惡，死甚矣；然而人有從生成死者，非不欲生而欲死也，不可以（無法）生而可以死也。故，欲過之而動不及（欲望強烈但實際作爲並沒有跟上），心止之也（是心決定要自我節制、停止的）。

《荀子．正名22》。人所欲望的，生存下去是最重大強烈的；人所厭惡的，死亡是最重大強烈的。然而，有人放棄生存而成全死亡，並不是不想要生存而想死，是不能活下去而需死亡。因此，欲望強烈但行動沒有跟上，是內心決定而節制、自我休止的。

上述可知，荀子認爲一個人想要生存下去是很正常的（這是本能），因此在特殊狀況下，某A寧願選擇死亡而不活下去，並不是A「不希望活下去」，而是「不可以」活下去得選擇死亡。於此來說，荀子點出兩個方面重點且扣回他的「本能」之不可撼動性來說。一是，即便某A選擇了死亡，他想要活下去這種內在心理仍是存在的，因此A是「必須選擇死亡」而不是「天生希望自己死亡」。二是，荀子肯定有一種比活下去更重要的內涵，讓A認同之，因此選擇了死亡而不願意苟且偷生；此時的A，是從A的價值判斷上來決定「不可以活下去」。這種「選擇」我們所認同的價值的現象，乃源自於內心決定要如此。

當然，這種類似孟子「捨生取義」的論說，在主張「性惡」的荀子思維中又當如何說明清楚呢？論述「選擇死亡」這種行爲是否「不夠發自於道德初心」而僅是「強制下的選擇」呢？簡單的說，荀子當然不會否認「捨生取義」的「眞誠度」，因爲當我們「認同於道德」且視爲崇高，爲了道義而死、不苟且偷生……等，無損於此人的「眞誠」。因此，若直接談論到「品德」、「德行」這些面向如何可能，荀子也是同樣認爲這是「心的認知之後決定」而產生的認同，他說：

凡以知，人之性也……。

《荀子．解蔽21》。一般而言，所謂的認知能力，是人天生就有的……。

人生而有知……。

《荀子．解蔽21》。人，生下來就有認知能力……。

上述可知，荀子也把「心」的「認知能力」視爲天生即有，若配合前述荀子強調的「心之主宰能力」（天君），以及「辨」（心的思辨能力），加上下引文對「善」（道德）的認同皆可俱足在己身時，那麼，修整自我以成長、培養道德品行、落實理想人格……等儒者重視的內涵，則成爲可行的道路了。荀子說：

> **見善，修然**（自我修飾、調整）**必以自存也；見不善，愀**[ㄑㄧㄠˇ]（憂懼、警惕）**然必以自省也。善在身，介然**（堅固的樣子）**必以自好**（自我充實以致美好）**也；不善在身，菑**[ㄗㄞ]**然**（蒙受災害的樣子）**必以自惡**（自我感到厭惡羞恥）**也。故非我而當者，吾師也；是我而當者，吾友也；諂諛我者，吾賊也……。小人反是……。**

《荀子．修身2》。看見有善的狀態，要以這種善來修飾調整自我然後保存它；看見不好的行爲，將警惕自我然後自我反省。「善」如果保存在自身身上，就要堅定地自我充實之；「不善」的內涵如果在自身身上，就像是蒙受災害那樣的自我厭惡。因此，責難我而且是正確的，就是我的老師；肯定我而且是正確的，就是我的朋友；諂媚奉承我的，將是我的禍害……。而小人則與此相反……。

> **故，小人可以爲君子，而不肯爲君子；君子可以爲小人，而不肯爲小人。小人君子者，未嘗不可以相爲也**（角色互相對換），**然而不相爲者，可以而不可使也。**

《荀子．性惡23》。因此，小人可以成爲君子，卻「不肯」去成爲君子；君子可以成爲小人，卻「不肯」爲小人。小人跟君子，是可以相互對換的，但是之所以不互相對換，是因爲他們「可以」對換卻「不肯」對換。

據上述可知，荀子早已承認可以觀察到的「善」或是「道德」事實；他僅是不承認我們「天生即有道德」而已。既然「善」或「道德」可被觀察、體會，而被我們認同、理解，我們自然可以「選擇」實踐、落實應有的人格、產生道德行爲。至於君子與小人的差別，也將在這種「認同道德與否」之後的「選擇」而有著不同。荀子從「心」這一樞紐，來談論所有道德可能，並認爲這是對峙「順是」的一把利器；任何事情都可以自我決定「肯不肯」，既然「肯去選擇」做君子或是實踐道德，那就是眞誠的、也是可落實的，而這也是對付、節度自我天生欲望的內在關鍵。但務必注意的是，荀子始終認爲「本能」（性）是無法消除的，也不必消除。他著名的「化性起僞」的「化性」，明白點出「性不可爲而可化」的立場：

> 性也者，吾所不能爲也，然而**可化**也。積也者，非吾所有也，然而**可爲**也……。

《荀子．儒效8》。性，是我們無法作爲而產生改變它的，但是可以轉化它的表現狀況。累積，是我本來所沒有的，但我們可以去落實它。

狀變（外在的表現形態改變）而實無別而爲異者，謂之化。

《荀子．正名22》。外在表現形態改變了，內在之性沒有改變、但其作爲卻不同於本來的「性」，叫做「化」。

上述可以明顯呼應荀子自身的論點；由於「性」這種天賦本能，我們無法撼動它分毫，因此說「吾所不能爲也」。也就是說，我們無法改變我們有生理欲望、心理欲望這種事實；但是，我們可以轉化此「性」的「表現事實與發展形式」以符合節度或合乎禮義。若用日常生活的例子來說，則可以是：

> 某A在捷運上讓座，他的腳非常瘦，但卻禮讓座位給老人。這樣的情境中，內在生理本能的「瘦」是無法撼動的，自己想坐下休息的心理欲望也是存在的。但是因爲A認同於道德，因此決定讓座……。

上述就是荀子認爲的「化性起僞」的一個簡單實例；當然，上述的A「自我決定讓座」絕對是眞誠的，因爲這是A對道德價值的認同與展現，也是自由意志下所選擇、做出的行爲。而且，荀子不認爲「一次做到」就是圓滿，這種「轉化」「『性』的『表現』」進而做出合乎「仁義」、「禮法」的內容，除了要認同與理解之外，更需要不斷累積才能熟稔，因此他又補充說：

> 夫誠者，君子之所守也……。**操之（以心操作而得「誠」）則得之，舍之則失之**。操而得之則輕（不費力），輕則獨行，獨行而不舍，則濟（成功）矣。**濟而材盡，長遷（變遷）而不反其初，則化矣**。

《荀子．不苟3》。實際操作就能得到「眞誠」，放棄它就失去。實際操作得到眞誠，實踐起來就不費力，不費力就可以專一行事，專一行事而不捨棄，就能夠成功。成功而使才能充分發揮，長期穩定的變遷自我而不返回自己的「性（惡）」，這就是「化」了。

荀子列舉某種已經能被我們所理解、所認同的道德內容，例如「眞誠」，認爲這是君子應該持守的，這類內容早已在古聖先賢的實踐下被我們所認同。因此，**關鍵不在於我們是否會認同（因爲荀子認爲我們必然認同），而是我們願不願意去「選擇」此項認同**。一旦選擇，就是往道德方向的實踐，而且必須累積、持續，方能對峙我們原初的「性」。上述，荀子實點出一個關鍵品德——「誠」，來說明內在眞誠與道德認同的重要性。

最後得再次一提的是，荀子眞的認同於「眞誠的德行」嗎？荀子期許我們扭轉自我的生理與心理欲望，因此做出來的「道德」，是否僅是「虛僞」、「只是強迫的」？這當然不是。「道德」一旦有著自我認同之後，那就是眞實的、就是眞心的。荀子只是在論說「道德的形成」與「自我實踐」的過程，必須透過「自我決定」而不順著「原初自我的生理或心理欲望」而已。一旦我們眞誠認同道德，接下來就是眞誠地去實踐，沒有什麼「虛僞不虛僞」的問題。他曾說：

君子養心莫善於誠，致誠則無它事矣。惟仁之爲守，惟義之爲行。

《荀子．不苟3》。君子培養自我的內心，沒有比眞誠來得好了。能夠達到此心眞誠，就沒有其他事了。只是內在的守著「仁」，同時外在地實踐「義」；這就是了。

上述的「誠」，若白話簡單的說，就是「眞誠地認同於道德」。雖然對荀子而言，「道德」雖然是後天培養的，但此種「後天培養」無損於對「道德」的認同與接受度，也無損於對「道德」的眞誠投入與嚮往。一旦有此後天上的深刻認同，荀子認爲所有的道德內涵將可從自我的內心態度、選擇上來做延伸，因此「仁義」這種內容，我們也將發自內心去實踐，而不是表面的假裝或敷衍而已。

(二)孟荀論善惡的細節對比

1. 善的產生不同

從上述可知荀子「性惡」內涵之大要，簡單的說，荀子的「性」是針對生理與心理欲望本能，加上「順勢」之後的種種合理推論來「整體地說性惡」。而孟子「論性」並非如此。他在方法上與定義方向皆與荀子不同，直接從「道德心」的這一「細微發端」來逆推而說「性善」的。至於「性」的定義，孟子並沒有很明確的表達，但就孟子思維系統來說，他論性主要的方向是「區別『人』跟『動物』同樣的性」而專談「人性」，進而從「道德發端」這種觀察，來論說人異於禽獸的獨特之「性」。若簡單說，孟、荀兩人對「善」的產生可以是：

(1)孟子A：A1性善內存→A2開顯→A3具體化、落實。

(2)荀子B：B1性→B2不去「順是」（自我思慮、決定、轉化）→B3落實道德。

當然，上述的列舉是建立在讀者們已經了解此書論說孟、荀思想的種種，爲了方便理解而說的。細部來說則可以更加複雜，也可以更多元的去談論兩人對「善」生成的細膩差別，例如上述的B2「不去順是」這一點，是否孟、荀兩人都曾同樣重視？而此內涵的同異又是如何？但總括來說，上述的孟子A所形述的狀況，是一種「順向」的「善之開顯」（當然也需要某種學習，此方面不再贅述了）。而荀子的B路線，則是「非順向」（不順著自我之性）的「善」之經營與學習，因此，對於「善的生成與來源」，荀子相較下則必須多花費一番工夫來論述了。

2.惡的產生不同

孟子對「惡的根源」談論不多，對「惡」的造成訴諸於自己的「不思」、「不求」、「不爲」而被「物欲」、「私欲」……等蒙蔽而導致。至於荀子，則認爲「惡」的生成極其自然，此可見孟、荀在論述「惡」如何形成的差異點。綜觀「善惡」兩者來說，孟子認爲「只要你不被私欲蒙蔽」、「只要你不去阻止善端」，「善」就會自然產生且開展；反之則流入「惡」。荀子認爲，「只要你不去阻止本能」，「惡」就自然會產生；反之，才可能產生「善」。就「惡」的細部來說，簡單的理解可以是：

(1)孟子A：A1性善內存→A2因私欲產生而不開顯「善」→A3自我選擇放縱私欲、惡……甚至產生具體行爲。

(2)荀子B：B1性→B2「順是」→B3偏險悖亂、惡。

上述也是簡單的列舉，細部來說也有很多地方可以再思考，但此書不針對這些細部分析來多加探討了。總括來說，「惡」的產生，對荀子來說是「順向」而自然的，也能符合我們對大多數（結果上）之觀察。但對孟子來說，「原初的道德自我」被其他內涵（物欲、私欲）所吸引、牽引而導致過度、踰越道德……等，才會造成「惡」。但若再深究「不學不慮的惡」，例如某時刻突然想要害人、有邪念、小孩子踩螞蟻……等，這類方向孟子則沒有深入討論了。

若總括孟、荀兩人對善惡的簡要看法，並扣緊兩人對人類原初「本能」的談論與延伸，則可以是：

(1)孟子

A1、強調道德本能、思考本能、道德上的直覺認同。而在某一時空上均可自然展現且流出，而且這種道德（善）根源來自於自我（之性）。

A2、心理與生理欲望雖是本能、是天性，但這不等於是「惡」，而是一種道德未定狀態。

(2)荀子

B1、強調人類生而有心理本能、生理本能；雖然不馬上認定這就是「惡」，但認爲人將會「順是」而自然導致「惡」。

B2、強調人有思考本能、與生俱來即有認知、行爲能力；但這不是「性善」，是人有選擇、學習去實踐「善」的天賦。

據上述來說，孟、荀對「性」的內涵處於不同的觀察視角，對於「善惡」的生成與描述範圍也不盡相同。簡化的說，兩人的思考平臺不同，因此不建議讀者們輕易說兩人思想是「矛盾」的。

三、小結

理解孟子與荀子對「性」的不同論述之後，即便我們知道「非矛盾」而只是「不同」或「不相容」，甚至可以說，兩人是在談論不同的事情。但就一般大衆的印象來說，「性善與性惡」在字面上有著極大的差異，因此孟、荀兩人的思想而看似無法溝通。事實上，撇除兩人對「性」的主張、對「善惡」的定義與用法等面向，而僅針對「如何成聖賢」的論述來看，兩人的看法往往有著相通之處。此導讀的最後，將針對此書中時常涉及的核心論述來回顧，此即「意志」層面。

有關「意志」的論述，事實上孔子、孟子、荀子的述說方式與目的都是一樣的，而且同樣重視；甚至可以說，三人不可能不一樣（重視）。若把孔子、孟子、荀子對「道德」以簡單的方式來說，且以三種相關於道德內涵作方法上的分類，則可以如此作結：

1.道德自覺：強調道德屬性的自我覺受與覺發能力，也是顯露道德存在的內心感受與認定，其出現之時是「自發而非僅靠操作」而有的，也可能是「突然」產生的，例如半夜時、某一刻之時我們突然「良心發現」；或是我們感到「心安」的狀態……。而前一秒的「自我」，可能與外在環境是否是「道德氛圍」或「教導場域」……等無直接關聯。但另一方面，這種「自覺」也可以是因環境等因素促發或影響而產生。例如，聽聞聖賢之勸說自然生出道德感受與強烈的熱誠，或是看到某個場景、影片……等促發內心共鳴後，自發（非意志操作）同情心……等。而這類的「道德自覺」除了強調「道德來自於自我」這一面向，而且還點出這種「道德之發」不是僅能依靠「意志」操作「才能夠擁有」。若以早於孟子的談論為例，其實早在《論語》中，孔子與宰予談論「三年之喪」時，頗重視內心自覺之「安」已顯此類端倪。此「安心」的狀況，雖涉及自我內心層面而難以清晰形述，但可以肯定的是，這種「安心」或說「問心無愧」等狀況，的確來自自我的「自覺」且並非（僅）可透過「意志」來操作而令自己「安心」或「心安」。這種非必然透過意志操作才擁有的道德內涵，在孟子強調「惻隱之心」等相關論述之時，紮實地論述如此的道德屬性自我之覺受與覺發，乃來源自「自我」；這是一種自覺的、自我產生的道德內涵，而且孟子認為是「內存於己身」的。

2.道德自決：強調道德內涵下的「自我決定」，涉及意志思考、選擇、克制……等內涵。例如，我們會堅守意志、克制欲望以避免過度，或是意志決定去做有意義的事情……等。此「自決」面向，孔子、孟子、荀子三人皆重視，而且是最常需要操作的實際課題。「自決」的論述模式，其實是預設「人的意志是自由」的，同時也預設「人擁有自由意志」。此外，在上述1之「道德自覺」自然流露之後，我們面對外在情境時，將「可能」失去原來的發心，此時必須配合「道德自決」來自我操作，以求其擴充、堅持、維持、持續……等。此能力是強調「心」的「主宰與決定能力」，並且符合我們的許多體認之事實。若以荀子的談論來說，雖然他認爲人不是性善，但扭轉自我「性惡」的展現可能以轉化自我之性表現形式而讓自己進步，事實上也來自於這一項「心的決定能力」。

3.道德直覺：對於道德屬性的價值判斷與理想投射，而且不一定是經由細膩的理性思考與精確反思之後才有的一種直覺能力。例如：「我們對大同世界的嚮往」、「希望人人都有誠信與關懷」、「強調助人時不應心存不良動機」、「我們希望朋友對待我是眞誠的」、「對道德評價時會考量內心層面」……等這些內涵的認同感。此方面，在孟子敘述「聖人先得於我心之所同然」之時已論述過，而荀子也曾提及「見善，修然必以自存也；見不善，愀然必以自省也。」的這種道德認同。

上述三個方向是「方法上的區分」，對於自身的「道德」能力與展現內涵，我們不一定要這樣區分，因此我只是「暫時」的分類。這樣分類的目的，在於讓我們較能切深體會儒者所談論的道德內容是如何貼近於日常生活。據此，我最終的歸結方向是，孔子肯定了2並隱晦的說1與3；此即肯定道德屬性的自我決定能力，並點出道德上「心安」的自發狀況，而這種「心安」非來自於意志操作才能有。而孟子則明顯地肯定且詳細的數說1、2與3，且探討1之根源來自自我之「性」而說「性善」。至於荀子僅肯定2而些許提及3，強調道德實踐的決定能力，這種「決定」來自自我的選擇與思慮，而後帶出種種正向決定與實踐。

據此可知，孔、孟、荀皆重視所謂的「道德自決」這一「意志」內涵，而反對「性善論」的荀子，僅能用僅剩的「意志」、「思慮」（包含此之後的累積）產生對於道德的認同與延伸行爲，來宣說「道德」的重要性了。但不論如何，孔、孟、荀之說，在此書的關切要點不在於

「誰說的必較有道理或完整」，而是，他們各自述說的道理中，有哪些是我們可以學習、努力的？就個人的體驗，三人的談論，若精要的舉出其中一、兩句，就可在人生旅途不斷致力於其中，因此，何須「多言之」呢？

後 記

一提及孟子，個人便深感惶恐與敬畏，且隨年齡增長與歷練加深，此種內在感受更加明顯。回想早年始讀《孟子》，是十多歲的高中時期，那時規定讀《中國文化基本教材》，我僅是死背「理論」而完全不通義理。至大學時期讀《孟子》，方有一番新體驗。此時期，每次反覆讀《孟子》都深覺被孟子斥責；然而，卻喜歡這種感覺，也有更深刻體驗與莫名的感動，更發覺生活諸事，與孟子所說頗爲貼近且相連、甚至是分不開的，可以反省的課題（包括我自己以及他者）也越來越多。於此，不得不佩服兩千年前的古人之訓，至今仍深刻地適用！

當五南出版社陳編輯找我談論寫《孟子》此書，我便一口答應，且內心是愉悅的。但隨即而來的是持續不斷的「後悔」、「退縮」……等負面情緒，於此不諱言之：「很榮幸有機會寫『我景仰對象』的書，但又驚覺自身能力是否能勝任。」其中考量在於，研究《孟子》一書者，從古至今之著名學者甚多，個人所學有限也淺陋。另一方面，對於研讀中國哲學者來說，《孟子》自然是必讀之書，因此當代學者、前輩們對《孟子》的研究非常精闢且深遠，更有使用西方哲學家的視角做出比較，而我將如何寫出《孟子》？此外，當代西方學者對孟子的研究亦是不少，我又如何將《孟子》適切地呈現或回應？思索兩星期之後，我還是堅持一開始的「衝動」而確定撰寫。一方面是，這本書屬於「導讀性質」並非純學術性質，因此可加入較高比例的基礎性解讀與介紹性陳述，以符合我自身的所學程度。另外，支持我撰寫此書還有一項單純的自我期許：將（中國）哲學推展至一般大眾可理解、與生活相連的陳述，但又不離學術內涵太遠；並且，透過此書表達對孟子這位大儒的滿滿回饋之意。

孟子思想於日常生活如何中幾乎很難運用不上，若眞的有心體會的話，許多情境都可充滿道德內涵。此書撰寫至此，還是想替孟子說個話：其實他的思想內容幾乎都可用在日常生活中，且看個人願不願意留意而已……。

A：一早醒來，思慮尚未清晰……。

A-1：此時我們的心念誠然而無干擾，展露的氣息相當自然且和諧。或許只有短暫幾秒，但此時的氣息是好的（平旦之氣）。接著，梳洗整儀容，去上班……。

A-2：但之後幾秒或幾分鐘，想到自己很累，到底要不要準時去上班……。後來決定去上班了。（道德自決）（權衡）

B：出門後，公車上見到行動不便的老人……。

B-1：自然的讓座而沒多想什麼……。（道德自覺；不慮而知）

B-2：知道讓座是應該的，即便我很累，但克制自己的不舒服而讓座……。（道德自決）

B-3：發覺有人讓座給他，感到很溫馨與認同。（道德直覺）

C：抵達上班的地點前，五分鐘後就要遲到了；突然看到有個孕婦跌倒了……。

C-1：毫不猶豫的幫忙了。（道德自覺；不慮而知）
C-2：猶豫後的幫忙。（慮而行，自決後的選擇）（權衡）
D：因爲幫忙而遲到十分鐘，被老闆責罵，此時我的內心？
D-1：問心無愧即可，有此後果我樂於承擔？（權衡後與自我負責）
D-2：後悔了，下次不幫忙？（權衡後與自我負責）
E：下班回家時，路上看到一個很可憐的小女孩在路上乞討……。
E-1：感覺她很可憐，自然生出同情心……。（道德自覺）
E-2：感覺她很可憐，自然生出同情心並且幫助她。（道德自覺貫徹至具體行爲）
E-3：感覺她很可憐，自然生出同情心，但又怕她是騙人的……。（道德自覺，後有其他想法涉入）（開始或可能進入權衡）
E-3-1：感覺她很可憐，又怕她是騙人的，但還是決定幫忙她……。（道德自覺與道德自決）（權衡後）
E-3-2：感覺她很可憐，又怕她是騙人的，因此不幫忙她了……。（道德自覺，而有其他想法涉入，雖想要堅持自我的初心卻有其他考量而決定不幫忙）（權衡後）
F：回到家……。

F-1：上網發個文，發洩一下情緒。順便自拍炫耀一下自己很美/帥。（人之所同心；小體）

F-2：上網購物，滿足欲望。（人之所同心；小體）

F-3：看個電視，休息，放鬆一下。（人之所同心；小體）

F-4：休閒一段時間之後，認爲自己不應該太放縱，因此稍作收斂與節制。（從其大體；道德自決；反思）

G：晚上睡覺前……。

G-1：回想起今天發生的事情種種……。（心之官則思：自省、反思）

G-2：突然認爲今天（或以前某一天）的自己（包括內心）是不好的……。（道德自覺）

G-3：意志決定自我要反省、改善某個缺點或習慣……。（道德自決）

H-1：看完某聖賢書或此本導讀書籍……。

H-1：決定去……。（道德自決？）

H-2：某天某時突然想到……。（道德自覺？）

H-3：還是決定不進步、原地踏步……。（自決）

儒家所建立的哲學面貌，自然形成一道德世界，自內心開始至外在所有，皆如此地囊括而爲一體，且散殊在各個角落。上述的例子僅是簡單列舉，不可能說得完。務必留意的是，關於F所說的「小體」這類感官欲望或是心理欲望，孟子不會否認而是承認的，他反對的是「過度」。至於什麼樣的「標準」是「過度」？且看自身如何自我決定了，這並沒有一定的制式標準，但要自己負起責任來。同樣的，「權衡」後的「自我負責」，實包含了所有可能後續的「負責」（或說負責地面對）。例如上述幫了忙卻被老闆罵，因此決定以後不幫了，那也要自我負責於「以後不幫」的外在（例如他人）評價與內心自評……等一切可能之後續。甚或，道德行為被視為「笨」、「不夠聰明」、「傻瓜」……等，都是有可能的，且看自我要不要負責、承擔於任何後續可能。當然，我們可以在人生歷程中不斷提升自我標準與自我負責的深度、高度與廣度，也可同時加深自我的正向堅持與毅力……；對儒者而言，這是無止境的實踐旅途。

回到儒者所關心的，簡單的說，實重視道德內涵所出帶的深刻共鳴，以及在這種深刻認同之後所（自）生的心靈基礎。而且儒者總是關心，我們如何自我擺放、自我安頓在此基礎的認同過程，以及此基礎的建立後的延伸。

孟子的思想，體現了上述之關懷，而且在他身上同樣看得到。他不僅是「說說而已」，是親自實踐的；他遊諸列國，也如孔子一樣「明知不可為而為之」。最後，個人最想說的是，回想孔子、孟子所佩服的聖賢，例如堯、舜、禹、文王……等人，到底傳下了什麼「絕妙理論」？其實沒有，他們都是用「實踐」的。

參考文獻

一、原典

趙岐注，孫奭疏：《孟子注疏（上）（下）》《十三經注疏》，臺北：臺灣古籍，二〇〇一年初版。

張栻：《張栻全集》，長春：長春出版社，一九九九年十二月初版一刷。

朱熹：《四書集注》，臺北縣：頂淵文化，二〇〇五年三月初版一刷。

王陽明：《王陽明全集》，杭州：江浙古籍出版社，二〇一一年十月初版二刷。

錢明：《徐愛、錢德洪、董澐集》，南京：鳳凰出版社，二〇〇七年三月初版。

焦循、焦琥：《孟子正義》，臺北：世界書局，一九九八年九月初版八刷。

戴震：《孟子字義疏證》，北京：中華書局，二〇〇九年三月二版五刷。

王先謙：《荀子集解》，臺北：藝文出版社，民國九十六年三月初版八刷。

程樹德：《論語集釋》，北京：中華書局，二〇一一年二月初版八刷。

《新譯四書讀本》，臺北：三民書局，民國八十二年八月修訂五版。

《新譯呂氏春秋》，臺北：三民書局，民國八十九年八月初版二刷。

《新譯墨子讀本》，臺北：三民書局，民國八十九年八月初版二刷。

《新譯史記》，臺北：三民書局，民國九十七年二月初版一刷。

《新譯詩經讀本》，臺北：三民書局，民國九十三年初版四刷。

二、近人專著（按姓氏筆畫排列）

王邦雄、曾昭旭、楊祖漢：《孟子義理疏解》，臺北縣：鵝湖出版社，民國九十六年七月十刷。

牟宗三：《中國哲學十九講》，臺北：臺灣學生書局，一九九九年九月初版八刷。

牟宗三：《智的直覺與中國哲學》，臺北：臺灣商務印書館，二〇〇六年七月出版七刷。

李明輝：《儒家經典詮釋方法》，臺北：國立臺灣大學出版中心，二〇〇八年十二月初版二刷。

李明輝：《中國經典詮釋傳統㈡儒學篇》，臺北：國立臺灣大學出版中心，二〇〇八年十二月初版二刷。

李明輝：《儒家與康德》，臺北：聯經，一九九〇年初版。

李明輝：《孟子重探》，臺北：聯經出版社，二〇〇一年六月初版。

《儒家與康德》，臺北：聯經出版社，一九九七年九月初版二刷。

李明輝主編：《儒家經典詮釋方法》，臺北：國立臺灣大學出版中心，二〇〇八年十二月初版二刷。

李明輝主編：《中國經典詮釋傳統㈡儒學篇》，臺北：國立臺灣大學出版中心，二〇〇八年十二月初版二刷。

李明輝、林維杰：《當代儒學與西方文化：會通與轉化》，臺北：中研院文哲所，民國九十六年十二月初版。

林火旺：《倫理學》，臺北：五南圖書，民國八十九年十二初版二刷。

林火旺：《基本倫理學》臺北：三民書局，二〇〇九年八月初版一刷。

郭斌和、張竹明譯：《理想國》，北京：商務印書館，二〇〇二年五月。

陳滿銘：《論孟義理別裁》，臺北：萬卷樓，民國九十二年八月初版。

曾春海：《先秦哲學史》，臺北，五南，二〇一〇年十月初版一刷。
勞思光：《新編中國哲學史㈠》，臺北：三民書局，一九九三年十月增訂七版。
黃俊傑：《孟學思想史論（卷一）》，臺北：東大出版社，民國八十年十月初版。
黃俊傑：《孟學思想史論（卷二）》，臺北：中研院文哲所，民國九十五年十二月修訂一版。
黃俊傑：《孟子》，臺北：東大出版社，二〇〇六年十一月修訂二版一刷。
彭孟堯：《知識論》，臺北：三民，二〇〇九年六月初版一刷。
楊祖漢：《儒家的心學傳統》，臺北：文津出版社，民國八十一年六月初版。
葉國良、李隆獻：《群經概說》，臺北：大安出版社，二〇〇五年八月初版一刷。
蔡家和：《王船山《讀孟子大全說》研究》，臺北：臺灣學生書局，二〇一三年九月初版。
錢穆：《中國學術思想史論叢㈡》，臺北：東大書局，一九九三年十二月三版。

三、西文

A.S. Cua. *Moral Vision and Tradition : Essays in Chinese Ethics.* Washington, D.C. : Catholic University of America Press, c1998.

Benjamin I. Schwartz. *The world of thought in ancient China.* Cambridge, Mass. : Belknap Press of Harvard University Press, 1985

J. A. Hardfield. *Psychology and Morals: An Anslysis of Character*. London: Methuen & Co., 1923.

edited by Kwong-Loi Shun, David B. Wong. *Confucian Ethics: A Comparative Study of Self, Autonomy,* and Community. Cambridge, UK; New York: Cambridge University Press, 2004.

Kwong-Loi Shun. *Mencius and Early Chinese Thought.* Stanford, Calif.: Stanford University Press, 1997.

I. A. Richards. *Mencius on the Mind: Experiments in Multiple Definition.* Richmond, Surry: Curzon Press, 1997.

edited by Richard T. Knowles, George F. McLean. *Psychological Foundations of Moral Education and Character Development : An Integrated Theory of Moral Development.* Washington, D.C. : Council for Research in Values and Philosophy, c1992.

edited by Walter Sinnott-Armstrong. *Moral Psychology Volume2: The Cognitive Science of Morality: Intuition and Diversity.* Cambridge, Mass: MIT Press, c2008.

Paul Tillich. *Dynamics of Faith.* New York: Harper, 2001.

四、論文、期刊

孫效智：〈論儒家現實擁有判準理論與等差之愛原則的人類胚胎觀點〉《國立臺灣大學哲學論評》，第四十二期，民國一百年十月，頁一〇七－一四八。

Bayne, T. (2006). “Phenomenology and the feeling of doing: Wegner on the conscious will”, In S. Pockett, W. P. Banks and S. Gallagher (eds.) *Does Consciousness Cause Behavior?* Cambridge, MA: MIT Press, pp. 169-186.

Pettit, D. & Knobe, J. (2009). “The Pervasive Impact of Moral Judgment.” *Mind & Language* 24:5, pp.586-604.

註釋

第一章 初步理解孟子

【1】《新譯史記》〈孟子荀卿列傳第十四〉，卷七十四，（臺北，三民書局，二〇〇八年二月初版一刷），頁三一六九。

【2】李學勤編，趙岐著：〈孟子注疏題解〉《孟子注疏上》《十三經注疏》，（臺北：臺灣古籍，二〇〇一年十一月初版一刷），頁五。

【3】趙岐著：〈孟子注疏題解〉《孟子注疏上》，頁一一。根據後人的斷句，或應屬〈性善辯〉、〈文說〉、〈孝經〉、〈爲正〉等四篇；且〈爲正〉後改爲〈爲政〉。

【4】關於《孟子》成書過程的精要敘述，可參考葉國良、李隆獻：《群經概說》（臺北：大安出版社，二〇〇五年八月初版一刷），頁三七九—三九一。

【5】趙岐著：〈孟子注疏題解〉《孟子注疏上》，頁一一。

【6】有關韓愈、皮日休、林愼思對《孟子》或「孟子」重視的精要談論，可參考黃俊傑：《孟子》（臺北：東大圖書，二〇〇六年十一月修訂二版一刷），頁一八八—一九六。

【7】關於蘇格拉底的對話形式之「愛智」過程的基本掌握，可參考郭斌和、張竹明譯：《理想國》（北京：商務印書館，二〇〇二年五月）一書。

【8】關於《論語》論述「仁」的詳細內容，此涉及所謂的「理解模式」我將在文後詳述。

【9】關於孟子思想的思維方式，黃俊傑先生曾引述人類學家所說的「前邏輯的」（prelogical）、「隱喻式思維」（metaphorical thinking），來說明孟子思想有著某種「類推思維」。詳細內容可參見黃俊傑：《孟學思想史論（卷一）》（臺北：東大，民國八十年），頁三—二七的詳細論述。

【10】有關「性」一字於先秦時期的使用考證，可參考傅斯年：《性命古訓辨證》（臺北：新文豐出版社，一九八二年）。若針對孟子論「性」之諸多綜合性研究或義理闡述，可參考黃俊傑：《孟學思想史論（卷一）》、《孟學思想史論（卷二）》。以及王邦雄、曾昭旭、楊祖漢著：《孟子義理疏解》（臺北縣：鵝湖月刊社，民國九十六年七月十刷）。

【11】當代許多漢學研究者對《孟子》一書的談論頗盡其心，且成果盛豐。對許多語辭的使用時，往往上溯至孟子之前、考察約與孟子同時期的相關用法，此方法相當重要且不失爲一項重要的參考依據。可詳見如Kwong-Loi Shun(1997): *Mencius and Early Chinese Thought.* Stanford, California: Stanford University Press.而較早期I.A. Richards (1997): *Mencius on the Mind: Experiments in Multiple Definition.* Richmond, Surry: Curzon Press.一書中談論孟子思想時，亦曾使用字形拆解的方式來稍作補充（「禮」拆爲「示」與「豊」來理解其原初含意），並考察如《呂氏春秋》、《左傳》等相關文獻中的用法。總之，當代漢學家研究類似此種字詞時，都可看出他們對某字詞的定義內容通常採取許多翻譯詞，如「理」可翻爲"Truth", "Reason", "Order", "Principle"，「心」翻譯爲"Heart", "Mind"等，或亦有翻其「音」者，代表研究者亦發覺某字詞在不同脈絡下的意思可以有不同指涉，難以用限定某一定義的方式來翻譯該字詞。

【12】關於《論語》一書對「仁」的探究書籍相當多；然或可參考林義正：《孔子學說探微》（臺北：東

大，民國七十六年）一書之詳細論述。

【13】殷商末年紂王無道，而關於此「殷末三仁」自是孔子的評價。而有關紂王的無道作爲，可參考《新譯史記》〈殷本紀第三〉，卷三，（臺北：三民書局，二〇〇八年二月初版一刷），頁一〇七有云：「紂愈淫亂不止。微子數諫不聽，乃與大師、少師謀，遂去。比干曰：『爲人臣者，不得不以死爭。』迺強諫紂。紂怒曰：『吾聞聖人心有七竅。』剖比干，觀其心。箕子懼，乃佯狂爲奴，紂又囚之。殷之大師、少師乃持其祭樂器奔周。周武王於是遂率諸侯伐紂……。」又《新譯史記》〈周本紀第四〉，卷四，頁一二六：「聞紂昏亂暴虐滋甚，殺王子比干，囚箕子。太師疵、少師彊抱其樂器而犇周……。」

【14】務必注意的是，這種理解模式跟「望文生義」不同。此理解模式是在整個《論語》或是《孟子》書中可以自成系統的理解，而且不可以輕易或隨意超出該人物或該書的思想範圍。當然，理解古文或多或少涉及「體驗」並自然產生後續的個人詮釋，爲了避免在導讀過程有「望文生義」的風險，我將盡可能的僅從孟子的學說解讀他自身的學說，**並且得誠懇地說出，此書之解讀是僅是個人的目前所學，並非必然爲眞**。

【15】關於這些「信念」的談論，可參考彭孟堯：《知識論》（臺北：三民，二〇〇九年六月初版一刷），頁六一－六七。

【16】此段論說可參照李明輝主編，劉述先著：〈哲學分析與詮釋：方法的反省〉《儒家經典詮釋方法》（臺北：國立臺灣大學出版中心，二〇〇八年十二月初版二刷），頁一四－一五。至於關於「信仰」與「信念」的分別，就Tillich而言，前者乃指涉「終極關懷」一詞，也有著一定的絕對性且

是「被遵奉的」而且是「可實踐的」：詳見Paul Tillich, *Dynamics of Faith* , p2:"But it is not the unconditional demand made by that which is one 's ultimate concern, it is also the promise of ultimate fulfillment which is accepted in the act of faith."。而p4則形述爲"Faith as ultimate concern is an act of the total personality."表達出「信仰」乃涉及整個人格行爲。至於「信念」則屬於理性層次，於p36"The most ordinary misinterpretation of faith is to consider it an act of knowledge that has a low degree of evidence. Something more or less probable or improbable is affirmed in spite of the insufficiency of its theoretical substantiation. This situation is very usual in daily life. If this is meant, one is speaking of *belief* rather than of faith. "此處說明了「信念」的常見狀況，且於p37補充說"If we use the word "faith" for this kind of trust we can say that most of our knowledge is based on faith. But it is not appropriate to do so. We believe the authorities, we trust their judgment, though never unconditionally, but we do not have faith in them. Faith is more than trust in authorities, although trust is an element of faith. "於此可知，「信仰」較「信念」的內涵豐富許多，雖涉及「信念成分」於其中，但仍有不同。而p37-38據此又補充說"For faith is more than trust in even the most sacred authority. It is participation in the subject of one 's ultimate concern with one 's whole being."於此可知「信仰」與「信念」的內涵差異。

【17】程頤、程顥：《二程全書》〈外書十二〉，（臺北：臺灣中華書局，民國七十五年八月臺四版），頁四。

【18】《新譯史記》〈孟子荀卿列傳第十四〉，卷七十四，頁三一六八—三一六九。

【19】《論語‧陽貨》記載：「子曰：『小子！何莫學夫《詩》？《詩》：可以興，可以觀，可以群，可

以怨；邇之事父，遠之事君；多識於鳥、獸、草、木之名。』」〈學而〉記載：「子貢曰：『貧而無諂，富而無驕，何如？』子曰：『可也；未若貧而樂，富而好禮者也。』子貢曰：『《詩》云：「如切如磋，如琢如磨」，其斯之謂與？』子曰：『賜也，始可與言詩已矣，告諸往而知來者。』」此可知孔子強調《詩》的教化與啓迪作用。

【20】類似此種說法不僅出現在孟子的思想中，連反對「性善論」的荀子也是如此觀察的；《荀子》〈議兵〉：「故湯之放桀也，非其逐之鳴條之時也（並不是在鳴條大戰那一刻勝利的）；武王之誅紂也，非以甲子之朝而後勝之也（並不是在甲子這天的早晨戰勝紂王的），皆前行素脩也（都是因爲原先就有一貫的自我修養而延伸至政治教民），所謂仁義之兵也。」

第二章

【1】詳見《新譯呂氏春秋（上）》〈蕩兵〉，（臺北：三民書局，民國八十九年初版二刷），三二〇有云：「古聖王有義兵，而無有偃兵……。」基本上是一種認同「正義的戰爭（爭鬥）」而不是一味的「反對戰爭（爭鬥）」。而這種認同「義戰」的思想模式基本上與孟子之考量相通，但重點仍在於所謂的「義戰」之標準。此外，〈蕩兵〉文末更提及各種形式的「兵」，乃泛指「爭鬥」之意，並非僅止於一般狀況的「戰爭」。

【2】《新譯呂氏春秋（上）》〈振亂〉，頁三二一：「夫攻伐之事，未有不攻無道而罰不義也……。禁之者，是息有道而伐有義也，是窮（困阻）湯、武之事而遂（助長）桀、紂之過也。」於此可知，主張「正義的戰爭」是必須的，僅主張「非攻」將導致正義無法實行，而讓暴亂無順遂。

【3】從主張義戰、有義戰以平亂等考量之後，《新譯呂氏春秋（上）》〈禁塞〉，頁三二七—三二八有云：「先王之法曰：『爲善者賞，爲不善者罰。』古之道也，不可易。今不別其義與不義，而疾取救守（急切地主張救守），不義莫大焉，害天下之民者莫甚焉。故取攻伐者不可，非攻伐不可；取救守不可，非救守不可。取爲義兵爲可。」其實此主張頗合理，點出不執著於「攻伐」與「守救」之一偏，一定程度的有效反駁墨家的「非攻」之論。但墨家主張的「非攻」是從人的生命財產安全上來考量、兼論整個戰爭上的得失來論述的，並且認爲當時的國君爲私利而戰者多，並非「義戰」。就「不是義戰就不可產生」這方面來說，兩者的主張並非矛盾，只是考量與切入立場不同。另方面，墨家也支持「義」這一廣泛內容的，就「義」落實於政治方面及其延伸的賞罰制度等各種細節，對於「無道之君王」便自然能有一定的對峙之策。

【4】墨家學說從「兼愛」出發，一定程度的替最底層人民發聲，其「非攻」論點除了表面上反對戰爭之外，其實也從「利害分析」評估戰爭所帶來的「好處」是相當「低」的，即便戰勝國也是如此。在《新譯墨子讀本》〈非攻中〉，頁一一八—一一九有云：「計其所自勝（計算他們自己所得到的勝利與利益），無所可用也（是可以發現是沒有用處的），計其所得，反不如所喪（失去）者之多。今攻三里之城，七里之郭（外城），攻此不用銳（銳利的兵器）且無殺而徒得此然也？殺人多必數於萬，寡必數於千，然後三里之城，七里之郭，且（而）可得也。今萬乘之國，虛（虛城，荒廢之城）數於千，不勝而入（侵入、攻打而入），廣衍（廣闊的原野土地）數於萬，不勝而辟（開闢）。然則土地者，所有餘也，王（士）民者，所不足也。今盡王民之死，嚴下上之患，以爭虛城，則是棄所不足，而重（添加）所有餘也。爲政若此，非國之務者也。」同上，頁一二〇說：

「雖四五國則得利焉，猶謂之非行道也。譬若醫之藥人（以藥醫人）之有病者然，今有醫於此，和合其祝藥（醫外傷之藥）之於天下之有病者而藥之，萬人食此，若醫四五人得利焉，猶謂之非行藥也。故孝子不以食（餵食）其親，忠臣不以食其君……。」

【5】《孟子．盡心下三十》曾記載孟子「設科」，而且是「往者不追」、「來者不拒」，只要願意學，孟子就會盡力教導。

【6】墨子的勞苦風格，一般大眾頗難實踐之；在《莊子．天下》也曾評論說：「其生也勤，其死也薄，其道大觳；使人憂，使人悲，其行難爲也……。」（生時勤勞，死時檢薄，他所行的大道過於苛刻；往往讓人憂苦、悲愁，所力行之事對一般人來說難以實行。）

【7】趙岐：《孟子注疏．盡心章句下》，頁四六六有云：「墨翟無親疏之別，楊朱尙得父母生身不敢毀傷之義。儒者之道，幼學所以爲己，壯而行之所以爲人，故能兼愛。無親疏之道，必歸於楊朱爲己，逃去楊朱爲己之道，必歸儒者之道也。」此說一定程度的替孟子解釋其中涵義，然其中的「逃墨必歸楊」、「逃楊必歸儒」之「必然性」恐未必，因此我說這是一種孟子較誇張的說法。此種語言使用在古代中頗常見，在此書的導讀過程中，將以第一章所介紹的「理解模式」來體會即可，或不必過度專注孟子語言使用的嚴謹度。

【8】孟子當然不是替商人講話，只是認爲許行提出的抑商有些過度。此外，不論是人情上還是制度上的需要，「某些事物是精緻」並非就等同於奢侈，因此孟子不會馬上反對，而且孟子也不會僅從「外表上」來談論或反省某件事情的必然對錯。人情與欲望也是孟子所承認的，我們也需要滿足，重點是在於，我們是否過度、是否有智慧的去判斷我們已經過度……。就孟子的道德考量來說，他的提

醒並不會造成人情世故上的衝突，反而是在種種人情世故中提出一道「不斷上升」的自律、自我要求的防線以免踰越，更可修養自我以超乎物欲之擾。當然，後諸章的導讀中，涉及道德心、四端、性善、人情……等諸多談論時，均可自然地連結來一併理解。

【9】 可參見edited by Richard T. Knowles, George F. McLean. *Psychological Foundations of Moral Education and Character Development : An Integrated Theory of Moral Development.* Washington, D.C. : Council for Research in Values and Philosophy, c1992. 97-105之論述。

【10】 同上書p95:"However, anxiety has been observed to also result from the persception of a threat to another. In this case anxiety may facilitate a helping response. This respose, usually called empathy...... ."

【11】 勞思光：《新編中國哲學史（一）》（臺北：三民書局，一九九三年十月增訂七版），頁一一九有云：「……而人之能除私念，而立『公心』，則是一純粹自覺之活動，故此處乃見最後主宰性，而超越一切存有中之約制。人能夠立此公心，全由自主……。」

【12】 牟宗三：《智的直覺與中國哲學》（臺北：臺灣商務印書館，二〇〇六年七月出版七刷），頁二〇〇有云：「智的直覺不過是本心仁體底誠明之自照照他（自覺覺他）之活動。自覺覺他之覺是直覺之覺。自覺是自知自證其自己，即如本心仁體之為一自體而覺之。覺他是覺之即生之，即如其繫于其自己之實德或自在物而覺之。智的直覺既本於本心仁體之絕對普遍性，無限性以及創生性而言，則獨立的另兩個設準（上帝存在及靈魂不滅）及不必要。」

第三章

【1】詳見edited by Richard T. Knowles, George F. McLean. *Psychological Foundations of Moral Education and Character Development : An Integrated Theory of Moral Development.* Washington, D.C. : Council for Research in Values and Philosophy, c1992. 89:"Rest (1983) argues that theories of motivation, in which he includes theories of emotion, are an essential component for a psychological theory of morality. According to Rest (1983) moral motivation is that which leads a person to choose to act morally, even though such choice may involve sacrificing a personal interest or enduring some hardship."

【2】錢明：《徐愛、錢德洪、董澐集》〈錢德洪語錄詩文輯佚・復楊斛山書〉（南京：鳳凰出版社，二〇〇七年三月初版），頁一五六。

【3】《詩經》〈大雅・抑〉：「肆皇天弗尙，如彼泉流，無淪胥以亡。」

【4】《詩經》〈大雅・板〉：「昊天曰明，及爾出王，昊天曰旦，及爾游衍。」

【5】《詩經》〈大雅・召旻〉：「旻天疾威，天篤降喪。」

【6】《詩經》〈大雅・文王〉：「上帝既命，侯于周服。」

【7】《尚書》眞僞問題不在此書中做解釋；而記載於《論語》內涵而被《僞古文尚書》收編於〈大禹謨〉中的文句如：「堯曰：『咨！爾舜！天之曆數在爾躬，允執其中！』」

【8】《周易》與之後成書的〈易傳〉等十翼之考據問題亦不在此書多做著墨，而可確定的是，《周易》經文本身無疑是最早作品，其中之〈乾〉、〈坤〉兩卦，以及關乎此「天」、「地」之所有象徵性含意，均被《周易》使用來作爲內部系統的陳述，涉及了天地間之自然、平衡、消長、循環……等

內容，並涉及占卜領域。

【9】墨家思想若簡單的定位其出發點，是一種鮮明地對社會底層人民之關懷。對於「天志」的談論則扣緊「義」來說，「明鬼」則給予在位者一個牽制與敬畏對象，基本上「明鬼」與「天志」的述說用意是相貫通的，都是體現基層人民對「抽象不可知」之對象的「期許」或是「解讀」。另外，「非命」則代表墨家鼓勵「人的實際作爲」而不受「宿命論」的影響。總括來說，先秦時期論述此種抽象意涵時（例如天、性、命、道……），都有該思想家自身的價值定位作爲論述方向，而「墨家」則相當特殊，乃強烈地關懷基層民眾的心聲與期許，來談論這些「抽象內涵」。

第四章

【1】《王陽明全集》〈語錄一〉卷一（杭州：江浙古籍出版社，二〇一一年十月初版二刷），頁二一—三。

【2】雖然在原典引用中直接挑選個人認爲較適合的解釋，然有關此「不動心」更詳細、更學術性的談論，可參考黃俊傑：《孟學思想史論（卷一）》，頁二五九—三六七。以及李明輝：《孟子重探》，頁一〇—二四。兩文之精要論述。

【3】關於此「氣」的確實意義，歷代註解家各有看法，在此我僅用「內在與外在之氣質或氣息」來方便讀者們體會。若較爲哲學性的談論，個人建議可參考黃俊傑先生綜合整理之後所言：「所謂『浩然之氣』就是原始生命完全理性化之後，所呈現的綜合的生命力。這種『生命力』固然指生理的綜合作用，起於生理層面的活動，但是，它接受理性（或意志）的指導（孟子所說：「夫志，氣

之帥也」），運行於身體之內（所謂「氣，體之充也」），一方面使生理（「氣」）與道德心（「志」，即「心」）不斷爲兩橛；另一方面，又貫通精神（或形式）與物質（或內容）兩層面。」詳可參見黃俊傑：《孟學思想史論（卷一）》，頁二三。若涉及詮釋此「浩然之氣」的諸家比較研究，則可參考蔡家和：《王船山《讀孟子大全說》研究》（臺北：臺灣學生書局，二〇一三年九月），頁二三五—二六五。

【4】關於「氣」與「浩然之氣」的相關談論，在前輩學者們的諸多討論中更多詳細的解讀內容。例如可參考黃俊傑先生：《孟學思想史論卷二》（臺北：中研院文哲所，民國九十五年十二月）之「第一章」。黃俊傑先生：《孟子》（臺北：東大，二〇〇六年十一月修訂二版一刷）之「第三章」。黃俊傑先生：《孟學思想史論卷一》（臺北：東大，民國八十年十月初版）之「第二章」。另外，亦可李明輝先生之《孟子重探》（臺北：聯經：二〇〇一年六月初版），頁一—四十。其實可參考之相關著作甚多，恕筆者不一一列舉之。

【5】關於「必有事焉而勿正，心勿忘，勿助長也。」此句之解釋，歷代以來頗有爭論。趙岐將「事」以做「畐」（福）解，勞思光先生之《新編中國哲學史》（臺北：三民書局，一九九三年十月增訂七版），頁一七四—一七六則採取此方向之解釋。且其中之「勿正，心勿忘，勿助長」可能是將「『忘』一字誤爲『正心』二字」而應爲「必有事焉勿忘；勿忘，勿助長。」此書採取將「事」視爲「集義此事」而不以「福」來解釋；而關於此內容較專業且引述多位古代學者的談論，可參見黃俊傑先生：《孟學思想史論卷二》，頁二〇七—二一一之整理。

第五章

【1】 I.A. Richards (1997): *Mencius on the Mind: Experiments in Multiple Definition.* Richmond, Surry :Curzon Press. p69:“As we have seen it is no part of his purpose to analyse them, justify them, or discuss them in general...... . we need not be surprised to find that he makes no attempt to illuminate their inner constitution. Since all men know them and accept them, his task is only to encourage men ’s energies to flow into their develpoment.”

【2】 此段論述主要參考林火旺：《倫理學》（臺北：五南：民國八十九年十二月初版二刷），頁二〇一。至於更細部的談論可參照此書。

【3】 其實對於「人」（person）此「位格」的談論是相當多元的，涉及person與human being兩用語之間的差別，以及什麼樣的存在者方可視為「人」等多種判斷問題。而關於孟子論述有關的「人禽之別」主要涉及「道德實踐的能力」與「道德具體作為」兩方面的考量。而與「此種意義下的『人』」討論相近的內容，可參考孫效智：〈論儒家現實擁有判準理論與等差之愛原則的人類胚胎觀點〉《國立臺灣大學哲學論評》，第四十二期，民國一百年十月，頁一〇七－一四八之精闢論述。而我在這本書所使用的「人」意義是相對簡單的，主要扣緊有關孟子「人禽之別」思維下所肯定的「包含道德實踐能力與具體作為的人」。

【4】 詳見Pettit, D. & Knobe, J. (2009). “The Pervasive Impact of Moral Judgment.”*Mind & Language* 24:5, 586-604.

【5】 這篇文章區分許多更細膩的談論與調查結果，例如「意圖地傷害（intentionally harm）」、「意圖去傷害（intend to harm）」、「主席的意圖會傷害（chariman ’s intention to harm）」……等。以及

後來使用不同形述語來談論上述議題時，也會獲得不同調查效果。例如：「想（desire）傷害或幫助）」、「果決的（decided）傷害或幫助」、「主張（advocated）傷害或幫助」、「贊同（in favor of）傷害或幫助」……等。而後作者認爲儘管我們有不同的形述詞（尤其在形容詞中即可見之），但重點在於各種表達是一種「程度」問題，是一種介於「贊同與反對之間的潛在範圍」，而我們僅是在不同語辭中挑選我們認同的「範圍」。而相關的談論，也可參考edited by Walter Sinnott-Armstrong. *Moral Psychology Volume2: The Cognitive Science of Morality: Intution and Diversity.* Cambridge, Mass: MIT Press, c2008.p423-461中四篇文章，談論了道德責任與道德評判、因果關聯之相關問題。

【6】當然，這裡的舉例是假設性的。孟子雖然不贊成一個人預先把「道德」的事情用某種「計畫」或「盤算利益」來做爲動機以考量之。但是在另一方面，孟子也不會否認一個人在做「表面看起來是道德的事情」時，在過程中可以眞正體會出這種「道德」所帶來的深刻意義，進而體認到自我該如何行道德才是對的，甚至改變其初始動機……。關於此部分內容，將在下節稍作談論。

【7】當然，孟子並沒有說任何道德的展現「都是這樣的」，反而是，他希望我們去注意我們有這種「不學、不慮」卻落實了道德的這種狀況，進而自我肯定道德實來自於己身。因此，他一方面強調這種自覺自生的道德狀況或反應（四端、本心開顯），另一方面則補充如何維持之、如何避免喪失這種自我（意志操作、思考、選擇）。

【8】錢穆：《中國學術思想史論叢（二）》（臺北：東大書局，一九九三年十二月三版），頁二四三—二四四。

【9】牟宗三：《中國哲學十九講》（臺北：臺灣學生書局，一九九九年九月初版八刷），頁一三四。

第六章

【1】 當然，所謂「心理欲望」這方面頗爲複雜，但在荀子思想中至少可以分爲兩類來說；一是類似「好利惡害」這種可能兼雜「心理」、「物質」、「生理」之欲望。另一方面是「更爲後天」的，例如想要成爲「天子」、「富有天下」這種心理欲望，是不太可能生下來就有（嬰兒不知道什麼是「天子」、「富有天下」），我們勢必得透過後天學習與環境上的接觸……等，才會產生此方向的「欲望」。但在荀子那裏，他不刻意區分這兩方面的不同，他時常用結果與事實的觀察，來逆推這就是起於自然有的「人情」，而「人情」又導源於「性」而有。他在〈正名二十二〉曾說：「性之好惡喜怒哀樂謂之情。」又說：「情者，性之質；欲者，情之應也……。」把「情」視爲「性」的自然實質之表現；此外值得再提的是，當荀子論述這些「性情欲」等內容時，都沒有直接說這些內涵就是「惡」。

經典哲學名著導讀 011

1BAU

孟軻與《孟子》

作　　者　蔡龍九
發 行 人　楊榮川
總 編 輯　王翠華
主　　編　陳姿穎
責任編輯　邱紫綾
封面設計　童安安
出 版 者　五南圖書出版股份有限公司
地址：106台北市大安區和平東路二段339號4樓
電話：(02)2705-5066
傳真：(02)2706-6100
網址：http://www.wunan.com.tw
電子郵件：wunan@wunan.com.tw
劃撥帳號：01068953
法律顧問　林勝安律師事務所　林勝安律師
出版日期　2014年10月初版一刷
定　　價　新臺幣450元

國家圖書館出版品預行編目資料

孟軻與《孟子》 / 蔡龍九著. ——初版. ——
臺北市：五南, 2014.10
面；　公分.--(經典哲學名著導讀；11)
ISBN 978-957-11-7768-7(平裝)
1.(周)孟軻　2.孟子　3.研究考訂
121.267　　103015739